Die Küche der PROVENCE

Die Küche der PROVENCE

Eine Kochschule für Genießer

GUI GEDDA UND MARIE-PIERRE MOINE

DORLING KINDERSLEY
London, New York, Melbourne, München und Delhi

Für die deutsche Ausgabe:
Programmleitung Monika Schlitzer
Projektbetreuung Nicola Aschenbrenner
Herstellungsleitung Dorothee Whittaker
Herstellung Mareike Hutsky

Bibliografische Information Der Deutschen Bibliothek
Die Deutsche Bibliothek verzeichnet diese
Publikation in der Deutschen Nationalbibliografie;
detaillierte bibliografische Daten sind
im Internet über http://dnb.ddb.de abrufbar.

Titel der englischen Originalausgabe:
PROVENCE COOKERY SCHOOL

Der Originaltitel erschien 2007 in Großbritannien bei
Dorling Kindersley Limited, London
Ein Unternehmen der Penguin Gruppe

Copyright © 2007 Dorling Kindersley Limited, London
Text und Rezeptauswahl © 2007 Marie-Pierre Moine

Projektbetreuung und Cheflektorat Norma MacMillan
Leitung Grafik und Gestaltung Miranda Harvey
Bildredaktion Susan Downing
Lektorat Dawn Henderson
Bildbetreuung Caroline de Souza
Gestaltung Elaine Hewson
Lektoratsassistenz Ariane Durkin
DTP-Design Traci Salter
Fotos Jason Lowe
Food Styling Valerie Berry
Stylist Wei Tang

Alle Rechte vorbehalten. Jegliche – auch auszugsweise –
Verwertung, Wiedergabe, Vervielfältigung oder Speicherung,
ob elektronisch, mechanisch, durch Fotokopie oder
Aufzeichnung bedarf der vorherigen schriftlichen Genehmigung
durch die Copyright-Inhaber.

© der deutschsprachigen Ausgabe 2008 by
Dorling Kindersley Verlag GmbH, München

Alle deutschsprachigen Rechte vorbehalten

Übersetzung Susanne Vogel und Wiebke Krabbe
Lektorat Dr. Bernhard Abend
DTP Satz+Layout Fruth GmbH, München

978-3-8310-1129-2

Colour reproduction by MDP, UK
Printed and bound by Star Standard, Singapore

Besuchen Sie uns im Internet
www.dk.com

Inhalt

9 Einführung

Montag
- 14
- 16 Saveurs de Provence
- 26 Knoblauch vorbereiten
- 28 Das Bouquet garni
- 30 Sardellen vorbereiten
- 34 Pan bagna
- 36 Batterie de cuisine
- 38 Mörser und Stößel
- 42 Apéritif
- 44 Vin rosé
- 46 Roustides d'anchois
- 48 Omelette verte
- 50 Brousse au miel de romarin

Dienstag
- 52
- 54 Au marché
- 60 Auberginen vorbereiten
- 62 Fondue d'aubergine
- 63 Papeton d'aubergine
- 64 Ratatouille
- 66 Suggestions pour ratatouille
- 67 Tomates à la provençale
- 68 Beignets de courgettes
- 70 Pistou
- 72 Soupe au pistou
- 74 Haricots verts à la provençale
- 75 Fenouil aux olives
- 76 Carottes à la crème d'olives vertes
- 77 Aspergeade
- 80 Les tomates
- 82 Tomates farcies
- 84 Tian aux courgettes
- 86 Tian de pommes de terre
- 87 Cardons aux anchois
- 88 Mesclun citronnette
- 90 Salade d'échalotes aux pommes d'amour
- 92 Salade niçoise
- 93 Frisée aux miettes de thon
- 94 Salade de poivrons et tomates
- 96 Salade de tomates
- 97 Salade de pois chiches
- 100 Soupe aux fèves fraîches
- 102 Gigotines de poulet farcies à la sarriette
- 104 Salade verte à l'huile de basilic
- 106 Tian de pommes

Mittwoch
- 108
- 110 Olives et huile d'olive
- 114 Bagna cauda
- 116 Anchoïade
- 117 Tapenade
- 118 Rouille
- 120 Rouille au corail d'oursin
- 122 Ketchup à la provençale
- 124 Coulis à la tomate
- 125 Sauce tomate classique
- 128 Persillade
- 129 Sauce verte
- 130 Aïoli complet
- 132 Beurre persillé
- 133 Beurre aux herbes de Provence

134	Sauce mousseline au caramel de miel	164	Côtes d'agneau grillées	198	Freitag
136	Coulis de framboises	168	Crespeou	200	A la boulangerie
137	Compote de figues	169	Courgettes fraîches à la coriandre	206	Pâte à fougasse
138	Omelette aux cébettes	170	Côtes de porc grillées à la sauge	208	Fougasse aux olives
140	Frittata aux pommes de terre	172	Estouffade de porc	210	Tarte feuilletée à la tomate et à la marjolaine
141	Œufs farcis de Pâques	173	Soupe courte	211	Allumettes aux anchois
142	Œufs brouillés aux champignons	174	Côtes de veau aux pignons	212	Pâte brisée
143	Brouillade aux tomates	176	Poulet rôti à l'ail	214	Tarte aux pignons
146	Artischocken vorbereiten	178	Bagnet	216	Panisse
148	Artichauts à la barigoule	180	Poule au pot et son bagnet	217	Socca
150	Morue fraîche, sauce raïto	182	Pintade aux olives	220	Petits gâteaux aux pignons
152	Gâteau de pêches, sauce mousseline au caramel	183	Lapin chasseur	222	Petits sablés à la lavande
		186	Cailles rôties au Noilly	224	Madeleines au miel à la lavande
154	Donnerstag	187	Steak au beurre d'anchois	227	Italien ist nahe
156	Fleisch und Geflügel	190	La marinade	228	Pissaladière
158	Infusion de romarin	192	Daube de bœuf à la provençale	230	Pâte à raviolis fraîche
160	Agneau confit au miel et au vin rosé	194	Macaronade	232	Raviolis maison
		195	Pommes de terre à l'ail et à l'huile d'olive	234	Gnocchi aux épinards
162	Gigot d'agneau aux aromates	196	Figues rôties à la crème	235	Riz à l'étouffée
				238	Charcuterie

240	Polenta	
242	Polenta à la saucisse et aux champignons	
244	Glace vanille au parfum de basilic	
246	Palets de chocolat aux noisettes	

Samstag

250	Au marché aux poissons
256	Miesmuscheln vorbereiten
258	Fumet de moules
260	Moules marinières de Provence
262	Moules au pastis
263	Salade Antibes
266	Pilaf de moules au safran
268	Soupe de poissons
270	Soupe de moules au fenouil
271	Langoustines à la poêle
272	Bouillabaisse
274	Loup de mer au fenouil
275	Rougets à la tapenade
276	Dorade au vin blanc
278	Brandade de morue
279	Thon à la provençale
280	Farce aux épinards
282	Sardines farcies aux épinards
284	Maquereaux grillés aux herbes
288	Tarte à la tomate
290	Encornets à l'américaine
292	Riz pilaf
293	Couscous aux raisins
294	Meringues aux pignons

Sonntag

298	Le marché aux fruits
302	Canapés de figues au fromage de brebis
304	Birnen vorbereiten
306	Tatin de poires
308	Glace à la fraise
310	A la fromagerie
316	Pêches au jambon cru et au fenouil
318	Plateau de fromage
322	Pêches au vin rosé
323	Gelée de coings
324	Salade aux fruits cuits
326	Oreillettes
328	Orangenschale trocknen
330	Confiture d'oranges
331	Écorces d'orange confites Salade d'oranges
334	Pommes d'amour au chèvre chaud
336	Farce aux figues et aux anchois
338	Canard farci à la mode de Provence
340	Tartes à l'orange
344	Glossar
347	Register Deutsch
350	Register Französisch
352	Dank und Bildnachweis

Einführung

Das glitzernde Meer in der Ferne, Hügel, über denen der Duft der Macchia liegt, verheißungsvolles rosiges Licht in der Morgendämmerung, der Friede einer abendlichen Landschaft, wenn sogar die Zikaden allmählich verstummen ... Kaum einer kann sich dem Zauber der Provence entziehen. Das ist längst kein Geheimnis mehr - doch harren ihre kulinarischen Schätze noch der Entdeckung oder vielmehr Wiederentdeckung. Denn so wie die Provence für Menschen nördlich der Alpen, ja sogar jenseits des Atlantiks schon früh zum beliebtesten Reiseziel in südlichen Gefilden avancierte, war auch ihre Küche die erste im Mittelmeerraum, die en vogue kam. Aber Trends sind kurzlebig, und daher traten die Spezialitäten der Provence in den letzten zwei, drei Jahrzehnten in den Hintergrund.

Dabei gehören die wirklich authentischen Rezepte zum Schönsten, was die ländliche Küche Frankreichs zu bieten hat. Ohne jede Effekthascherei machen sie das Beste aus dem, was die Natur der Provence schenkt. Mit ihrem Klima und der langen Küste besitzt die Provence ein wunderbares Kapital. Seit je können die Provenzalen beim Kochen in aromatischen Kräutern, Zitrus- und anderen Früchten, sonnengereiftem Gemüse, Oliven und Pinienkernen, in Fischen und Meeresfrüchten schwelgen. Das einzige, was der verwöhnte kulinarische Globetrotter von heute an den traditionellen Speisen der Region kritisieren könnte, ist ein gewisser Hang zu schlichter Bescheidenheit. Nach wie vor ist Verschwendung etwas, das allen provenzalischen Köchinnen und Köchen, die auf sich halten, zutiefst gegen den Strich geht.

Der Erfolg eines Kochkurses hängt von mehreren Faktoren ab. Ein attraktiver Veranstaltungsort kann nicht schaden, und auch die Rahmenbedingungen sollten stimmen. Aber das Allerwichtigste ist zweifellos der Lehrer, der Koch. Als wir dieses Buch planten, war eine geeignete Küche mit moderner Ausstattung schnell gefunden. Schwieriger gestaltete sich die Suche nach dem richtigen Koch. Er oder sie sollte die Küche der Provence und ihre überlieferten Rezepte in- und auswendig kennen und andere für dieses Thema begeistern können. Das Anforderungsprofil sah darüber hinaus praktische Unterrichtserfahrung vor. Dann sollte die Person sich in die Bedürfnisse und Einschränkungen von Hobbyköchen fernab der Provence einfühlen können. Und schließlich sollte unser idealer Kandidat den Lesern dieses Buches die besonderen Qualitäten der einheimischen Zutaten nahebringen und zugleich, wo nötig, Alternativen aufzeigen, damit sie auch in weiter Ferne die Freuden des Kochens und Essens à la provençale erleben können.

Bald fiel immer wieder der Name Gui Gedda. Nicht nur Profis, mit denen ich Kontakt aufgenommen hatte, empfahlen ihn als den Guru der Provence-Küche, sondern auch mehrere Freunde. Ich wusste, dass er Bücher geschrieben hatte, und ich hatte von seinem Restaurant in Bormes-les-Mimosas gehört, oberhalb von Le Lavandou zwischen Saint-Tropez und Toulon gelegen, das mit seiner authentischen provenzalischen Küche viele Jahre Besucher von weither angelockt hatte. Darüber hinaus hatte er Kochkurse gehalten. Er erfüllte also alle unsere Wunschkriterien.

Der Leitgedanke dieses Buches ist einfach: Es will ein Bild von der provenzalischen Küche vermitteln – oder in Erinnerung rufen –, indem es, anstatt die sonst übliche Kapiteleinteilung zu befolgen, den Leser auf einen einwöchigen Kochkurs mitnimmt. Sieben Tageslektionen befassen sich mit unterschiedlichen Themen provenzalischer Küche. Am ersten Tag werden die Grundvorräte, Kräuter und Gewürze sowie die

unverzichtbaren Küchenutensilien vorgestellt. Danach geht es weiter mit Gemüsezubereitungen, herzhaften Saucen und Pasten sowie Eierspeisen, Fleisch und Geflügel, Backwaren und Nudeln, Fisch und Meeresfrüchten, den saisonalen Früchten, Käse und Desserts. All das wird ergänzt durch die Erläuterungen von Grundtechniken und die praktische Umsetzung in verlockenden Rezepten. Ihr Schwierigkeitsgrad steigert sich etwas, je weiter der Leser mit den Feinheiten der Provence-Küche vertraut ist.

Bei längeren Kochkursen spielt sich nicht alles in der Küche ab. Die Tagesplanung sieht immer wieder freie Zeit vor, in der die Teilnehmer Märkte, Geschäfte und Erzeuger in der Gegend besuchen können. Auch dieses Buch lädt die Leser mehrfach zu solchen Erkundungstouren ein. Dabei erfährt man, wie die Einheimischen beim Einkauf aus dem riesigen Angebot die lokalen Erzeugnisse herausfischen, woran man gute Qualität erkennt und wie man mit den Produkten zu Hause sachgemäß umgeht. Gleichzeitig lernt man, dass in der Provence-Küche ein gewisses Maß an »Convenience-Produkten« – etwa in Form von Charcuterie (siehe S.239), frischem Brot und feinem Kuchen aus der Bäckerei oder in handwerklicher Tradition hergestellter Konserven – durchaus in Ordnung ist.

Eine alte Freundin meiner Familie hatte fast Tränen in den Augen, als sie sich an die gefüllten Sardinen erinnerte, die sie Jahre zuvor im Frühsommer in Guis Restaurant gegessen hatte. Mir geht es nicht viel anders, während ich an mein erstes Essen mit Gui zurückdenke. Wir hatten unseren ersten gemeinsamen, langen, aber sehr erfreulichen Arbeitstag hinter uns. Wir hatten intensiv über das Buch und die provenzalische Küche gesprochen und über Zutaten und Zubereitungen debattiert, wie es eben unter gleichgesinnten Genießern geschieht, wenn ihr Lieblingsthema auf den Tisch kommt. Als einzige Pause hatte sich Gui, ganz Provenzale, nach dem bescheidenen Mittagessen – etwas Brot, Käse und Obst – eine Siesta genehmigt, derweil ich die malerischen Gässchen von Bormes erkundete und bei einem Kaffee, den ich in der Wintersonne auf einer Terrasse nahm, meine weiteren Fragen vorbereitete.

Als wir am Abend unsere Sitzung beendeten, wollte ich ins Hotel zurückkehren und ihm seine wohlverdiente Ruhe gönnen. »Kommt überhaupt nicht in Frage«, widersprach Gui, »du isst hier – tu dines ici!« Er gab mir ein Glas Rosé und ein warmes Stück herzhafte Tomaten-Tarte (siehe S. 289), und ich konnte ihm zusehen, wie er über dem Feuer im Kamin Koteletts vom Sisteron-Lamm grillte. Eine Schachtel mit grobem Meersalz, von dem er eine kräftige Prise über das saftige Fleisch streute, stand griffbereit neben dem Feuer, und vom Kaminsims baumelten trocknende Streifen von Orangenschale. Mit ihr aromatisierte Gui ein paar Tage später seinen Daube – nur eine der vielen weiteren Köstlichkeiten, die er mir in der Zeit unserer Zusammenarbeit servierte.

Guis Enthusiasmus und Kenntnisreichtum waren beeindruckend. Es war ihm wichtig, dass ich immer wirklich ganz verstand, was er meinte. So begaben wir uns am 3. Januar noch vor Tagesanbruch zum Fischmarkt am Hafen von Le Lavandou. In den Gesichtern der paar Fischer, die überhaupt hinausgefahren waren, entdeckte ich jenen verkaterten Ausdruck, den man in einem Weinland ein, zwei Tage nach dem Neujahrsfest häufig findet. Gui aber war voller Elan und erklärte mir jede einzelne Fischsorte, die es zu sehen gab, bevor er mir dann erläuterte, wie man daraus eine aromatische Soupe de poissons macht (das Rezept steht auf S. 268). Ich hoffe, dass auch Sie sich von Guis Liebe zur Küche der Provence, die das Buch durchzieht, und seiner erfrischend ungekünstelten Art zu kochen mitreißen lassen.

Marie-Pierre Moine

Montag

Willkommen in der kulinarischen Welt der Provence. Ihr Lehrer Gui Gedda stellt die Zutaten vor, mit denen die Köche der Provence ihre Spezialitäten zaubern, und präsentiert seine bewährte *batterie de cuisine* – die Utensilien, die Sie benötigen. Der Apéritif und ein köstliches Abendessen beschließen den Tag.

Saveurs de Provence

Es ist verlockend, den Vorratsschrank mit all den guten Sachen für die Küche der Provence zu füllen. So schön aber die Gläser, Flaschen und Dosen aussehen mögen: Man sollte nur das vorrätig halten, was man wirklich öfter verwendet, sodass es vor Ablauf des Verfallsdatums aufgebraucht ist.

Sinnvoll zusammengestellte Vorräte umfassen einerseits Grundzutaten, mit denen man jederzeit auf die Schnelle eine Mahlzeit zustande bringt, und andererseits Gourmetprodukte, die für den besonderen regionalen Touch sorgen.

Ein typisches Flair erhält ein Gericht am einfachsten schon dadurch, dass man das in der Gegend gebräuchliche Speisefett verwendet. In der Provence ist Olivenöl üblich, und man sollte zwei Varianten davon im Haus haben: ein einfaches natives Olivenöl zum Kochen und *huile d'olive vierge extra*, also natives Olivenöl extra, das teurer ist und zum Schluss über die Speisen geträufelt wird. Öl bewahrt man kühl und vor Sonne geschützt auf, und man verbraucht es am besten innerhalb eines Jahres nach der Abfüllung. Daher ist es nicht ratsam, zu große Mengen einzukaufen.

Ganz wichtig sind auch Favoriten der Regionalküche wie Sardellen, Kapern, grobes Meersalz, Oliven, Safran, Fruchtkonfitüren bzw. -konserven, Thunfisch, Sardinen und Tomaten. Um die Zutaten zu verwenden, solange sie in Bestform sind – das betrifft auch aromatisierten Essig –, sollte man die Vorräte zweimal im Jahr durchsehen und aussortieren, was nicht mehr erstklassig ist.

»Werfen Sie alles weg, was sein Aroma verloren hat oder einfach nicht mehr so schmeckt, wie es sollte. Es bringt nichts, Zutaten zu verwenden, die nicht auf der Höhe sind – sie können ein Gericht sogar ruinieren.«

Dauervorräte
Bohnenkerne, Linsen, Nudeln und Reis dürfen im Vorratsschrank nicht fehlen, denn sie sind unverzichtbare Zutaten für viele deftige Suppen, sättigende Gerichte und herzhafte Beilagen. Transparente Aufbewahrungsgläser geben ihren Inhalt gleich zu erkennen. Nützlich ist auch ein Etikett mit dem Haltbarkeitsdatum.

Der langkörnige Reis der Camargue ist der einzige, der in Frankreich in kommerziellem Maßstab angebaut wird. Oft ist dieser Reis rot. Er ist immer von hoher Qualität und stammt häufig aus biologischem Anbau.

Nicht aus der Provence, sondern aus der Auvergne kommen hingegen die in der Landesküche so beliebten kleinen, grünen Puy-Linsen. Sie sind weniger mehlig als die meisten anderen Sorten und behalten beim Kochen ihre angenehm feste Konsistenz.

Nudeln bilden ein wichtiges Element der Küche der Provence. Als Beilage kommen sie mindestens so häufig auf den Tisch wie Kartoffeln.

Pinienkerne sind die in der Provence beliebtesten »Nüsse«. Sie schmecken herrlich rund, ein wenig wie Sahne. Aber da sie nicht billig sind, werden sie meist sparsam verwendet.

Weiße und rote Bohnenkerne harmonieren perfekt mit den Grundzutaten der provenzalischen Küche wie Knoblauch, Kräuter und Tomaten und sind daher häufig Bestandteil von Eintöpfen, Suppen und Salaten. Auch grüne Bohnen finden sich in der Tiefkühltruhe vieler Haushalte, ergeben sie doch zusammen mit Thunfisch (aus der Dose), etwas Frühlingszwiebel und einem aromatischen Dressing, bei dem Knoblauch nicht fehlen darf, ein klassisches Gericht aus der Gegend von Nizza.

Honig und Konfitüren

Wenn Sie sich um 2000 Jahre zurückversetzen ließen und sich in einem Vorratsraum des Landstrichs wiederfänden, der heute als Provence bekannt ist, fänden Sie mit Sicherheit einen Tonkrug mit Honig vor.

Seit je ist Honig eine Spezialität der Provence. Heute sind hier 500 Imker registriert, 350 von ihnen bestreiten ihren Lebensunterhalt allein aus dem Verkauf ihres Honigs. Seit Jahrhunderten ziehen die einheimischen Imker, dem Rhythmus der Natur folgend, mit ihren Bienenkörben von einem Platz zum nächsten, um den kostbaren Nektar zu gewinnen. Sie stellen Honig aus gemischter Tracht und reinsortige Honige her; unter Letzteren erfreut sich wohl der Lavendelhonig größter Beliebtheit. Er ist meist von heller Farbe, angenehm aromatisch und cremig-geschmeidig, sodass er sich leicht verstreichen lässt – ideal für das Frühstück also. Auch als universelles aromatisches Süßungsmittel ist er vorzüglich. Weitere empfehlenswerte Geschmacksrichtungen sind Heide-, Rosmarin- und Thymianhonig sowie *toutes fleurs* (von unterschiedlichen Blüten).

Das Einmachen von Sommerfrüchten für den Winter hat in der Provence eine lange Tradition und ist, auch wenn man heute dank moderner Transportmittel ganzjährig frisches Obst erhält, bis heute lebendig. Auf Märkten und in Spezialläden bekommt man nach überlieferten Rezepten handwerklich hergestellte Konfitüren und Gelees sowie eingemachte Früchte. Schon optisch unwiderstehlich, bieten sie morgens zu frischem Brot einen wundervoll aromatischen, fruchtintensiven Genuss.

Kräuter, Knoblauch & Co.

Die Küche der Provence ist überaus aromatisch. Knoblauch spielt eine wichtige Rolle, trotzdem macht er sich in den meisten Gerichten nur dezent bemerkbar. Er gibt gewissermaßen einem Akkord frischer Kräuteraromen eine unverzichtbare Note, ohne sie zu übertönen. Zwiebeln, manchmal auch Schalotten, sind oft in einer Nebenrolle beteiligt.

Lebhafte, frische Aromen zeichnen die gute provenzalische Küche aus. Knoblauch, Zwiebeln und Schalotten sollten stets frisch sein, genau wie die Kräuter, von denen man reichlich Gebrauch macht. Denn der Geschmack frischer Zutaten wird im Lauf der Zeit nicht besser; er verliert seine feinen, charakteristischen Eigenschaften und wird aufdringlich.

Kaufen Sie Knoblauch, Schalotten, Zwiebeln und Kräuter auf dem Markt immer nur in den Mengen, die Sie für die nächsten drei, vier Mahlzeiten brauchen, und nicht etwa für die ganze Woche. So haben sie in puncto Duft und Geschmack mehr zu bieten, und außerdem macht es mehr Freude, sie ganz frisch zu verarbeiten – anstatt vertrocknete Teile oder sprießende grüne Triebe, die unangenehm intensiv schmecken, entfernen zu müssen.

Gönnen Sie sich, wenn die Natur frische Trüffeln liefert, wenigstens ein kleines Exemplar dieser kostspieligen, aber unvergleichlichen Pilze. Ein Tipp: Die Trüffel über Nacht zusammen mit frischen Eiern lagern; diese zu einem saftigen Omelett verarbeiten und, kurz bevor Sie es aus der Pfanne gleiten lassen, die Trüffel hauchfein darüberhobeln.

»Nur weil wir viel mit Knoblauch kochen, sind unsere Gerichte keine ›Knoblauchbomben‹. Die klassische Küche der Provence mag intensive Aromen bieten, trotzdem ist sie nie penetrant.«

Montag: Saveurs de Provence   25

Knoblauch vorbereiten

In der Provence bekommt man Knoblauch in verschiedenen Formen. Ganz jung ähnelt er Frühlingszwiebeln, schmeckt mild und sehr gut, wenn man ihn, in Scheiben geschnitten, grillt oder brät. Frischer violettrosa Knoblauch hat eine noch feuchte Haut. Garen Sie ihn in

Drücken Am einfachsten lässt sich eine Knoblauchknolle mit den Händen zerteilen. Allerdings muss der Knoblauch dafür bereits ausreichend getrocknet sein. Ist er noch ganz jung, sind Fleisch und Häute saftig-klebrig, und man kommt nicht umhin, ihm mit einem kleinen, scharfen Messer zu Leibe zu rücken.

ganzen Knollen und ziehen Sie die Haut ab, wenn er etwas abgekühlt ist; man verwendet aber auch die einzelnen geschälten Zehen. Älterer Knoblauch hat eine trockene, pergamentartige Haut. Einen grünen Keim in der Mitte entfernen Sie vor der Verarbeitung mit einem spitzen Messer.

Drehen Die Knolle in beide Hände nehmen – fest zupacken – und in entgegengesetzte Richtungen drehen, bis sie auseinanderbricht. Jetzt muss man nur noch die Zehen mit dem Daumen voneinander lösen.

Schneiden Wenn Sie nicht so viel Kraft in den Händen haben, zerteilen Sie Knoblauch mit einem kleinen, scharfen Messer. Drücken Sie die Klinge in die Lücke zwischen zwei Zehen und schälen Sie die erste vorsichtig heraus. Bereiten Sie immer nur so viele vor, wie Sie für das Gericht brauchen, denn wenn die Zehen noch an der Knolle sitzen und von den Häuten umgeben sind, bleiben sie länger frisch.

Montag: Knoblauch vorbereiten 27

Das Bouquet garni

Dieses Kräuterbündel ist ein wesentlicher Bestandteil der Küche *à la provençale*. Es wird so zusammengestellt, dass es mit seinen Aromen den Geschmack des Gerichts, um das es geht, optimal unterstützt. Ein Bouquet garni sollte mindestens drei verschiedene Kräuter

Basis
Gewissermaßen das Rückgrat des Bouquet garni bildet ein Kraut oder Gemüse, das dem fertig zusammengestellten und geschnürten Bündel Halt gibt. Ideal ist ein Stück Staudensellerie, ein Blatt von einer Fenchelknolle oder vom Lauch, jeweils 4–7 cm lang.

Ergänzungen
Petersilie und ein Lorbeerblatt oder Thymian sind die klassischen Kräuterkomponenten. In der Provence steuert oft etwas Sellerie bzw. frischer oder getrockneter Fenchel eine leichte Anisnote bei. Für deftige Fleischgerichte kommt Rosmarin, für Hähnchen oder Schweinefleisch Estragon oder Salbei dazu. Zu Fisch passt gut eine Kombination aus Fenchel, Petersilie, Thymian, Lorbeerblatt und Dill.

oder aromatische Gemüsesorten umfassen, nach oben gibt es keine Grenze. Ein Bouquet garni gibt man an Eintöpfe, Braten und Schmorgerichte, sobald nach den vorbereitenden Schritten die eigentliche Zubereitung beginnt. Vor dem Servieren wird es entfernt und weggeworfen.

Binden   Die Kräuter auf die Gemüsebasis legen und das ganze Bündel fest mit Küchengarn umwickeln. Staudensellerie und abgelöste Fenchelblätter bilden perfekte Behälter: Man packt die Kräuter einfach in die vorhandene Mulde. Verwenden Sie Lauch, legen Sie die Kräuter auf die eine Hälfte, knicken das Blatt in der Mitte um und klappen es über die Kräuter, bevor Sie das Ganze zusammenschnüren.

Sardellen vorbereiten

Kleine, silbrige Sardellen (Anchovis) sind frisch ein beliebter Sommergenuss, doch verwendet sie die provenzalische Küche öfter in eingelegter Form. In Salz oder in Öl konserviert, besitzen sie einen unverwechselbaren Geschmack – salzig, fischig, mit einer

Herausnehmen
Eingesalzene Sardellen werden in breiten oder schmalen, hohen Gläsern verkauft. Sie sind meist größer und schmecken kräftiger als in Öl eingelegte Sardellen, die zudem oft filetiert sind. Zum Herausnehmen aus dem Gefäß verwenden Sie eine saubere Gabel.

leichten Reifungsnote –, der so vielen mediterranen Gerichten den charakteristischen Pfiff gibt. Ein angebrochenes Glas fest zugeschraubt im Kühlschrank aufbewahren und innerhalb von 2 Wochen aufbrauchen. Reste aus einer Dose in ein dicht schließendes Gefäß umfüllen und ebenfalls im Kühlschrank lagern.

Waschen Bei gesalzenen Sardellen ist das Fleisch von Salz durchdrungen. Das außen anhaftende Salz muss entfernt werden, sonst sind sie kaum genießbar. Die Sardellen unter kaltem Wasser waschen und auf einer doppelten Lage Küchenpapier gut abtropfen lassen. In Öl eingelegte Sardellen muss man dagegen nur mit Küchenpapier trocken tupfen.

Zerdrücken Die Konservierung in Salz oder Öl macht die Sardellen weich. Mit zwei Gabeln kann man sie mühelos auf einem Teller zerdrücken. In dieser Form an ein Gericht gegeben, verbinden sie sich rasch mit den übrigen Zutaten, sodass sich ihr Aroma gleichmäßig verteilt.

Montag: Sardellen vorbereiten

Pan bagna
Saftiges Sandwich

Der Name dieses typisch provenzalischen Sandwichs bedeutet »durchfeuchtetes Brot«. Das Geheimnis ist, ganz frisches Brot mit viel knuspriger Kruste und sonnengereifte Tomaten (nicht aus dem Kühlschrank!) zu verwenden, ceren Saft die weiche Krume durchtränkt. Als leichte Mahlzeit ebenso gut wie als gehaltvoller Imbiss.

Für 4 Personen

Zubereitung 10 Minuten
4 Eier, hart gekocht
6 reife Tomaten
weiße Teile von 3 Frühlingszwiebeln
Blätter von 1 kleinen Selleriestaude
½ kleine rote Paprikaschote
etwa 16 kleine schwarze Oliven
4 große Brötchen mit herzhafter Kruste

Für die Vinaigrette
6 in Öl oder Salz eingelegte Sardellenfilets
12 EL Olivenöl
2 ½ EL Rot- oder Weißweinessig
feines Meersalz und frisch gemahlener schwarzer Pfeffer

Die Eier schälen und quer in Scheiben schneiden, auch die Tomaten und Frühlingszwiebeln so vorbereiten. Das Selleriegrün grob hacken. Die Paprikaschote von Samen und Scheidewänden befreien und in feine Streifen schneiden. Die Oliven entsteinen und nach Belieben halbieren.

Die Sardellenfilets abtropfen lassen bzw. waschen, mit Küchenpapier trocken tupfen, dann fein hacken oder zerdrücken. In einer kleinen Schüssel oder einer Tasse mit dem Öl und dem Essig gründlich verrühren. Die Vinaigrette mit Salz und Pfeffer abschmecken.

Die Brötchen quer halbieren. Auf die unteren Hälften großzügig Vinaigrette träufeln und mit dem Löffel gleichmäßig verstreichen. Tomaten, Paprika und Frühlingszwiebeln, Ei, Sellerie und Oliven darauf verteilen. Leicht salzen und pfeffern und die restliche Vinaigrette darüberträufeln.

Die Sandwiches mit der oberen Brötchenhälfte bedecken. Auf Teller legen und behutsam, dennoch fest zusammendrücken. Einige Minuten ziehen lassen, dann einmal quer durchschneiden und servieren.

Aromen brauchen Zeit, um sich zu entwickeln, selbst bei etwas so Schlichtem wie einem Sandwich. Viele provenzalische Zubereitungen schmecken am besten temperiert. Stellen Sie sich einfach vor, Sie säßen an einem warmen Sommerabend auf einer Terrasse ...

Batterie de cuisine Küchenutensilien

Was die Rezepte in diesem Buch an Kochgeräten erfordern, ist wirklich überschaubar. Die provenzalische *batterie de cuisine* spiegelt die Schlichtheit der Kochtradition dieser französischen Region wider.

Außer einem Set von Töpfen mit schwerem Boden brauchen Sie einen großen gusseisernen oder kupfernen Schmortopf mit Deckel. Neben anderen Pfannen sollten Sie eine von mittlerer Größe besitzen, die beschichtet und für Omelettes reserviert sein sollte. Dazu empfiehlt sich – vor allem, wenn kein Grill vorhanden ist –, eine Grillpfanne mit geriffeltem Boden. Bei der Zubereitung von Fisch auf dem Grill, elektrisch oder mit Holzkohle beheizt, ist ein Grillkorb sehr hilfreich.

»Noch die beste Küchenausstattung der Welt ist kein Ersatz für starke Hände und einen kräftigen Bizeps.«

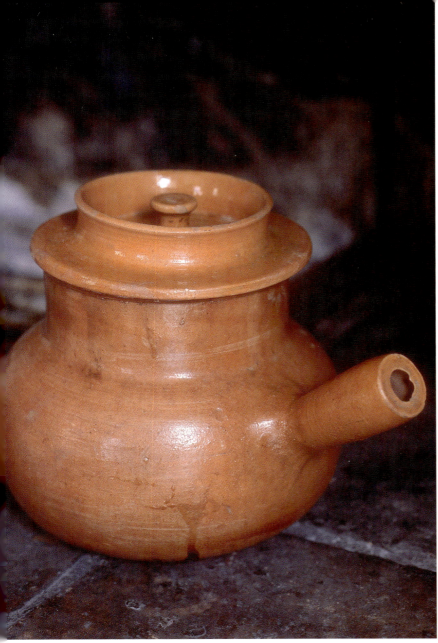

Unverzichtbar sind neben Durchschlägen, normalen Sieben und Spitzsieben ein Bratenwender sowie ein Schaumlöffel – auf Französisch *écumoire* –, mit denen man Zutaten aus Töpfen und Pfannen hebt bzw. Garflüssigkeiten abschäumt.

Darüber hinaus gehören zum A und O der Küchenausstattung ein Satz guter Messer für verschiedene Zwecke, ein Schälmesser, mehrere Schneidbretter, eine Reibe und eine Passiermühle.

Provence-typische Kochgefäße sind die *daubière* – ein bauchiger Topf aus glasiertem Ton, in dem man hier traditionsgemäß den *daube* zubereitet – und die rechteckigen, ovalen oder runden Auflaufformen namens *tian*.

Eine flache Schüssel aus Olivenholz ist ideal für Salate geeignet. Um Knoblauch zu pürieren oder dicke Saucen herzustellen, verwenden provenzalische Köche lieber einen Mörser als einen Mixer.

Montag: Batterie de cuisine

Mörser und Stößel

Kein provenzalischer Koch, der auf sich hält, kommt ohne dieses Tandem aus. Die besten Mörser sind aus Marmor oder Olivenholz gefertigt, und nicht selten werden die geliebten Stücke von einer Generation zur nächsten weitergegeben. Guis Marmormörser gehörte einst seiner Großmutter; der Stößel aus Olivenholz ist hingegen relativ neu.

Mit Mörser und Stößel lassen sich vorzüglich Knoblauchsaucen wie Rouille (S. 118) und Aïoli (S. 131) herstellen. Erst wird der Knoblauch zerkleinert, dann kommen weitere Zutaten hinzu, die ebenfalls zerstampft werden. Anfangs noch grobstückig, wird die Mischung im Mörser nach und nach feiner und geschmeidiger, und allmählich wandelt sich der Stößel zum Rührwerkzeug, mit dem man wie mit einem Schneebesen oder Holzlöffel die Sauce mit gleichmäßigen Kreisbewegungen schlägt.

Ein Mörser mit Stößel ist ein äußerst vielseitiges Küchenutensil. Zunächst einmal dient er dazu, Knoblauch, oft zusammen mit etwas Salz, zu einer dicken Paste zu zerstoßen. Genauso lassen sich im Mörser Nüsse, Kräuter und Gewürze mühelos zermahlen. Wenn Sie sich einen Mörser zulegen wollen, geben Sie lieber etwas mehr dafür aus und wählen Sie auf jeden Fall eine größere Ausführung.

»Einen Stößel muss man, wenn man viel mit dem Mörser arbeitet, gelegentlich ersetzen, aber ein guter Mörser hält ewig.«

38   Montag: Mörser und Stößel

Abendmenü

Menu

apéritifs
roustides
d'anchois
—
omelette verte
—
brousse au miel
romarin

~

Apéritif

Gewissermaßen die Happy Hour im Tageslauf eines Provenzalen ist der *apéritif*. Man genießt ihn zusammen mit einem *amuse-bouche*, einer herzhaften Kleinigkeit, um nach der Arbeit einen Moment zu entspannen, bevor man ans Abendessen denkt.

Aus dem benachbarten Languedoc kommt der Noilly Prat, ein sehr trockener Vermouth mit leicht salziger, würziger Kräuternote. Besonders gut schmeckt er auf reichlich Eis und begleitet von grünen Oliven oder Tapenade verte (S. 117).

Ohne eine aromatische Knabberei ist ein Apéritif nicht komplett. Beliebt sind etwa mit feiner Butter bestrichene Radieschen, eine Schale mit Oliven oder geröstetes Brot, bestrichen mit Tapenade oder Anchoïade (S. 116)

Der auf Anis basierende Pastis, der sich, mit Wasser verdünnt, milchig trübt, ist der provenzalische Apéritif par excellence. Manche vergleichen seinen Geschmack mit Hustenbonbons, viele aber lieben ihn und sind überzeugt, dass er die Laune hebt und die Verdauung anregt. Die bekanntesten Marken sind Ricard und Pernod, und ihre jeweiligen begeisterten Anhänger bestellen ausdrücklich »un ricard« oder »un pernod«. Ein paar schwarze Oliven bilden eine gute Ergänzung.

Vin rosé

Während die Provence von jeher für gutes Gemüse und Obst bekannt ist, machten ihre Weine früher nicht gerade Furore. In der heißen Sonne reifen die Trauben sehr schnell, mit der Folge, dass die Weine extrem alkoholreich geraten können. Die Wissenschaft vom Wein hat jedoch in den letzten 20 Jahren große Fortschritte gemacht, und damit die Qualität des provenzalischen Weins. Eine wachsende Zahl kleiner Kellereien erzeugt heute in der Provence gute Weine, die, jung getrunken, köstlich munden.

Selbstverständlich bringt die Region erstklassige Rot- und Weißweine hervor, aber in erster Linie steht die Provence für Rosé. Als typischer Sommerwein für den unbeschwerten, entspannten Trinkgenuss ist er ausgezeichnet, und er verzeichnet große Umsatzzuwächse. Er ist ein echter Allrounder, schmeckt er doch als Apéritif genauso wie zum Essen. Man sollte ihn jung trinken, innerhalb von 2–3 Jahren nach der Abfüllung; dann kommt seine fruchtige Frische optimal zur Geltung, die zu Gemüse genauso gut passt wie zu Gerichten mit Geflügel oder hellem Fleisch. Ein trockener Rosé harmoniert vorzüglich mit Fisch und Meeresfrüchten, Versionen mit etwas Restsüße empfehlen sich hingegen als Begleiter von Käse und Früchten zum Abschluss eines Essens.

Am besten serviert man einen Rosé nicht eiskalt, sondern nur leicht gekühlt. So kommt man in den vollen Genuss seines Dufts und Geschmacks.

Roustides d'anchois
Geröstetes Brot mit Sardellen

Mit einer kräftigen Würze von Knoblauch, schwarzem Pfeffer und Olivenöl schmeckt geröstetes Brot köstlich zum Apéritif, ganz besonders zu einem Glas kühlen Rosés. Sardellen haben einen intensiven, salzigen Geschmack und können daher sparsam verwendet werden. Da sie auch leicht zu bekommen sind und nicht viel kosten, gehören sie in der mediterranen Küche zur Grundausstattung des Vorratsschranks und kommen häufig als »Geschmacksverstärker« zum Einsatz.

Für 4 Personen

Zubereitung 15 Minuten

4 dicke Scheiben rustikales Weißbrot
1 Knoblauchzehe, halbiert
4 in Öl oder Salz eingelegte Sardellenfilets
5 EL Olivenöl
½ TL Rot- oder Weißweinessig
2 TL frische glatte Petersilie, fein gehackt
frisch gemahlener schwarzer Pfeffer

Die Brotscheiben im Backofen von beiden Seiten goldbraun und knusprig rösten. Auf beiden Seiten mit Knoblauch einreiben – dafür kann man die Zehenhälften auf eine Gabel spießen – und beiseite legen.

Die Sardellenfilets abtropfen lassen bzw. waschen und mit Küchenpapier trocken tupfen. In einer kleinen Schüssel zerdrücken, dann Öl, Essig und 1 TL Petersilie untermischen. Mit Pfeffer würzen.

Die Brotscheiben auf einer Seite mit der Sardellenmischung bestreichen und noch 2–3 Minuten im warmen Backofen ruhen lassen. Mit der restlichen Petersilie bestreuen und servieren.

Ein altmodischer, mit Holz beheizter Herd ist zum Rösten von Brot unschlagbar. Aber natürlich tun es ebenso der Backofen, ein Elektro- oder Holzkohlengrill oder eine Grillpfanne. Das knusprige Brot mit Knoblauch einreiben.

Omelette verte Grünes Omelett

Wie jedes Omelett ist auch ein Spinatomelett nicht schwer zuzubereiten. Man braucht jedoch eine spezielle, möglichst beschichtete Pfanne ohne Kratzer. Das Ei soll beim Braten richtig stocken – der Spinat sorgt dafür, dass das Omelett saftig bleibt. Reichen Sie dazu Tomates à la provençale (S. 67).

Den Spinat putzen und gut abbrausen. Tropfnass in einen Schmortopf geben. Mit einer Prise grobem Salz bestreuen und bei mäßiger Hitze unter Rühren dünsten, bis er zusammenfällt. In einem Durchschlag abkühlen lassen. Nach einigen Minuten, wenn man ihn anfassen kann, kräftig ausdrücken und fein hacken. Knoblauch und Petersilie fein hacken.

In einer beschichteten Omelettpfanne von 23–25 cm Durchmesser die Butter bei mäßiger Temperatur zerlassen. Den Spinat zufügen und rühren, bis die überschüssige Feuchtigkeit verdampft ist. Knoblauch und Petersilie dazugeben, noch 1 Minute rühren und die Pfanne vom Herd nehmen.

Die Eier in eine Schüssel schlagen, etwas salzen und pfeffern, dann mit einem Schneebesen leicht verquirlen. Die Spinatmischung unterziehen.

Die Pfanne mit Küchenpapier auswischen und bei mittlerer Hitze wieder heiß werden lassen. Die Hälfte des Öls in die Pfanne geben. Die Eier-Spinat-Mischung kurz durchrühren und die Hälfte in die Pfanne gießen. Durch Rütteln der Pfanne und Rühren das Ganze verteilen, damit das Ei gleichmäßig stockt.

Wenn das Omelett gar ist, 1 TL Butter daraufsetzen und die Pfanne schwenken, bis die Oberfläche des Omeletts glänzt. Auf einen vorgewärmten Teller gleiten lassen, mit einem zweiten Teller bedecken und warm stellen. Aus der restlichen Eiermischung ein zweites Omelett zubereiten. Wie eine Torte aufschneiden und sofort servieren.

Für 4 Personen

Zubereitung 10 Minuten
Kochzeit 15 Minuten
600 g junger Spinat
grobes Meersalz
1 große Knoblauchzehe
Blätter von 3 Stängeln frische
   glatte Petersilie
40 g Butter, dazu 2 TL zum Überglänzen
10 große Eier
feines Meersalz und frisch
   gemahlener schwarzer Pfeffer
2 ½ EL Erdnussöl

Mit der bogenförmigen Schneide des Wiegemessers geht das Zerkleinern von Knoblauch und Petersilie fast wie von selbst.

Brousse au miel de romarin
Brousse mit Rosmarinhonig

Brousse ist ein aus Molke hergestellter Frischkäse. Er wird oft in runden Laiben von etwa 450 g angeboten, die richtige Menge für 4-6 Personen. Sein Aroma ist klar und mild, er schmeckt weniger salzig als die meisten anderen Käsesorten. Einfach süße Trauben und Rosmarinhonig dazu – so kommt die delikate Art dieser provenzalischen Spezialität am besten zur Geltung. Sollte etwas übrig bleiben, geben Sie den Rest an eine Pastasauce oder servieren ihn, mit Crème fraîche gemixt, zu Beeren. Brousse ist außerhalb seiner provenzalischen Heimat schwer aufzutreiben, doch Sie können gut auf ganz frischen Ricotta ausweichen.

Den Käse etwa 15 Minuten vor dem Servieren aus dem Kühlschrank nehmen. Wie eine Torte aufschneiden und auf Tellern anrichten. (Bleibt etwas übrig, wickeln Sie den Rest in Frischhaltefolie und bewahren ihn im Kühlschrank auf.)

Jede Portion nicht zu sparsam mit Honig beträufeln und nach Belieben etwas schwarzen Pfeffer darübermahlen. Ein paar Trauben dazulegen und das Dessert bald servieren.

Variation
Rosmarinhonig schmeckt zum Brousse exzellent. Sie können das Dessert zur Abwechslung aber auch einmal mit Lavendel- oder Akazienhonig abrunden.

Für 4-6 Personen

Kochzeit 5 Minuten
450 g frischer Brousse
8–12 EL Rosmarinhonig
süße Trauben
frisch gemahlener schwarzer Pfeffer

Rosmarinhonig großzügig über den Käse träufeln. Als praktisches Werkzeug erweist sich dabei ein Honigheber.

Montag: Abendmenü: Dessert

Dienstag

Der Tag beginnt mit dem Besuch eines lebhaften Markts. Eine gute Küche setzt erstklassige Zutaten voraus, das gilt auch in der Provence. Lassen Sie sich erklären, mit welchen Kunstgriffen die Köche dort simples Gemüse in erlesene Genüsse verwandeln und wie man auf dem Markt die besten lokalen Erzeugnisse ausfindig macht.

Au marché

Nirgends sonst in Frankreich erwartet Marktbesucher ein solch verlockendes Angebot wie in der Provence. Längst lässt die Region das ganze Land an dieser Fülle teilhaben, aber am farbenprächtigsten und frischesten präsentieren sich ihre Erzeugnisse natürlich auf den lokalen Märkten.

Dort sollte man nach Ständen Ausschau halten, deren Inhaber besonderen Wert auf die Herkunft ihrer Waren aus heimischer Produktion legen. In dem mediterranen, von kurzen, milden Wintern und langen, sonnigen Sommern geprägten Klima der Provence gedeihen seit je das herrlichste Gemüse und die schönsten Früchte. Schon früh beginnt die Ernte, und die Saison ist lang und ertragreich. Die fleischigen Cœur-de-bœuf-Tomaten der Provence garantieren intensivstes Aroma und sind zugleich so fest, dass man sie gut in Scheiben schneiden kann.

Wenn die Herkunft eines Gemüses nicht angegeben ist, handelt es sich meist – vor allem im Winter oder zeitigen Frühjahr – um Importe aus Spanien, Italien oder Nordafrika; die Fleischtomaten kommen oft sogar aus Holland. Sobald man aber wählen kann, ist heimisches Gemüse und Obst immer die beste Option.

Stehen Sie früh auf, wenn Sie einen provenzalischen Markt von der schönsten Seite erleben wollen, denn so ab halb zehn ist das Angebot schon sehr dezimiert. Wichtig ist eine Einkaufsliste – auch wenn man flexibel sein muss, denn man kauft schließlich, was einen gerade besonders anspricht. Und vergessen Sie den Einkaufskorb nicht.

Prüfen   Sondieren Sie zunächst die Situation, indem Sie rasch den ganzen Markt abgehen und dabei Ihre Sinne aktivieren. Es empfiehlt sich grundsätzlich, vor dem Kauf die Produkte der verschiedenen Anbieter und sogar die eines einzelnen Standes zu vergleichen.
▽

△
Fühlen   Beim Salatkauf kann einen die Auswahl mitunter fast erschlagen. Immer wieder andere zarte Blattsalatsorten und junge Triebe werden als *mesclun* angeboten. Diese traditionelle provenzalische Mischung variiert von Saison zu Saison und von Stand zu Stand. Jede Sorte – pfeffrige wilde Rauke, süßlich-zarter Eichblattsalat oder auch bitterer Radicchio – steuert mit anderen Aromen und Texturen eigene Empfindungen bei. Junges Salatgrün sollte sich leicht und frisch anfühlen und nicht schwer zusammenkleben. Wenn der Verkäufer Ihnen nicht gestattet, selbst auszuwählen, sehen Sie ihm beim Einpacken genau auf die Finger.

Sehen Lebhaftes Orange, helles Pastellgrün, Sonnengelb, leuchtendes Rot und tiefer Purpur – Paprikaschoten beleben einen provenzalischen Markt mit hinreißenden Farben. So wundert es nicht, dass sie auch in der regionalen Küche eine tragende Rolle spielen. Ihr Geschmack intensiviert sich noch, wenn sie geröstet oder gebraten werden, und als stabiles Behältnis machen sie auch gefüllt und gebacken Karriere.

△

Riechen Erinnern Sie sich an Momente, als sich äußerlich perfektes Supermarkt-Gemüse geschmacklich als völlige Niete entpuppte. Schnuppern Sie, schließen Sie die Augen und lassen Sie die Aromen auf sich wirken. Frühlingszwiebeln etwa sollten einen milden, doch unverkennbar zwiebeligen Duft verströmen.

»Nehmen Sie Obst oder Gemüse in die Hand, prüfen Sie das Gewicht und testen Sie durch leichtes Drücken die Konsistenz. Vor allem die Reife ist wichtig, eine nicht ganz so perfekte Form macht gar nichts.«

Dienstag: Au marché

Keine Scheu Sie möchten wissen, woher die angebotenen Tomaten stammen oder wie lange man den grünen Spargel garen muss? Fragen Sie nur! Wenn Ihr Französisch nicht perfekt ist, reden Sie eben mit Händen und Füßen, und fast immer findet sich jemand, der als Dolmetscher einspringt.

Sich informieren Anders als Supermarkt-Verkäufer sind die Händler auf dem Markt Fachleute. An kleineren Ständen trifft man sogar recht häufig die Erzeuger an, die, stolz auf ihre Produkte, gern etwas über sie erzählen und auch Zubereitungstipps geben.
▽

△
Lernen Von den vielen Arten getrockneter Pilze, die man auf den Märkten der Provence bekommt, haben Steinpilze wohl den höchsten Preis, aber dafür einen einzigartigen Geschmack. Nehmen Sie nur dicke, große, makellose Scheiben, Hände weg von sehr trockenen, schrumpligen und kleinen Stücken! Vor der Verwendung mindestens 20 Minuten einweichen; Erde entfernen.

Auswählen in Ruhe ...   Viele Markthändler lassen ihre Kunden selbst auswählen. Nützen Sie diese Chance, und lassen Sie sich Zeit. Nehmen Sie die Produkte in die Hand, prüfen Sie das Gewicht und die Festigkeit. Und setzen Sie die Nase ein: Gemüse, Kräuter und Obst müssen frisch und sauber riechen.
▽

△
... und mit Bedacht
Ordentlich und ehrlich – ohne großes Chichi – präsentiert, weckt das Angebot schon beim Einkauf den Appetit. Sorgfältig aufgeschichteter grüner Spargel macht es dem Kunden leicht, Stangen gleicher Dicke zu wählen, die gleich schnell garen – für den Erfolg in der Küche entscheidend.

»Wenig, aber häufig einkaufen – dies ist eines der Geheimnisse guter Küche. Denn noch das schlichteste Gericht schmeckt mit frischen Zutaten einfach besser. Und je öfter Sie sich bei einem Händler sehen lassen, desto aufmerksamer bedient er Sie.«

Auberginen vorbereiten

Auberginen sind erstaunlich vielseitig. Sie vertragen sich bestens mit Knoblauch und Kräutern, sie schmecken im Ofen oder in der Pfanne gebraten ebenso gut wie gegrillt oder geschmort. Man kann sie in Scheiben schneiden, halbieren, pürieren oder hacken. Ihre Textur

Auswählen Eine Aubergine von guter Qualität liegt schwer in der Hand. Sie hat eine fleckenlose, pralle und glänzende Haut, Blütenkelch und Stielansatz sollten noch saftig grün und fest sein. Für die Zubereitung gefüllter Auberginen empfiehlt es sich, gleich große Exemplare auszuwählen.

Vorbereiten Beide Enden abschneiden und die Aubergine längs halbieren, dann – wenn gewünscht – Wasser entziehen: Mit etwas grobem Meersalz bestreuen, mit der Schnittfläche nach unten auf ein sauberes Küchentuch legen, mit einem geeigneten Gegenstand beschweren und 30 Minuten ruhen lassen. Vor der Zubereitung waschen und behutsam ausdrücken.

macht sie zu einer guten Wahl für ein vegetarisches Essen. Ihr einziger Nachteil: Sie saugen Öl gierig auf. Wenn man sie aber mit grobem Meersalz bestreut und abtropfen lässt – diese Technik heißt *dégorger* – kann man ihren Öldurst mindern und ihnen auch Bitterstoffe entziehen.

Einschneiden Bevor man Auberginen grillt oder im Ofen brät, die Schnittflächen mit der Spitze eines scharfen Messers kreuz und quer einritzen, ohne dabei jedoch die Haut zu verletzen. Mit etwas Olivenöl beträufeln und leicht salzen und pfeffern.

Abtropfen lassen In der Pfanne gebratene Auberginen in einen Durchschlag geben und mit einem *écumoire* (Schaumlöffel) oder einem Bratenwender kräftig ausdrücken, sodass sie überschüssiges Öl und Wasser abgeben. Dadurch wird das Essen zu einem leichteren Genuss, außerdem schmecken die Auberginen feiner.

Fondue d'aubergine
Auberginenpüree

Durch das Anrösten der Aubergine erhält dieses geschmeidige Püree eine aparte Rauchnote. Vorzüglich ist es als Appetizer zu knusprigen Grissini, im Ofen gerösteten Croûtons (siehe Rouille, S.118) oder rohem Gemüse, aber ebenso als unkomplizierte Vorspeise im Tapas-Stil, mit Salami und Oliven serviert. Fest verschlossen mit Frischhaltefolie, hält es sich im Kühlschrank 2-3 Tage.

Für 4 Personen

Zubereitung 10 Minuten
Kochzeit 40 Minuten
1 große Aubergine
feines Meersalz
Saft von 1/2 Zitrone
1 Knoblauchzehe, zerdrückt
1/2 TL gemahlener Kreuzkümmel
(nach Belieben)
1 Tomate, im Ofen gebraten (siehe
Tomates provençale, S. 67)
frisch gemahlener schwarzer
Pfeffer
2 EL Olivenöl *vierge extra*

Den Backofen auf 190 °C vorheizen.

Die Aubergine auf eine Fleischgabel spießen. Einige Minuten über einer Gasflamme behutsam rösten und dabei immer wieder drehen, bis die Haut ringsum leicht gebräunt ist. Falls kein Gasherd zur Verfügung steht, die Aubergine in einer sehr heißen beschichteten Grillpfanne rösten und dabei vorsichtig mit einer Zange drehen.

Ein Backblech mit Pergament- oder Backpapier auslegen. Die geröstete Aubergine darauflegen und mehrmals mit einer Gabel einstechen. Etwa 30 Minuten im Ofen garen, dabei nach 15 Minuten wenden. Mit einer Gabel einstechen, um zu prüfen, ob sie durch und durch gar ist. Abkühlen lassen.

Die Aubergine längs halbieren, sobald man sie anfassen kann. Das Fruchtfleisch mit einem großen Löffel herauslösen und in ein Sieb geben. Mit etwas Salz bestreuen und kräftig ausdrücken, um überschüssigen Saft zu entfernen.

Das Fruchtfleisch mit Zitronensaft, Knoblauch, Kreuzkümmel und der Tomate in der Küchenmaschine zu einem glatten Püree verarbeiten, aber nicht zu lange mixen – benutzen Sie am besten den Momentschalter. Probieren und mit etwas Salz und Pfeffer abschmecken.

Das Auberginenpüree in eine Schüssel füllen. Mit Raumtemperatur servieren. Vor dem Auftragen mit Olivenöl beträufeln.

»Anstelle der gebratenen Tomate können Sie auch ein paar kleine Kirschtomaten nehmen.«

Papeton d'aubergine
Auberginenmousse

Diese Mousse schmeckt milder als das Auberginenpüree auf der Seite gegenüber, ihre Konsistenz ist cremiger. Man kann sie im Voraus zubereiten und bis zur Verwendung kalt stellen. Man muss sie dann aber rechtzeitig aus dem Kühlschrank nehmen, damit sich ihr Aroma voll entfalten kann. Temperiert servieren, zum Beispiel als delikaten Auftakt zu einem Essen mit Freunden.

Den Backofen auf 190 °C vorheizen. Ein Backblech mit Pergament- oder Backpapier auslegen. Die Auberginen längs halbieren und das Fruchtfleisch kreuz und quer einschneiden (siehe S. 61). Mit den Schnittflächen nach oben auf das Blech legen, dünn mit Öl bestreichen und etwa 20 Minuten im Ofen garen, bis sie weich sind.

Inzwischen die Paprikaschote rösten und enthäuten (siehe S. 65); von den Samen befreien und fein würfeln. In einem Schmortopf 1 Esslöffel Öl auf kleiner Stufe erhitzen. Die Zwiebel mit dem Knoblauch unter Rühren glasig dünsten – sie darf keine Farbe annehmen. Beiseite stellen.

Die Auberginen vom Blech nehmen und abkühlen lassen, bis man sie anfassen kann. Das Fruchtfleisch mit einem Esslöffel herauslösen und fein würfeln. Mit der gewürfelten Paprikaschote zur Zwiebelmischung geben. Nach Geschmack salzen und pfeffern und die Crème fraîche unterziehen. Bei mäßiger Hitze 5 Minuten garen, dabei gelegentlich umrühren. Vor dem Servieren auf Zimmertemperatur abkühlen lassen.

Aus den restlichen 4 Esslöffeln Olivenöl, dem Essig und etwas Salz und Pfeffer ein Dressing rühren.

Auf jeden Teller in die Mitte einen Klecks Auberginenmousse geben. Den Salat ringsum verteilen und mit dem Dressing beträufeln. Mit Basilikum garnieren und bald servieren.

Für 4-6 Personen

Zubereitung 20 Minuten
Kochzeit 30 Minuten
2 Auberginen
5 EL Olivenöl, dazu etwas Öl zum Bestreichen
1/2 rote Paprikaschote
1/2 rote Zwiebel, fein gewürfelt
1 Knoblauchzehe, zerdrückt
feines Meersalz und frisch gemahlener schwarzer Pfeffer
1 gehäufter EL Crème fraîche
1 EL Rot- oder Weißweinessig
100 g junge Salatblätter, geputzt und gewaschen
einige frische Basilikumblätter zum Garnieren

Ratatouille — Klassisches Gemüseragout aus der Provence

Wenn man sich schon die Zeit nimmt, um eine Ratatouille nach allen Regeln der Kunst zuzubereiten, sollte man gleich die doppelte Portion machen. Interessante Vorschläge zur Resteverwertung folgen auf Seite 66.

Eine große Pfanne erhitzen. Die Zwiebeln in 3 Esslöffeln Öl bei mittlerer Hitze in 12–15 Minuten goldgelb braten, dabei häufig rühren. Salzen und pfeffern. In einem Durchschlag abtropfen lassen. Die Pfanne auswischen.

Die Paprikaschoten rösten und enthäuten, von den Samen befreien und in ca. 4 cm große Quadrate schneiden. Eine zweite Pfanne erhitzen, 2 Esslöffel Öl hineingeben und die Paprika bei mäßiger Hitze in 3–4 Minuten weich braten. In einem Durchschlag gut abtropfen lassen. Diese Pfanne ebenfalls auswischen.

Die Tomaten blanchieren, enthäuten (siehe S. 90) und vierteln. In einen großen Schmortopf geben und mit 3 Esslöffeln Öl beträufeln. Das Bouquet garni und den Knoblauch, Salz und Pfeffer nach Geschmack und den Zucker zufügen. Durchmischen und bei mäßiger Hitze 20 Minuten garen.

Inzwischen die Zucchini und Auberginen würfeln. Die Zucchini in der großen Pfanne in 3 Esslöffeln Öl bei mäßiger Hitze in 6–8 Minuten weich braten. Mit einem Schaumlöffel herausnehmen und auf Küchenpapier abtropfen lassen.

Die zweite Pfanne erhitzen. 3 Esslöffel Öl hineingeben und die Auberginen bei mäßiger Temperatur in 6–8 Minuten weich braten. In einem Durchschlag abtropfen lassen und überschüssiges Öl ausdrücken.

Das gesamte abgetropfte Gemüse mit 150 ml Wasser zu den Tomaten geben. Salzen und pfeffern, gut durchmischen und zugedeckt auf kleiner Stufe 20 Minuten schmoren; ab und zu umrühren. Das Bouquet garni entfernen, das Gericht abschmecken und zuletzt das Basilikum unterziehen.

Für 8 Personen

Zubereitung und Kochzeit 3 Stunden

14 EL Olivenöl
1 kg große Zwiebeln, in Scheiben geschnitten
feines Meersalz und frisch gemahlener schwarzer Pfeffer
3 rote Paprikaschoten
1 kg reife Tomaten oder abgetropfte Dosentomaten
1 Bouquet garni aus Stangensellerie und 2 Lorbeerblättern (siehe S. 28/29)
9 Knoblauchzehen, zerdrückt
1 TL Zucker
1,5 kg Zucchini
500 g Auberginen
6 frische Basilikumblätter, gehackt

Paprikaschoten rösten Die Schoten auf eine Gabel stecken und über einer Gasflamme drehen (oder unter dem Grill des Backofens rösten), bis sie schwarz werden und Blasen werfen. Einige Minuten abkühlen lassen, dann die verkohlte Haut abziehen bzw. abreiben.

Dienstag: Rezepte: Gemüse

Suggestions pour ratatouille
Variationen für die Ratatouille

Ratatouille au bœuf   Ratatouille mit Rindfleisch

100 g Fleischreste von einer Daube (S. 192) würfeln. Mit ½ Teelöffel frischem Thymian unter 300 g Ratatouille mischen. Langsam erwärmen. Ein leichtes Abendessen für 2 Personen.

Ratatouille piquante   Pikante Ratatouille

4 frische Minzeblätter klein schneiden. Mit 1 EL Rot- oder Weißweinessig unter 350 g kalte Ratatouille mischen. Abschmecken. 12 kleine schwarze Oliven darübergeben. Als Appetit-happen mit geröstetem Baguette oder zu kaltem Huhn, Kalbfleisch oder Schinken servieren.

Ratatouille et pommes de terre
Ratatouille mit Kartoffeln

1 große festkochende Kartoffel schälen, vierteln und in Salzwasser eben gar kochen. Abgießen und mit 3 EL Wasser unter 350 g Ratatouille mischen. Langsam erwärmen. 1 fein gewürfelte Früh-lingszwiebel und 1 EL gehackte frische glatte Petersilie unterziehen. Beilage für 2 Personen.

Œufs à la ratatouille   Eier mit Ratatouille-Füllung

6 große Eier hart kochen, schälen und längs halbieren. Die Eigelbe herauslösen, mit einer Gabel grob zerdrücken und 1 EL davon beiseite legen. Das restliche Eigelb mit 2 TL gehackten Kapern und 1 TL fein abgeriebener Zitronenschale behutsam unter 8 EL kalte Ratatouille ziehen. Die Eiweißhälften mit der Mischung füllen und das zurückgestellte Eigelb darüberstreuen. Für 6–8 Personen als Teil einer Vorspeisenplatte.

Riz à la ratatouille   Reis-Ratatouille-Gratin

Nach dem Rezept auf S. 292 einen Riz pilaf zubereiten, ohne die zweite Hälfte der Butter unterzumischen. Den Reis in eine Gratinform füllen und mit 200 g Ratatouille überziehen. 6 EL geriebenen gereiften Gruyère darüberstreuen. 8–12 Minuten bei 200 °C im Ofen backen, bis die Sauce blubbert und der Käse Blasen wirft. Hauptgericht für 6 Personen.

Baguette brouillade à la ratatouille
Baguette mit Rührei, Ratatouille und Schinken

Ein Baguette in 4 Stücke schneiden. Quer halbieren und die Schnittflächen unter dem Grill leicht rösten. 6 Eier in eine Schüssel schlagen, salzen und pfeffern; nur so viel rühren, dass die Eigelbe zerlaufen. In einer großen Pfanne 40 g Butter zerlassen. Die Eier dazugießen und bei mäßiger Hitze rühren, bis sich Eigelb und Eiweiß vermischen und das Ganze eben stockt. 4 EL Ratatouille unterziehen. Die Mischung auf die Baguettehälften verteilen. 2–3 Scheiben Räucherschinken aufrollen, in schmale Streifen schneiden und über die Eimischung verteilen. Die Baguettes unter dem Grill heiß werden lassen. Für 4 Personen als Brunch oder Abendessen.

Tomates à la provençale
Im Ofen gebratene Tomaten

Durch das langsame Braten im Ofen entwickeln die Tomaten eine exquisite Süße. Es lohnt sich, mehr zuzubereiten, als man für ein bestimmtes Rezept braucht. Verdoppeln Sie die Menge und machen Sie aus dem Rest eine Sauce oder servieren Sie die Tomaten bei nächster Gelegenheit zu Brathähnchen, gegrilltem Fisch oder Lammkoteletts.

Den Backofen auf 190 °C vorheizen.

Tomaten halbieren, die Samen mit einem Löffel herauslösen. Die Tomatenhälften mit der Schnittfläche nach unten in einen Durchschlag legen und mit der flachen Hand behutsam flach drücken. Im Spülbecken oder auf einem Teller mindestens 5 Minuten abtropfen lassen.

Eine Gratinform, in der die Tomatenhälften nebeneinander Platz haben, dünn mit Öl ausstreichen. Die Tomaten mit der Schnittfläche nach oben hineinlegen und mit dem Olivenöl beträufeln. Salzen und pfeffern – genauso viel Salz wie Zucker verwenden –, dann Zucker und Majoran oder Oregano darüberstreuen.

Für etwa 1 Stunde in den Ofen schieben. Vor dem Servieren etwas abkühlen lassen. Im Kühlschrank halten sich die Tomaten 2–3 Tage, eingefroren bis zu 1 Monat.

Für 4 Personen

Zubereitung 15 Minuten
Kochzeit 1 Stunde
8 reife, aber feste mittelgroße bis
  große Tomaten
1 EL Olivenöl, dazu etwas Öl für
  die Form
feines Meersalz und frisch
  gemahlener schwarzer Pfeffer
½ TL Zucker
2 TL getrockneter Majoran oder
  Oregano

»Wenn die im Ofen gebratenen Tomaten kochend heiß sind, kommt ihr süßer Geschmack nicht voll zur Geltung. Daher serviert man sie am besten nur warm oder mit Raumtemperatur.«

Beignets de courgettes
Zucchinibeignets

Eine gute Beilage zu Hauptgerichten mit Fisch oder hellem Fleisch. Man kann die fertigen Zucchinibeignets 20 Minuten auf einem sauberen Küchentuch oder einer doppelten Lage Küchenpapier im Ofen warm halten (dabei nicht zudecken).

Für 4-6 Personen

Zubereitung und Kochzeit etwa 40 Minuten, dazu 2 Stunden zum Ruhen und Abtropfen
1 kg Zucchini
175 ml Erdnussöl

Für den Backteig
150 g Mehl
1 EL Olivenöl
feines Meersalz und frisch gemahlener schwarzer Pfeffer
2 große Eier
150 ml Milch

Das Mehl in eine Schüssel sieben. Olivenöl und eine kräftige Prise Salz zufügen, großzügig Pfeffer darübermahlen. Die Eier trennen. Die Eiweiße in eine separate Rührschüssel, die Eigelbe mit der Milch zum Mehl geben. Die Zutaten zu einem glatten Teig verrühren. Zugedeckt 2 Stunden ruhen lassen.

Inzwischen die Zucchini in kleine Würfel schneiden. In einer großen Schmorpfanne 4 Esslöffel Erdnussöl erhitzen. Die Zucchini zufügen, umrühren und zugedeckt auf kleiner Stufe in 10 Minuten weich dünsten; dabei gelegentlich umrühren. In einen Durchschlag geben und das überschüssige Öl 1 Stunde abtropfen lassen.

Die Eiweiße zu sehr festem Schnee schlagen und unter den Backteig heben. Behutsam die abgetropften Zucchini unterziehen. Mit Pfeffer würzen.

Die Schmorpfanne mit Küchenpapier auswischen. Das restliche Erdnussöl darin kräftig erhitzen, bis es leise zischt. Eine Platte mit einer doppelten Lage Küchenpapier auslegen. Ein Viertel der Zucchini-Teig-Mischung in esslöffelgroßen Portionen ins Öl geben. Bei recht hoher Temperatur in 2–3 Minuten goldbraun ausbacken, nach der Hälfte der Zeit die Plätzchen wenden. Mit einem Schaumlöffel herausheben und auf der vorbereiteten Platte abtropfen lassen.

Den Rest der Zucchini-Teig-Mischung in drei weiteren Durchgängen genauso verarbeiten, dabei die Temperatur etwas verringern, falls das Öl zu rauchen beginnt. Die Plätzchen heiß servieren.

Die Zucchiniwürfel vorsichtig unter den Teig ziehen. Die Mischung löffelweise ins heiße Öl geben und braten, bis die Beignets knusprig goldbraun sind.

Pistou
Basilikumsauce

Orangeroter Mimolette verleiht dieser Sauce neben einer ungewöhnlichen Farbe auch eine mild-nussige Note, die die pfeffrige Art des Basilikums ausgleicht. Ebenso gut würden hier Edamer, Gruyère oder Cheddar passen. Die Mischung ist fester Bestandteil der Soupe au pistou (S.73). Man kann sie auch als Pastasauce verwenden, unter gekochten Reis mischen, als Dip zu Gemüsesticks reichen oder auf Croûtons (siehe Rouille, S.118) streichen.

Ergibt etwa 300ml

Zubereitung 20 Minuten

6 Knoblauchzehen
grobes Meersalz
Blätter von 2 großen Handvoll
   frisches Basilikum
3 reife Tomaten
frisch gemahlener schwarzer
   Pfeffer
50 g Mimolette
6 EL Olivenöl

Die Knoblauchzehen schälen. In einem Mörser mit etwas grobem Meersalz bestreuen und grob zerstoßen.

Die Basilikumblätter abzupfen und die Hälfte mit noch etwas Salz in den Mörser geben. Mit dem Stößel zerreiben und zerstoßen, bis die Zutaten gut vermengt sind. Das restliche Basilikum zufügen und wie zuvor weiterarbeiten, bis man eine *pommade* (eine dicke Paste) erhält.

Die Tomaten blanchieren und enthäuten (siehe S.90), von den Samen befreien und fein würfeln. Nach und nach unter das Püree mischen und zerstampfen, sodass man schließlich eine dicke Sauce erhält. Mit Pfeffer würzen.

Den Käse fein reiben und unter die Sauce ziehen, dann das Öl gründlich einrühren. Die Sauce nochmals abschmecken. In einer mit Frischhaltefolie verschlossenen Schüssel hält sich das Pistou im Kühlschrank bis zu 3 Tage.

»Pistou herzustellen macht Spaß! Anfangs die Zutaten zerstoßen, dann mit dem Stößel rühren, und zwar immer in derselben Richtung. Dass die Sauce fertig ist, erkennt man an den schmatzenden Geräuschen, die sie beim Rühren erzeugt. Wenn der Käse untergerührt ist, hat sie eine ähnliche Konsistenz wie Mayonnaise.«

Soupe au pistou
Gemüsesuppe mit Pistou

Bohnenkerne machen diese Suppe zu einem deftigen Genuss. Anders als die getrockneten Bohnen garen die frischen schneller und sind leichter verdaulich. Wenn Sie also im Sommer die Bohnen auf dem Markt entdecken, greifen Sie zu – und legen Sie sich einen Vorrat an: Die enthülsten Kerne 20 Minuten kochen, abseihen, kurz spülen, abkühlen lassen und einfrieren.

Schweinshaxe oder Bauchspeck in einen großen Suppentopf geben und 2 l kaltes Wasser dazugießen. Zum Kochen bringen und mit schräg aufgelegtem Deckel 30 Minuten sanft köcheln lassen. Gelegentlich abschäumen.

Inzwischen die Bohnen enthülsen. Die Kerne in einem Topf mit reichlich kaltem Wasser bedecken, einmal aufkochen und 10 Minuten köcheln lassen, dann abseihen und abschrecken. Unterdessen die grünen Bohnen von den Enden befreien und in kleinere Stücke schneiden. Die Kartoffeln schälen und würfeln. Die Tomaten blanchieren und enthäuten (siehe S. 90), von den Samen befreien und würfeln. Auch die Zucchini fein würfeln.

Das ganze Gemüse mit etwas Salz zum Fleisch geben. Wieder zum Köcheln bringen und mit schräg aufgelegtem Deckel noch 1 Stunde simmern lassen, bis Fleisch und Gemüse gar sind; dabei gelegentlich abschäumen.

Die Haxe aus dem Topf nehmen, das Fleisch vom Knochen lösen und klein schneiden. Mit einem Schaumlöffel die Hälfte des Gemüses aus dem Topf nehmen und auf einem Teller mit einer Gabel zerdrücken. Mit dem Fleisch zurück in den Topf geben.

Die Makkaroni zur Suppe geben und auf etwas höherer Stufe garen, bis sie weich, aber noch bissfest sind. Die Suppe vom Herd nehmen, abschmecken und das Pistou einrühren. Heiß servieren.

Variation

Anstelle von frischen weißen bzw. roten Bohnenkernen können Sie je eine 400-g-Dose Cannellini- und Borlotti-Bohnen verwenden. In diesem Fall die Haxe 50 Minuten köchelnd garen, dann die abgetropften und gewaschenen Bohnen mit dem übrigen Gemüse zufügen; die Suppe noch 30 Minuten köcheln lassen.

Frische Bohnenkerne müssen nicht eingeweicht werden und erfordern auch keine lange Kochzeit. Nach dem Garen abseihen und zum Abschrecken kalt abbrausen.

Für 6–8 Personen

Zubereitung 30 Minuten
Kochzeit 2 Stunden

½ gepökelte Schweinshaxe oder ca. 150 g geräucherter Bauchspeck
200 g frische weiße Bohnenkerne, z. B. Cannellini oder Flageolets
100 g frische rote Bohnenkerne, z. B. Borlotti
250 g breite grüne Bohnen
2 mehlige Kartoffeln
3 Tomaten
4 Zucchini
feines Meersalz und frisch gemahlener schwarzer Pfeffer
100 g kurze Makkaroni
150 ml Pistou (S. 70)

Dienstag: Mittagsmenü

Haricots verts à la provençale
Grüne Bohnen auf provenzalische Art

Grüne Bohnen sind einer der vielen feinen Genüsse, die die Provence im Sommer bereithält. Mit nur etwas Olivenöl, Butter, Petersilie und Knoblauch verwandeln sie sich in ein kleines Festessen. In der hier vorgestellten Zubereitung ergeben sie eine vielseitige Beilage oder auch eine delikate Vorspeise.

Für 4 Personen

Zubereitung 10 Minuten

Kochzeit 15 Minuten

500 g zarte grüne Bohnen
   (Prinzessbohnen)
1 EL Olivenöl
1 Knoblauchzehe, zerdrückt
Blätter von 6 Stängeln frische
   glatte Petersilie, fein gehackt
30 g Butter
feines Meersalz und frisch
   gemahlener schwarzer Pfeffer

In einem großen Topf reichlich Wasser zum Kochen bringen; kräftig salzen. Inzwischen die Bohnen von den Enden befreien. Ins sprudelnde Wasser geben und je nach Größe 8–10 Minuten garen – sie sollen noch einen gewissen Biss haben. Abseihen, mit kaltem Wasser abbrausen und gut abtropfen lassen.

Den Topf auf kleiner Stufe erhitzen, das Olivenöl hineingeben und den Knoblauch einige Minuten unter ständigem Rühren anschwitzen. Die Bohnen zufügen und mit der Petersilie bestreuen; bei kräftigerer Hitze unter Rühren 1 Minute schmoren.

In eine Servierschüssel füllen und die Butter unterschwenken. Die Bohnen noch einmal abschmecken und servieren.

Salade de haricots verts
Salat von grünen Bohnen

Die Bohnen 1–2 Minuten früher abgießen – sie sollen zwar gar, aber noch etwas fest sein – und gleich abschrecken. Den Knoblauch in 2 Esslöffeln Olivenöl anschwitzen, dann mit der Petersilie zu den Bohnen geben. Abkühlen lassen. Noch etwas Olivenöl und 1–2 Teelöffel Zitronensaft oder auch Rot- oder Weißweinessig untermischen.

Fenouil aux olives
Fenchel mit Oliven

Dieser Fenchel schmeckt gut als Beilage zu Fisch aus dem Ofen oder vom Grill, aber auch solo als Vorspeise. Er wird in zwei Stufen gegart: Zunächst dämpft man ihn mit den anderen Zutaten weich, anschließend wird er mit Petersilie und Orangenschale in Folie gebacken, wobei sich die Aromen voll entfalten. Durch die schwarzen Oliven und bestes Olivenöl erhält das Gemüse einen typisch mediterranen Touch.

Die Fenchelknollen putzen und längs vierteln. In einem Topf (möglichst mit Dämpfeinsatz) etwas Wasser zum Kochen bringen. Den Fenchel mit Zwiebel, Knoblauch und Schalotte zugeben und im geschlossenen Topf 10 Minuten im Dampf garen.

Den Backofen auf 200 °C vorheizen. Vier Stücke Alufolie zuschneiden, die groß genug sind, um ein Viertel der Fenchelmischung darin einzupacken.

Das gedämpfte Gemüse auf die Folienstücke verteilen. Petersilie und Orangenschale zufügen, nach Geschmack salzen und pfeffern. Jede Portion mit 1 Esslöffel Olivenöl beträufeln. Die Folienränder über dem Gemüse zusammenlegen und sauber zweimal falzen, damit die Feuchtigkeit in der Hülle bleibt. Die Pakete mit dem Falz nach oben auf ein Backblech legen. Das Gemüse 20 Minuten im Ofen backen.

Inzwischen die Oliven entsteinen und klein würfeln. In einer Tasse mit etwas Pfeffer würzen und mit dem letzten Esslöffel Olivenöl vermischen.

Vor dem Servieren das Gemüse nicht ganz auspacken, sondern die Pakete nur leicht öffnen, und die Oliven auf dem Fenchel verteilen.

Für 4 Personen

Zubereitung 15 Minuten
Kochzeit 30 Minuten
3 größere Fenchelknollen
1 Zwiebel, in dünne Scheiben
   geschnitten
3 Knoblauchzehen, in Scheiben
   geschnitten
1 große schlanke Schalotte, in
   dünne Scheiben geschnitten
2 EL frische glatte Petersilie, fein
   gehackt
1 EL abgeriebene Schale einer
   unbehandelten Orange
feines Meersalz und frisch
   gemahlener schwarzer Pfeffer
5 EL Olivenöl *vierge extra*
8 schwarze Oliven

»Salzen Sie sparsam, denn es kommen ja noch die salzigen Oliven dazu.«

Carottes à la crème d'olives vertes
Möhren in Grüne-Oliven-Sahne

Brät man Möhren ganz langsam, werden sie wundervoll zart und süß. Die Idee, das Ganze bei größerer Hitze zu beschleunigen, sollten Sie daher vergessen, denn am Ende wären die Möhren hart und verbrannt. Der leicht bittere Geschmack grüner Oliven setzt einen reizvollen Kontrapunkt.

Für 6 Personen

Zubereitung 15 Minuten
Kochzeit 50 Minuten

1 kg Möhren
100 ml Erdnussöl
50 g grüne Oliven
2 Knoblauchzehen
Blätter von 4 Stängeln frische
    glatte Petersilie
1 EL weiche Butter
feines Meersalz und frisch
    gemahlener schwarzer Pfeffer
200 g Sahne

Die Möhren schälen und in sehr dünne Stifte schneiden.

Eine große beschichtete Pfanne bei mittlerer Hitze heiß werden lassen. Das Öl hineingießen, die Hitze zurücknehmen und die Möhren in der Pfanne behutsam braten, bis sie nach etwa 35 Minuten ganz weich und zart sind. Dabei häufig umrühren und wenden.

Inzwischen die Oliven entsteinen. In kochendem Wasser 2 Minuten blanchieren, dann abseihen. Knoblauch und Petersilie hacken.

In einem Schmortopf die Butter bei mäßiger Temperatur zerlassen. Den Knoblauch mit der Petersilie 1 Minute unter Rühren anschwitzen. Möhren und Oliven 2–3 Minuten mitschmoren, nach Geschmack salzen und pfeffern. Die Sahne dazugießen und die Möhren noch 10 Minuten köcheln lassen, dabei mehrmals umrühren. In einer vorgewärmten Schüssel sehr heiß servieren.

Aspergeade
Grüner Spargel mit würziger Sauce

Weißer, grüner, violetter, wilder Spargel – in der Provence können Liebhaber dieses Gemüses im Frühjahr aus dem Vollen schöpfen. Grüner Spargel ist die beste Wahl für diese Vorspeise: Er besitzt ein kräftiges Aroma und macht sich auf einem Büfett auch farblich gut. Natürlich kann man ihn ebenso mit der Sauce gleich auf Tellern anrichten.

In einem weiten Topf reichlich Wasser mit etwas Salz zum Kochen bringen. Inzwischen den Spargel waschen. Die holzigen Enden abschneiden und ins sprudelnde Wasser geben. Wieder aufwallen lassen und bei geringerer Hitze 5 Minuten köcheln lassen.

Die Spargelstangen zufügen und in 5–8 Minuten bissfest garen. Wie lange sie genau brauchen, hängt von ihrer Dicke ab; daher nach 5 Minuten mit einem spitzen Messer prüfen, ob sie weich sind.

Abseihen, dabei einige Esslöffel des Kochwassers auffangen. Die Spargelstangen kalt abbrausen und auf einem Küchentuch oder einer doppelten Lage Küchenpapier beiseite legen. Die Endstücke nicht wegwerfen.

Zitronenschale und -saft, Senf, Eigelb und Spargelendstücke im Mixer mit etwas Salz und Pfeffer zu einer Paste verarbeiten. Bei laufendem Gerät langsam erst das Erdnuss- oder Sonnenblumenöl, dann das Olivenöl zufügen. Die Sauce mit Salz und Pfeffer abschmecken und bei Bedarf noch etwas Kochwasser einrühren – sie soll dickflüssig, aber nicht fest wie Mayonnaise sein. Man kann sie im Voraus zubereiten; in diesem Fall bis zum Servieren zugedeckt im Kühlschrank aufbewahren.

Die Sauce in eine rechteckige Gratinform gießen und den Spargel darauf anrichten. Mit den Kräutern bestreuen und gleich servieren.

Für 4 Personen

Zubereitung 15 Minuten
Kochzeit 15 Minuten
12 dicke grüne Spargelstangen
abgeriebene Schale und Saft von
    ½ unbehandelten Zitrone
½ TL Dijon-Senf
1 Eigelb
feines Meersalz und frisch
    gemahlener schwarzer Pfeffer
4 EL Erdnuss- oder Sonnen-
    blumenöl
4 EL Olivenöl
6 Stängel frischer Schnittlauch, in
    Röllchen geschnitten
Blätter von 2 Stängeln frische
    glatte Petersilie, fein gehackt

»Da die Sauce im Kühlschrank fest werden kann, bewahren Sie ein wenig Kochwasser auf, um sie später verdünnen zu können. Wenn Sie das Gericht einige Stunden im Voraus zubereiten, genügt es, den Spargel zugedeckt an einen kühlen Platz zu stellen.«

Les tomates
Tomaten

Obwohl sie in der Provence noch gar nicht so lange heimisch sind, bilden die Tomaten, die im warmen, sonnigen Klima der Region bestens gedeihen, heute einen Eckpfeiler der regionalen Küche. Nicht von ungefähr werden sie auch gern als *pommes d'amour* tituliert, also »Liebesäpfel«.

Das Klima der Provence ist für Tomaten perfekt geeignet. Dass sie mit einem faden Geschmack enttäuschen, wird man hier kaum je erleben. Für den Rohgenuss empfehlen sich Tomaten, die gerade eben ausgereift sind, am besten frisch vom Strauch. Sie bieten einen knackigen Biss, einen Hauch feine Säure und ein leichtes grasig-grünes Aroma.

Für Saucen und andere warme Zubereitungsarten wählen Sie feste, aber voll ausgereifte Tomaten, erkennbar an ihrer leuchtend roten Farbe. Wenn sie nicht ganz ebenmäßig geformt sind, macht das gar nichts. Zum Füllen sind Tomaten mit etwas dickerer Haut angezeigt. Sorten mit großen, breiten Früchten stehen im Schmortopf sicher, ohne dass man sie zurechtschneiden muss.

Bei überreifen, allzu weichen Früchten ist Vorsicht geboten: Sie sind oft wässrig und haben zu viel Säure, aber dafür wenig oder gar keinen Geschmack.

»Selbst Fleischtomaten, die allgemein als langweilig gelten, bieten, wenn sie unter provenzalischer Sonne gereift sind, ein volles Geschmackserlebnis.«

Tomates farcies
Gefüllte Tomaten

In der Provence wird Gemüse gern mit Fleischresten oder Reis und einer Vielzahl aromatischer Zutaten gefüllt. Ganz oben auf der Beliebtheitsskala stehen dabei gefüllte Tomaten. Damit sie beim Garen nicht außer Form geraten und zusammenfallen, sollten sie ziemlich fest sein. Köstlich als Vorspeise, aber auch zu Riz pilaf (S. 292) oder Pasta als Hauptgang.

Für 6 Personen

Zubereitung 30 Minuten
Kochzeit 1½ Stunden

12 große, feste Tomaten
feines Meersalz und frisch gemahlener schwarzer Pfeffer
3 EL Olivenöl, dazu Öl für die Form
1 große milde Zwiebel, fein gewürfelt
2 Knoblauchzehen, zerdrückt
Blätter von 5 Stängeln frische glatte Petersilie, fein gehackt
8 frische Basilikumblätter, fein gehackt
2 Lorbeerblätter
150 g Schinken oder gegarte Fleischreste, fein gehackt
2 Eier

Von den Tomaten oben einen Deckel abschneiden; die Früchte außerdem, falls nötig, unten glatt schneiden, sodass sie sicher stehen. Mit einem Löffel das wässrige Innere, die Samen und Trennwände entfernen. Die Tomaten mit etwas Salz ausstreuen und in einem Durchschlag kopfüber abtropfen lassen, bis die Füllung zubereitet ist.

Den Backofen auf 190 °C vorheizen. Eine Gratinform, in der die Tomaten nebeneinander Platz haben (nach Bedarf auch zwei Formen), dünn mit Öl ausstreichen.

Eine große Pfanne bei mäßiger Temperatur erhitzen. Das Öl hineingießen und die Zwiebel unter gelegentlichem Rühren in 10 Minuten hellgelb schmoren. Knoblauch mit Petersilie, Basilikum und Lorbeerblättern unterrühren. 5 Minuten dünsten lassen, dabei mehrmals umrühren. Schinken bzw. Fleischreste zugeben und noch 2 Minuten mitgaren. Vom Herd nehmen, Lorbeerblätter entfernen.

Die Eier nur soweit verquirlen, bis Eiweiß und Eigelb eben vermischt sind. Unter die Fleischmischung ziehen; salzen und pfeffern. Die Masse mit einem Löffel in die Tomaten geben, dabei nicht bis zum Rand füllen. Die Tomaten in die Form setzen und mit den zurückgelegten Deckeln verschließen. Lose mit Alufolie bedecken und 1 Stunde im Ofen backen. Vor dem Servieren einige Minuten abkühlen lassen.

Variation

Auf dieselbe Weise können Sie gefüllte Paprikaschoten *(poivrons farcis)* zubereiten. Die Füllung eignet sich auch für andere Gemüsesorten, wobei Kartoffeln vorgekocht, Zucchini (ideal sind runde Sorten) und Auberginen im Ofen vorgegart werden müssen.

Die ausgehöhlten Tomaten salzen und danach gut abtropfen lassen, sonst werden sie beim Backen matschig.

Tian aux courgettes
Zucchiniauflauf

So ein Zucchiniauflauf ist ein schlichter, aber sehr gefälliger Hauptgang. Wenn Sie dazu etwas herzhaften Schinken oder Salami servieren, macht er sogar überzeugte Fleischesser glücklich. Zur Abwechslung kann man nach demselben Prinzip einen Auberginenauflauf zubereiten.

Für 6 Personen

Zubereitung 20 Minuten, dazu Zeit zum Abtropfen
Kochzeit 40 Minuten

2 kg Zucchini
4 EL Olivenöl
100 g Gruyère, gerieben
100 g Sahne
½ TL frisch geriebene Muskatnuss
1 TL getrockneter Salbei
feines Meersalz und frisch gemahlener schwarzer Pfeffer

Die Zucchini würfeln. Mit dem Öl in einen großen Topf geben und zugedeckt bei mäßiger Temperatur in 20 Minuten weich dünsten, dabei gelegentlich durchmischen. Anschließend in einem Durchschlag 30 Minuten abtropfen lassen.

Den Backofen auf 200 °C vorheizen.

Die abgetropften Zucchini mit einem Schaumlöffel leicht pressen, sodass sie auch noch das letzte überschüssige Öl und Wasser abgeben. In eine Gratinform *(tian)* füllen und mit der Hälfte des Käses, Sahne, Muskatnuss und Salbei sowie Salz und Pfeffer nach Geschmack mischen. Gleichmäßig in der Form verteilen, glatt streichen und mit dem restlichen Käse bestreuen. Den Auflauf 15–20 Minuten im Ofen backen, bis er eine goldbraune Kruste hat. Sofort servieren.

Schneiden Sie von den Zucchini die Enden ab, dann teilen Sie das Gemüse in kleine Stücke. Sie sollten dieselbe Größe haben, damit sie gleichmäßig garen.

Tian de pommes de terre
Kartoffelauflauf

Dieses Gratin mit kräftigem Knoblaucharoma und sahniger Sauce ist eine moderne Version einer denkbar schlichten provenzalischen Mahlzeit aus Kartoffeln namens *lou tian de poumo*, die einst im holzbeheizten Ofen in einem mit Knoblauch ausgeriebenen Topf zubereitet wurde.

Für 6 Personen

Zubereitung 30 Minuten
Kochzeit 50 Minuten

30 g Butter, dazu etwas Butter für die Form

1,5 kg große, festkochende Kartoffeln

6 Knoblauchzehen

Blätter von 6 Stängeln frische glatte Petersilie, dazu gehackte Petersilie zum Garnieren

1 TL frische Thymianblättchen, gehackt

100 ml Milch

100 g Sahne

75 g Gruyère, gerieben

½ TL frisch geriebene Muskatnuss

feines Meersalz und frisch gemahlener schwarzer Pfeffer

Den Backofen auf 190 °C vorheizen. Eine Gratinform *(tian)* dünn mit Butter ausstreichen.

In einem großen Topf reichlich Wasser mit etwas Salz zum Kochen bringen. Die Kartoffeln schälen und in 1 cm dicke Scheiben schneiden. Ins sprudelnde Wasser geben und nach dem erneuten Aufwallen 15 Minuten köchelnd garen, dabei gelegentlich umrühren. Die Kartoffeln, die noch ein wenig Biss behalten sollten, in einem Durchschlag abseihen.

Inzwischen Knoblauch und Petersilie fein hacken. In einem mittelgroßen Topf die Butter bei mäßiger Temperatur zerlassen. Knoblauch mit Petersilie und Thymian 2 Minuten unter Rühren andünsten. Milch und Sahne dazugießen, einmal aufkochen lassen und gleich vom Herd nehmen. Die Hälfte des Käses und die Muskatnuss unterziehen. Mit wenig Salz und reichlich Pfeffer würzen.

Die Kartoffelscheiben in der vorbereiteten Form verteilen und die Käse-Sahne-Sauce darübergießen. Behutsam vermischen und mit dem restlichen Käse bestreuen. Im Ofen 30 Minuten goldgelb überbacken. Mit der Petersilie bestreuen und heiß servieren.

Tian de pommes de terre aux champignons Kartoffelauflauf mit Pilzen

Für einen kräftiger aromatisierten Auflauf 20 g getrocknete Pilze in sehr heißem Wasser etwa 15 Minuten einweichen, bis sie gequollen sind. Abseihen und fein schneiden. Mit einem abgetropften und gehackten Sardellenfilet zu den Kartoffeln geben, bevor die Käse-Sahne-Sauce darüber kommt und die Form in den Ofen wandert.

Cardons aux anchois
Karden mit Sardellen

Karden sind ein Wintergemüse und ähneln einer großen Artischocke. Kulinarisch von Interesse sind die Hauptrippen der Blätter, die an Selleriestangen erinnern. Ihr delikater Geschmack, der sehr gut mit Sardellensauce harmoniert, macht die etwas aufwendige Vor- und Zubereitung unbedingt wett.

In einem großen Topf leicht gesalzenes Wasser zum Kochen bringen. Inzwischen die Karden vorbereiten. Dafür eine Schüssel mit kaltem Wasser füllen, mit der Hälfte des Zitronensafts säuern. Die Karden-Stiele vom Wurzelansatz und stacheligen Blättern befreien. In 5 cm lange Stücke schneiden und dabei auch die zähen Fäden abziehen. Sofort ins Zitronenwasser legen, damit sie nicht dunkel anlaufen.

Den restlichen Zitronensaft und das Bouquet garni ins kochende Wasser geben. Die Karden abseihen und im leise köchelnden Wasser in 25 Minuten garen. Abseihen – dabei das Kochwasser auffangen – und beiseite stellen. Das Bouquet garni wegwerfen.

Für die Sauce die Hälfte des Olivenöls in einen Topf gießen. Mehl bei mäßiger Hitze in 2 Minuten unter Rühren hellgelb anschwitzen. Sardellen und Knoblauch 1 Minute mitschmoren, dabei ständig rühren. Nach und nach etwa 250 ml des Kochwasser einrühren, bis die Sauce dickt. 2–3 Minuten köcheln lassen, mit Pfeffer würzen und vom Herd nehmen. Warm stellen.

Das restliche Olivenöl in eine große Pfanne gießen und bei mäßiger Temperatur erhitzen. Das abgetropfte Gemüse hineingeben, verteilen und in 8–10 Minuten heiß werden lassen. In ein vorgewärmtes Serviergefäß füllen.

Wenn erforderlich, die Sauce nochmals erhitzen. Vom Herd nehmen und mit der Sahne verfeinern, abschmecken und über die Karden gießen. Behutsam vermischen und gleich servieren.

Für 6 Personen

Zubereitung 30 Minuten
Kochzeit 45 Minuten
1,5 kg kleine bis mittelgroße
  Karden
Saft von 1 Zitrone
1 Bouquet garni (S. 28/29)
3 EL Olivenöl
1 gehäufter EL Mehl
4 in Öl eingelegte Sardellenfilets,
  abgetropft und fein gehackt
2 Knoblauchzehen, zerdrückt
feines Meersalz und frisch
  gemahlener schwarzer Pfeffer
3 EL Sahne

»Dieses Rezept ist ein provenzalischer Klassiker.
Da Karden recht hart und bitter sein können,
sollte man möglichst kleine Stauden auswählen.
Das Gemüse sorgfältig vorbereiten und gründlich
in Zitronenwasser waschen.«

Mesclun citronnette
Zarter Blattsalat mit Zitronensauce

Das beste Gefäß für die Zubereitung einer Salatsauce ist die Salatschüssel selbst. Man gibt die Zutaten hinein und verrührt alles gut, darauf kommt dann der Salat. Durchgemischt wird er aber erst unmittelbar vor dem Servieren. Vor allem bei zarten Blattsalaten darf man auf keinen Fall zu viel Sauce verwenden. Die Blätter sollen nur hauchfein überzogen sein.

In einer Salatschüssel den Zitronensaft mit Senf vermischen; salzen und pfeffern. Öl und Sahne mit einem Schneebesen gründlich unterrühren. Die Sauce probieren und nochmals abschmecken.

Den Salat in die Schüssel geben. Unmittelbar vor dem Servieren behutsam, aber gründlich mit der Sauce mischen.

Variation
Dieses säuerliche Dressing ergänzt sehr gut gedünstetes oder gebratenes Gemüse, etwa Zucchini, Fenchel oder Lauch. Es macht sich auch vorzüglich zu einem Salat von gekochten Dicken oder grünen Bohnen.

Anstelle des Zitronensafts kann man frisch gepressten Orangensaft und 1 Teelöffel Weißweinessig verwenden. So schmeckt das Dressing gut zu Mesclun, Kopfsalat oder Feldsalat.

Für 4 Personen

Zubereitung 10 Minuten
150 g *mesclun* (kleine, junge Salatblätter), gewaschen und trocken geschleudert

Für die Sauce citronnette
Saft von 1/2 Zitrone
1/2 TL Dijon-Senf
feines Meersalz und frisch gemahlener schwarzer Pfeffer
5 EL Olivenöl
3 EL Sahne

Blattsalate bekommen immer eine Auffrischung. Selbst wenn es sich um ganz zarte, junge Blätter handelt und sie bereits gewaschen sind, gibt man sie vor dem Anmachen in reichlich eiskaltes Wasser. Anschließend abseihen und trocken schleudern.

Dienstag: Rezepte: Salate

Salade d'échalotes aux pommes d'amour
Schalotten-Tomaten-Salat

Gerade im Winter, wenn das Aroma der Tomaten zu wünschen übrig lässt, bietet dieser Salat aus gegarten Zutaten ein herrliches Geschmackserlebnis, als Vorspeise oder etwa zu gebratenem oder gegrilltem Thunfisch. Im Kühlschrank hält er sich 1–2 Tage.

Für 6 Personen

Zubereitung 20 Minuten
Kochzeit 40 Minuten
6 große, reife Tomaten
feines Meersalz und frisch gemahlener schwarzer Pfeffer
6 EL Olivenöl
750 g kleine Schalotten
500 ml Weißwein
2 Gewürznelken
15 schwarze Pfefferkörner
2 Lorbeerblätter
4 EL Zucker
1 Zweig frischer Thymian
2 unbehandelte Zitronen
1 EL Tomatenmark
3 Knoblauchzehen, zerdrückt
Blätter von 6 Stängeln frische glatte Petersilie, gehackt
Blätter von 6 Stängeln frisches Basilikum, gehackt
4 EL Olivenöl *vierge extra*

Die Tomaten in kochendem Wasser blanchieren – große Exemplare 1 Minute, mittelgroße nur 40 Sekunden. Herausheben, kurz in eiskaltem Wasser abschrecken und enthäuten. Die Tomaten halbieren und die Samen entfernen, die Hälften nochmals halbieren. Salzen und in einem Durchschlag abtropfen lassen.

Einen Schmortopf heiß werden lassen, das Öl hineingeben und die geschälten Schalotten bei mäßiger Temperatur 15 Minuten braten, bis sie hellgelb sind und weich zu werden beginnen.

Die Tomaten dazugeben und 5 Minuten mitschmoren, dabei mehrmals umrühren. Wein dazugießen und 10 Minuten einköcheln lassen. Nelken, Pfefferkörner und Lorbeerblätter, Zucker und Thymian hinzufügen. Leicht salzen und pfeffern. 200 ml Wasser dazugießen und das Ganze wieder zum Kochen bringen.

Eine unbehandelte Zitrone in Scheiben schneiden, Scheiben vierteln; die andere Zitrone auspressen. Zitronensaft und -stücke in den Topf geben, dann das Tomatenmark und den Knoblauch einrühren. Bei mäßiger Hitze köcheln lassen, bis die Flüssigkeit auf etwa die Hälfte reduziert ist. Nochmals abschmecken. Vom Herd nehmen und abkühlen lassen.

Unmittelbar vor dem Servieren Petersilie und Basilikum sowie das Olivenöl *vierge extra* unterrühren. Ein letztes Mal prüfen und abschmecken.

Blanchierte Tomaten lassen sich mühelos enthäuten. Danach halbieren und Samen mit dem Fruchtfleisch entfernen. Samen und Haut würden die klare, frische Optik dieses Salats stören.

Salade niçoise
Nizza-Salat

Diese Spezialität war schon immer ein Festessen aus einfachen Zutaten: Blattsalat, Frühlingszwiebeln, Tomaten, Sardellen, Oliven und bestes Olivenöl. Thunfisch und hart gekochte Eier sind kein Muss, aber doch empfehlenswerte Extras.

Für 4 Personen

Zubereitung 30 Minuten

1 großer Kopf oder 2 kleine Köpfe Batavia-Salat
4 eben reife Tomaten
4 Eier, hart gekocht
3 große Frühlingszwiebeln
8 in Öl eingelegte Sardellenfilets
½ kleine rote Paprikaschote
200 g gekochte grüne Bohnen (S. 74)
2 EL kleine schwarze Oliven
150 g in Öl eingelegter Thunfisch aus der Dose, abgetropft und zerpflückt
2 TL frisch gepresster Zitronensaft

Für die Vinaigrette

6 EL Olivenöl *vierge extra*
1 Knoblauchzehe, zerdrückt
5 frische Basilikumblätter, fein gehackt
1 EL Rot- oder Weißweinessig
feines Meersalz und frisch gemahlener schwarzer Pfeffer

Als Erstes alle Zutaten für die Vinaigrette in einer kleinen Schüssel mit einem Schneebesen gründlich verquirlen. Bis der Salat fertig ist, können sich die Aromen schön entfalten.

Den grünen Salat in Blätter teilen. Waschen, abtropfen lassen und trocken schleudern, dann in mundgerechte Stücke zerpflücken. Die Tomaten halbieren, jede Hälfte in 2 oder 3 Spalten schneiden. Die Eier schälen und längs vierteln. Von den Frühlingszwiebeln die grünen Teile in nicht zu kurze Röllchen schneiden, das Weiße in Würfel. Die Sardellenfilets auf Küchenpapier gut abtropfen lassen und längs halbieren. Die Paprikaschote von den Samen befreien und in sehr schmale Streifen schneiden.

In eine flache runde oder ovale Schüssel einen Teil des Blattsalats geben, dann einige Tomatenstücke und etwas von den Bohnen, Paprikastreifen und Frühlingszwiebeln. Diese Schritte wiederholen, bis die Zutaten aufgebraucht sind.

Die Vinaigrette nochmals aufschlagen, abschmecken und mit einem Löffel über den Salat träufeln. Behutsam durchmischen.

Zuletzt Eiviertel und Sardellen, Thunfisch und Oliven auf dem Salat verteilen. Etwas Pfeffer darübermahlen. Den Salade niçoise mit dem Zitronensaft beträufeln und bald servieren.

»Gekochte Kartoffeln, Reis oder Mais haben im Niçoise nichts zu suchen – sie passen einfach nicht zu der Palette von rohem Gemüse, die das Original erfordert.«

Frisée aux miettes de thon
Frisée-Salat mit Thunfisch

Thunfisch in Dosen gehört gewissermaßen zur Grundausstattung eines provenzalischen Vorratsschranks. Er muss allerdings von bester Qualität und in Olivenöl eingelegt sein. Dieser schlichte Salat ergibt eine herrliche Vorspeise, ist aber auch als leichtes Mittagessen nicht zu verachten.

Den Salat in Blätter teilen. Waschen, abtropfen lassen und trocken schleudern, dann in mundgerechte Stücke zerpflücken. Den Thunfisch in einen Durchschlag geben, mit einer Gabel zerteilen und einige Minuten abtropfen lassen.

In einer Salatschüssel alle Zutaten für die Vinaigrette miteinander verrühren.

Die Salatblätter zur Vinaigrette geben und behutsam durchmischen. Thunfisch darüber verteilen und den Salat nochmals rasch durchmischen. Mit Zitronensaft beträufeln und gleich servieren.

Variation

Portulak wäre eine schmackhafte Ergänzung zu diesem Salat – nehmen Sie ruhig eine große Handvoll. Einfach kurz waschen, abtropfen lassen und zum Frisée-Salat geben, bevor Sie ihn das erste Mal durchmischen.

Für 4 Personen

Zubereitung 15 Minuten
1 großer Kopf Frisée-Salat
150 g in Öl eingelegter Thunfisch
  aus der Dose, abgetropft
1 EL frisch gepresster Zitronensaft

Für die Vinaigrette
4 EL Olivenöl
1 EL Weißweinessig
½ TL Honig
2 TL frische Estragonblättchen,
  gehackt
2 TL frische Basilikumblätter,
  gehackt
feines Meersalz und frisch
  gemahlener weißer Pfeffer

Salade de poivrons et tomates
Paprika-Tomaten-Salat

In diesem warm zubereiteten Paprika-Tomaten-Salat ist die ganze Aromafülle des Sommers enthalten. Nur mit gerösteten Scheiben von kernigem *pain de campagne* (Landbrot) serviert ist er ebenso ein Genuss wie zu neuen Kartoffeln. Vorzüglich auch, wenn er aufgewärmt und unter Riz pilaf (S. 292) gemischt wird.

Den Backofen auf 190 °C vorheizen.

Die Tomaten halbieren, die Schnittflächen salzen und die Hälften mit der Schnittfläche nach unten auf ein Backblech setzen. Mit der Handfläche leicht pressen und 5 Minuten Saft ziehen lassen. Nochmals zusammendrücken und dann den Saft abgießen. (Sie können die Tomaten auch in einem Durchschlag abtropfen lassen.)

Die Tomatenhälften umdrehen, sodass die Schnittflächen nach oben weisen. Mit 1 Esslöffel Olivenöl beträufeln, leicht salzen und pfeffern. Für etwa 45 Minuten in den Ofen schieben.

Inzwischen die Paprikaschoten rösten und enthäuten (siehe S. 65). Von den Samen befreien, in Streifen schneiden und auf ein großzügiges Stück Alufolie geben. Die Folienränder dicht verschließen. Das Paket für 20 Minuten in den Ofen geben.

Die Tomaten abkühlen lassen, bis man sie anfassen kann, dann enthäuten und vierteln. In eine Salatschüssel füllen. Das Paprikagemüse ganz abkühlen lassen und dann mit dem ganzen Saft zu den Tomaten geben.

Knoblauch mit Senf und Essig sowie etwas Salz und Pfeffer in eine kleine Schüssel geben. Mit einer Gabel zerdrücken und alles vermischen, dann 6 Esslöffel Olivenöl einrühren. Die Vinaigrette noch einmal abschmecken. Über Paprika und Tomaten träufeln. Kurz vor dem Servieren gut durchmischen.

Für 6 Personen

Zubereitung und Kochzeit etwa 1¼ Stunden

6 große reife, aber feste Tomaten
7 EL Olivenöl
feines Meersalz und frisch gemahlener schwarzer Pfeffer
4 reife rote Paprikaschoten
2 Knoblauchzehen, zerdrückt
1 TL Dijon-Senf
1 EL Rot- oder Weißweinessig

Die Tomaten salzen, um ihnen überschüssigen Saft zu entziehen. Nach Ablauf der Abtropfzeit nochmals behutsam ausdrücken.

Dienstag: Rezepte: Salate

Salade de tomates
Tomatensalat

Simpler kann ein Sommersalat kaum sein. Allerdings muss man den Tomaten etwas Zeit geben, damit sie abtropfen und zusammen mit den Kräutern und Schalotten im Dressing durchziehen können. Perfekt als Vorspeise an einem warmen, sonnigen Tag.

Für 4 Personen

Zubereitung 15 Minuten,
  dazu 30 Minuten zum Ab-
  tropfen und Ziehenlassen

6 sehr reife, aber feste mittelgroße
  bis große Tomaten

feines Meersalz und frisch
  gemahlener schwarzer Pfeffer

2 kleine Schalotten, sehr fein
  gewürfelt

Blätter von 4 Stängeln frische
  glatte Petersilie, fein gehackt

Blätter von 2 Stängeln frisches
  Basilikum, fein gehackt

4 EL Olivenöl *vierge extra*

2 TL Rot- oder Weißweinessig

Die Tomaten in dünne Scheiben schneiden. In einen Durchschlag geben, leicht salzen und 15–30 Minuten abtropfen lassen, dabei gelegentlich durchmischen.

Aus den Tomaten einen Teil der Samen und des gallertartigen Inneren entfernen. Die Scheiben in konzentrischen Kreisen auf einer runden oder ovalen Platte arrangieren. Mit Schalotten und gehackten Kräutern bestreuen.

In einer Tasse Olivenöl und Essig mit einem Schneebesen gründlich verrühren. Die Vinaigrette mit etwas Salz und Pfeffer abschmecken und über den Salat träufeln. Vor dem Servieren noch mindestens 10 Minuten bei Zimmertemperatur ruhen lassen.

Dazu frisches Brot in dicken Scheiben auf den Tisch stellen, mit dem man die köstliche Sauce auftunken kann.

»Nur mit guten, eben ausgereiften Tomaten und reichlich frischen, aromatischen Kräutern schmeckt dieser Salat, wie er soll. Mit faden Zutaten braucht man gar nicht erst anzufangen.«

Salade de pois chiches
Kichererbsensalat

Früher stand dieser gehaltvolle, warm zubereitete Salat in der Provence immer am Palmsonntag, dem Sonntag vor Ostern, auf dem Speiseplan. Dem Volksglauben nach sollte er während des restlichen Jahres vor Warzen und Hautkrankheiten schützen.

Am Vorabend die Kichererbsen in einer Schüssel mit der dreifachen Menge kaltem Wasser bedecken und über Nacht stehen lassen.

Kichererbsen abseihen, waschen und mit reichlich frischem kaltem Wasser in einen großen Topf geben, Natron und etwas Salz hinzufügen. Aufkochen und dann 15 Minuten köcheln lassen. Abseihen, waschen und abtropfen lassen.

Den Topf ausspülen. Die Kichererbsen wieder hineingeben, mit kochendem Wasser großzügig bedecken und 40–50 Minuten garen, bis sie eben weich sind. Abseihen.

Inzwischen alle Zutaten für die Vinaigrette in einer Salatschüssel vermischen. Die Tomaten blanchieren und enthäuten (siehe S. 90); die Samen entfernen und das Fruchtfleisch würfeln.

Die Kichererbsen in die Schüssel geben und mit der Vinaigrette gründlich vermischen, dann die Tomatenwürfel unterziehen. Den Salat abschmecken und lauwarm servieren.

Variationen

Ein Löffel geraspelte *poutargue* (gesalzener und gepresster Meeräschenrogen) gibt dem Salat eine zusätzliche Geschmacksdimension. Man könnte auch im letzten Moment eine Handvoll Rucola, jungen Spinat oder Löwenzahn untermischen. Blanchierter Wildspargel und dünner grüner Spargel bilden ebenfalls eine feine Ergänzung.

Für 4 Personen

Zubereitung 15 Minuten, dazu eine Nacht zum Einweichen
Kochzeit etwa 1½ Stunden, dazu mindestens 30 Minuten zum Abkühlenlassen
250 g getrocknete Kichererbsen
1 knapper TL Natron
feines Meersalz
2 Tomaten

Für die Vinaigrette
4 EL Olivenöl
1½ Knoblauchzehen, zerdrückt
1½ TL Dijon-Senf
Eigelb von 1 großen hart gekochten Ei
2 kleine Frühlingszwiebeln, fein gewürfelt
Blättchen von 1 Zweig frischer Thymian oder 1 TL getrockneter Thymian
Blätter von 2 Stängeln frische glatte Petersilie, fein gehackt
12 frische Schnittlauchstängel, fein geschnitten
feines Meersalz und frisch gemahlener schwarzer Pfeffer

Abendmenü

Menu

soupe aux
fèves fraîches

gigotines de poulet
farcies à la sariette

salade verte
à l'huile de basilic

tian de pommes

Soupe aux fèves fraîches
Suppe von jungen Dicken Bohnen

Eine Suppe von jungen, zarten Dicken Bohnen, zuletzt mit einem Schuss besten Olivenöls verfeinert und mit knusprigen Croûtons bestreut, bildet im Frühling den perfekten Auftakt eines Essens. Besonders fein und edel wird die Suppe, wenn man sie nach dem Pürieren noch durch ein Sieb streicht.

Für die Croûtons das Öl in einer großen Pfanne erhitzen. Die Brotwürfel in etwa 2 Minuten goldbraun und knusprig braten, dabei ab und zu umrühren. Auf einen mit Küchenpapier ausgelegten Teller geben, gleichmäßig verteilen und mit einem weiteren Blatt Küchenpapier abtupfen.

In einem großen Schmortopf oder einer hitzebeständigen Kasserolle das Öl bei mäßiger Temperatur erhitzen. Zwiebeln und Lauch darin in 10 Minuten unter häufigem Rühren weich dünsten.

Inzwischen die Bohnen enthülsen. Mit Knoblauch, Schnittlauch und Kartoffeln unter die Zwiebeln und den Lauch mischen. Etwa 3 l Wasser dazugießen, leicht salzen und pfeffern. Die Radieschenblätter einrühren und die Temperatur etwas erhöhen. Aufkochen und anschließend 15–20 Minuten köcheln lassen.

Die Suppe leicht abkühlen lassen. Durch eine Passiermühle treiben, alternativ mit dem Mixstab rasch pürieren und dann durch ein Sieb streichen. (Wenn man die Suppe nur püriert, aber nicht passiert, werden 6–8 Gäste von ihr satt.) Vor dem Servieren nochmals kräftig erhitzen. Zuletzt mit etwas Olivenöl bester Qualität beträufeln und mit den Croûtons bestreuen.

Für 4-6 Personen

Zubereitung 20 Minuten
Kochzeit etwa 1 Stunde

- 3 EL Olivenöl, dazu etwas zum Beträufeln
- 3 große milde Zwiebeln, in Scheiben geschnitten
- 1 Lauchstange, in Scheiben geschnitten
- 1,5 kg Dicke Bohnen
- 4 Knoblauchzehen, zerdrückt
- 1 kleine Handvoll frischer Schnittlauch, klein geschnitten
- 4 neue Kartoffeln, geschält und gewürfelt
- feines Meersalz und frisch gemahlener schwarzer Pfeffer
- Blätter von 1 Bund Radieschen

Für die Croûtons
- 3 EL Olivenöl
- 3 Scheiben Kastenweißbrot, in 1,5 cm große Würfel geschnitten

Braten Sie Weißbrotwürfel für eine knusprige Suppeneinlage in heißem Olivenöl rasch goldbraun.

Gigotines de poulet farcies à la sarriette

Gefüllte Hähnchenkeulen mit Bohnenkraut

Den Namen verdanken die gefüllten Hähnchenkeulen ihrer Form: Sie erinnert an eine Lammkeule (auf Französisch *gigot*) im Kleinformat. Bohnenkraut, das fast wie Thymian schmeckt, nur kräftiger, sorgt für einen besonderen Pfiff.

Für 4 Personen

Zubereitung 20 Minuten
Kochzeit 1½ Stunden

4 Hähnchenkeulen, Oberschenkel entbeint
feines Meersalz und frisch gemahlener schwarzer Pfeffer
1 ausgelöste Hähnchenbrust
1 Lauchstange, nur weiße Teile
3 kleine Schalotten
2 Knoblauchzehen
3 EL Erdnussöl
Blättchen von 2 Zweigen frischer Thymian oder 1 TL getrockneter Thymian
Blätter von 1 Zweig frisches Bohnenkraut oder 1 TL getrocknetes Bohnenkraut
1 kleines Ei
½ TL geriebene Muskatnuss
Butter für die Form
1 Stange Staudensellerie, gewürfelt
1 Möhre, gewürfelt
1 große Zwiebel, gewürfelt

Die Hähnchenkeulen außen und innen salzen und pfeffern.

Für die Füllung die Hähnchenbrust sowie Lauch, Schalotten und Knoblauch sehr fein würfeln. In einem großen Schmortopf das Öl bei mäßiger Temperatur erhitzen und das Fleisch goldbraun anbraten. Das Suppengemüse zufügen und noch 10–15 Minuten braten, dabei häufig rühren. Thymian und Bohnenkraut untermischen. Den Topf vom Herd nehmen und 5 Minuten abkühlen lassen. Das Ei mit Muskatnuss sowie etwas Salz und Pfeffer gründlich unterrühren.

Backofen auf 190 °C vorheizen. Eine große Gratinform ausbuttern.

Die Füllung mit einem Löffel auf den entbeinten Hähnchenkeulen verteilen. Ihre Ränder über der Füllung zusammenlegen und mit Zahnstochern schließen. Die Keulen in die Form legen, das gewürfelte Gemüse darüberstreuen und 300 ml Wasser dazugießen. Die Form mit Alufolie verschließen und für 50 Minuten in den Ofen schieben. Die Folie entfernen, das Gemüse durchrühren und alles noch 20 Minuten im Ofen garen.

Das Fleisch aus der Form nehmen, auf eine vorgewärmte Servierplatte legen und warm stellen. Gemüse samt Fond in einen Topf geben, auf kräftiger Hitze unter Rühren um ein Drittel einkochen lassen. Durch ein Spitzsieb oder ein feinmaschiges Sieb über die Hähnchenkeulen passieren. Gleich servieren.

Nicht zu viel Füllung verwenden, denn sie muss komplett eingeschlossen sein. Nach dem Verschließen zurechtdrücken, sodass wieder die ursprüngliche Keulenform entsteht.

Salade verte à l'huile de basilic
Blattsalat mit Basilikumöl

Zarter Blattsalat hat eine natürliche Süße, die hier mit dem leicht herben Geschmack des Radicchio und der pfeffrigen Note des Basilikumöls einen perfekten Dreiklang bildet.

Für 4 Personen

Zubereitung 15 Minuten

1 kleiner zarter Kopfsalat
1 kleiner Radicchio
100 g anderer zarter Salat
  (z.B. Spinat, Portulak, Brunnen-
  kresse)
½ Knoblauchzehe
4 EL Basilikumöl (siehe unten)
2 TL Rotweinessig
feines Meersalz und frisch
  gemahlener schwarzer Pfeffer
Blätter von 2 Stängeln frische
  glatte Petersilie
einige Stängel frischer Schnittlauch

Kopfsalat und Radicchio in Blätter und dann in mundgerechte Stücke zerpflücken. Den ganzen Salat waschen, abtropfen lassen und trocken schleudern.

Eine Salatschüssel mit der Schnittfläche der Knoblauchhälfte ausreiben (diese anschließend wegwerfen). Öl und Essig mit Salz und Pfeffer nach Geschmack zu einer Vinaigrette verrühren. Die zerpflückten Salatblätter und den anderen Salat dazugeben.

Petersilie und Schnittlauch fein schneiden und über den Salat streuen.

Erst unmittelbar vor dem Servieren durchmischen und zuletzt noch einmal abschmecken.

Huile parfumé au basilic
Basilikumöl

Eine große Handvoll frische Basilikumblätter 1 Minute in köchelndem Wasser blanchieren; nach Belieben 1–2 ungeschälte Knoblauchzehen dazugeben, die extra Geschmack beisteuern. Abseihen, kalt abbrausen und trocken tupfen. Den Knoblauch, sofern verwendet, schälen. In einem Topf 150 ml Olivenöl kräftig erhitzen. Wenn es anfängt, Blasen zu bilden, vom Herd nehmen und das Basilikum (mit dem Knoblauch) zufügen. Gut umrühren und ganz abkühlen lassen. Durch ein Sieb in ein sauberes Glas oder eine Flasche gießen. Innerhalb von 1 Woche aufbrauchen.

Auf dieselbe Art lässt sich Olivenöl z.B. mit frischem Rosmarin, Thymian, Oregano oder Majoran aromatisieren.

Tian de pommes
Apfelauflauf

Dieser Apfelauflauf beruht auf einem alten Familienrezept, das Gui Gedda einst von seinem Großvater übernahm. Wenn die Äpfel dünnschalig sind, muss man sie nicht schälen. Mit ihrem rötlichen Rand sehen die Stücke in der Form sogar besonders appetitlich aus. Allerdings sollten es auf jeden Fall Bio-Äpfel sein, und sie müssen gründlich gewaschen werden.

Den Backofen auf 200 °C vorheizen.

Aus den ungeschälten Äpfeln mit einem kleinen, scharfen Messer oder einem Apfelausstecher, falls Sie ein solches Werkzeug besitzen, das Kerngehäuse entfernen. Anschließend die Äpfel halbieren und in dünne Spalten schneiden.

Die Butter in einer großen beschichteten Pfanne bei mäßiger Temperatur zerlassen. Die Apfelspalten braten, bis sie nach 3–5 Minuten leicht gebräunt, aber noch nicht weich sind; dabei öfters behutsam umwenden.

Milch, Sahne, gemahlene Mandeln und Maisstärke in einer großen Schüssel mit einem Schneebesen verrühren. Eier und Zucker unterrühren, dann die Äpfel mit einem Holzlöffel unterheben.

Einen *tian*, eine andere Gratinform oder eine ofenfeste Pfanne leicht buttern. Die Apfel-Teig-Mischung einfüllen und glattstreichen.

Für 45–50 Minuten in den Ofen schieben, bis der Auflauf fest und appetitlich gebräunt ist. Heiß oder warm direkt in der Form servieren; zuvor nach Belieben noch mit Puderzucker bestauben.

Für 4 Personen

Zubereitung 15 Minuten
Kochzeit etwa 1 Stunde
6 knackige, saftige Äpfel
75 g Butter, dazu etwas für die Form
100 ml gekühlte Milch
200 g Sahne
100 g gemahlene Mandeln
1 EL Maisstärke
4 Eier
3 gehäufte EL Zucker
Puderzucker (nach Belieben)

Zuerst die noch ganzen Äpfel vom Kerngehäuse befreien – dann kann man sie schneller in Spalten schneiden und so übermäßiges Braunwerden vermeiden.

Dienstag: Abendmenü: Dessert

Mittwoch

Zur Schulung

des Geschmacks beschäftigen wir uns heute mit dem Olivenöl in seinen faszinierenden Facetten. Lernen Sie, wie man die klassischen Saucen der Provence zubereitet. Es folgen Rezepte für aromatische Eierspeisen und zu guter Letzt ein herrliches Drei-Gänge-Menü mit sensationellem süßem Ausklang.

Olives et huile d'olive
Oliven und Olivenöl

Oliven und Olivenöl sind aus der Küche der Provence ebenso wenig wegzudenken wie uralte Olivenhaine aus der mediterranen Landschaft. Mit den Früchten des Ölbaums verhält es sich wie mit den Weintrauben: Je nach den Umgebungsbedingungen – Boden, Standort und Klima – entwickeln sie ganz charakteristische Eigenschaften.

Beliebte Tafeloliven sind die fleischigen schwarzen Tanches aus der Gegend um Nyons im Norden der Provence. Die für Nizza typische kleine, schwarze, schrumpelige Cailletier wird oft für den Salade niçoise (S. 92) und die Pissaladière (S. 228) verwendet. Die dunkelpurpurne Violette schließlich ist fest und prall.

Das Entsteinen von Oliven erfordert Geduld und ein Messer mit scharfer, schmaler Klinge. Die Oliven einmal ringsum einschneiden und den Stein aus dem Fruchtfleisch lösen.

Oliven werden unreif (grün) oder reif (schwarz) geerntet. Frisch gepflückt haben sie jedoch einen unangenehm bitteren Geschmack und sind ungenießbar. Erst eine Behandlung mit Salz macht sie zu den Speiseoliven, die teils in Öl eingelegt und mit Kräutern verfeinert – so gut zu einem Glas kühlen Weins schmecken und auch in der Küche vielseitig verwendet werden.

110 Mittwoch: Olives et huile d'olive

enöl Über Gemüse aus dem Ofen geträufelt, als Basis einer
chen Salatsauce oder einfach mit knusprigem frischem Brot
n ... das hervorragende Olivenöl der Provence macht Alltäg-
zum kulinarischen Erlebnis. Aber es wird mit dem Alter nicht
Also: frisch verbrauchen.

mit Italien und Spanien erzeugt die Provence nur
e Mengen an Olivenöl, dafür ist ihr *huile d'olive*
on hoher Qualität. Zur Gewinnung von nativem
werden die Früchte unmittelbar nach der Ernte
hren, das sich seit Jahrhunderten kaum ver-
quetscht und gepresst.

venöl kann man genauso verkosten wie hoch-
Wein. Als Erstes freut man sich an der Farbe: Viele
enzalische Produkte schimmern wie Gold. Grünliches,
es Öl wurde nicht gefiltert.

en Sie etwas Öl in weiße Souffléeformen. Schneiden Sie
hes Brot in kleine Stücke, stippen Sie ein Stück ins Öl und
hen Sie: Wie lässt sich das Aroma beschreiben?

beurteilen Sie den Geschmack. Ist er fein, fruchtig oder
kräftiger Olivennote, lieblich oder robust? Und wie ist der
gang? Vielleicht pfeffrig oder würzig oder auch ein wenig
r?

fen Sie immer das frischeste Olivenöl, das Sie finden
en. Nach dem Öffnen die Flasche kühl und lichtgeschützt
ewahren und innerhalb einiger Monate aufbrauchen.
on nach 3 Monaten verliert sich die fruchtige Frische von
vem Olivenöl extra.

Öl dieser hohen Güteklasse ist viel zu wertvoll, um es
Kochen zu verwenden; dafür nimmt man besser ein
ichteres Olivenöl. Das kostbare *huile d'olive vierge extra*
erviert man dafür, den Gerichten den vollendenden Schliff
geben.

Bagna cauda
Gemüse mit heißer Sardellen-Knoblauch-Sauce

Zu der heißen Sardellen-Knoblauch-Sauce sollte man mindestens fünf Gemüsesorten servieren (pro Person 100–120g). Man tunkt die Stücke in die heiße Sauce. In der anderen Hand hält man eine Scheibe Brot als Tropfenfänger – am Ende der Mahlzeit ebenfalls ein köstlicher Leckerbissen.

Kartoffeln in der Schale eben gar kochen. Rote Bete schälen und in Spalten oder dicke Stifte schneiden. Artischocken vorbereiten (siehe S. 146) und längs vierteln. Fenchel, Möhren und Stangensellerie in Stifte schneiden, Blumenkohl in Röschen teilen. Chicorée und Spitzkohlblätter vereinzeln. Das Gemüse auf Platten anrichten.

Etwa 15 Minuten vor dem Essen für die Bagna cauda die Butter zerlassen. Sardellen, Knoblauch und Pfeffer nach Geschmack zufügen. Mit Löffel und Gabel rühren und die Zutaten in der heißen Butter zerdrücken, bis die Sardellen zerfallen sind. Milch und Sahne zugießen. Bei mäßiger Hitze unter ständigem Rühren 5 Minuten ziehen lassen, wobei die Sauce nicht aufkochen darf.

Die heiße Sauce auf einer Warmhalteplatte oder einem Rechaud in die Tischmitte stellen. Das Gemüse und das Brot dazu servieren.

Bagna cauda à l'ancienne

Erhitzen Sie Sardellen und Knoblauch in 150 ml Olivenöl anstatt in Butter, Milch und Sahne. So erhält die Sauce ein kräftigeres Aroma, wie es der ursprünglichen Küche der Provence eher entspricht.

Machen Sie die Bagna cauda in dem Topf, in dem Sie sie servieren. Nehmen Sie daher zum Beispiel eine hübsche Stielkasserolle aus emailliertem Gusseisen oder einen Fonduetopf.

Für 6 Personen

Zubereitung und Kochzeit
 30 Minuten

Wählen Sie aus folgenden
 Gemüsesorten: kleine neue
 Kartoffeln, gekochte Rote Beten,
 junge Artischocken, Fenchelknolle, Möhren, Stangensellerie,
 Blumenkohl, Chicorée, zarte
 innere Blätter von Spitzkohl,
 Radieschen, Kirschtomaten
6 dicke Scheiben frisches Brot

Für die Bagna cauda
200 g Butter
30 in Öl oder Salz eingelegte
 Sardellenfilets, abgetropft bzw.
 gewaschen und trockengetupft
Zehen von 1 großen Knoblauchknolle, in dünne Scheiben
 geschnitten
frisch gemahlener schwarzer Pfeffer
4 EL Milch
7 EL Sahne

Mittwoch: Herzhafte Saucen und Pasten

Anchoïade
Sardellenpaste

Vorzüglich schmeckt diese pikante Sardellenpaste mit Croûtons zu einem Glas gekühlten Rosés. Gegrilltem – ob Fisch oder Fleisch vom Rind, Kalb oder Schwein – verhilft sie zu einem herrlich intensiven Geschmack.

Für 4 Personen

Zubereitung 20 Minuten

12 in Öl eingelegte Sardellenfilets, abgetropft

2 Knoblauchzehen

6 EL Olivenöl *vierge extra*

1 TL Rotweinessig

¼ TL Dijon-Senf

2 EL frische glatte Petersilie, fein gehackt

frisch gemahlener schwarzer Pfeffer

Croûtons (siehe Rouille, S. 118)

Sardellenfilets und Knoblauch mit 1 Esslöffel Olivenöl in eine kleine Schüssel geben. Mit einer Gabel zu einer Paste verarbeiten.

Das restliche Öl mit der Gabel oder einem kleinen Schneebesen esslöffelweise einrühren.

Essig, Senf und Petersilie unterziehen. Die Anchoïade, die die Konsistenz eines groben Pürees haben sollte, mit Pfeffer abschmecken. Mit Croûtons servieren.

Falls sie nicht gleich verwendet wird, mit Frischhaltefolie bedecken und in den Kühlschrank stellen.

»Mit einer winzigen Menge Anchoïade kommt man ganz schön weit. Schon ein Teelöffel voll genügt, um einer Sauce oder Suppe den unverwechselbaren Zauber der Provence zu verleihen.«

Tapenade
Oliven-Kapern-Paste mit Sardellen

Meist denkt man bei der Tapenade, einer der bekanntesten fertigen Zutaten der provenzalischen Küche, an eine Olivenpaste. Dabei handelt es sich eigentlich um eine Kapernpaste – tatsächlich leitet sich ihr Name vom provenzalischen Wort für Kapern, *tapeno*, ab. Knoblauch gehört nicht unbedingt hinein, aber wer es mag, kann ein wenig dazugeben. Die Tapenade lässt sich sehr vielseitig verwenden, nicht nur als Appetizer.

Alle Zutaten außer Olivenöl und Pfeffer in einen Mixer füllen und rasch zu einem groben Püree verarbeiten.

Bei laufendem Gerät das Olivenöl langsam zugeben, sodass allmählich eine dicke Paste entsteht. Mit Pfeffer abschmecken. In einem kleinen Glas oder einer Schale hält sich die Tapenade, mit Olivenöl bedeckt, im Kühlschrank 3–5 Tage.

Tapenade verte   Tapenade mit grünen Oliven

Entsteinte grüne Oliven anstelle der schwarzen verwenden. Zusätzlich die abgeriebene Schale und den Saft der zweiten Zitronenhälfte einrühren.

Tapenade au basilic   Tapenade mit Basilikum

Zu den Zutaten für die Tapenade verte 4–6 gehackte frische Basilikumblätter hinzufügen.

Tapenade à l'aubergine   Tapenade mit Aubergine

Eine mildere Paste erhält man, indem man die Basis-Tapenade oder die Tapenade verte mit dem gehackten Fruchtfleisch von 1 kleinen, im Ofen gegarten Aubergine (siehe S. 63) ergänzt.

Tapenade au thon   Tapenade mit Thunfisch

Etwa 80 g abgetropften Thunfisch aus der Dose fein zerpflücken und unter die Basis-Tapenade oder Tapenade verte mischen.

Für 4–6 Personen

Zubereitung 15 Minuten

200 g schwarze Oliven, entsteint

3 EL Kapern, gewaschen und abgetropft

abgeriebene Schale und Saft von ½ unbehandelten Zitrone

1 in Öl eingelegtes Sardellenfilet, abgetropft

5 EL Olivenöl *vierge extra*

frisch gemahlener schwarzer Pfeffer

Rouille
Pikante Knoblauchmayonnaise

Verschiedene Gewürze verleihen dieser Knoblauchmayonnaise ihre rötliche Farbe (»rouille« heißt »Rost«) und pikante Art. Gut auf Röstbrot oder als Beigabe zur Soupe de poissons (S. 269). Zugedeckt hält sich die Rouille einige Tage im Kühlschrank; eventuell nochmals kurz mit dem Schneebesen aufschlagen.

Für 4–6 Personen

Zubereitung 20 Minuten
3 Knoblauchzehen
grobes Meersalz
frisch gemahlener schwarzer Pfeffer
1 kleine Prise Safranfäden
½ TL Cayennepfeffer
½ TL süßes Paprikapulver
2 Eigelb
250 ml Olivenöl

Für die Croûtons
1 kleines Baguette vom Vortag

Knoblauch mit 1 Teelöffel Meersalz im Mörser zerreiben. Pfeffer und übrige Gewürze sowie die Eigelbe zufügen. Alles mit dem Stößel bearbeiten, bis eine glatte Mischung entsteht. 5 Minuten ruhen lassen.

Nun das Öl, wie bei der Mayonnaiseherstellung üblich, zunächst tropfenweise zufügen und einarbeiten. Sobald sich eine dicke Emulsion ergibt, in feinem Strahl hinzugießen und kontinuierlich unterschlagen. Die Rouille abschmecken.

Backofen auf 200 °C vorheizen. Das Baguette in dünne Scheiben schneiden. Auf einem Blech im Ofen in 4–5 Minuten knusprig rösten.

Die Rouille in einer kleinen Schale als Dip zum Röstbrot reichen oder die Croûtons mit der Rouille bestreichen und auf einer Platte servieren.

Rouille à la tomate   Rouille mit Tomate
Vor dem Einrühren des Olivenöls 1 Teelöffel Tomatenmark untermischen.

Rouille au basilic   Rouille mit Basilikum
Vor dem Öl zunächst 1 Esslöffel fein gehacktes frisches Basilikum zufügen, einen zweiten Esslöffel unmittelbar vor dem Servieren unterziehen.

Die Rouille sollte so fest sein, dass der Stößel im Mörser stehen bleibt.

Rouille au corail d'oursin
Knoblauchmayonnaise mit Seeigelrogen

Durch Paprikapulver erhält diese sehr spezielle französische Mayonnaise eine attraktive rote Farbe, und Seeigelrogen gibt ihr einen exquisiten Geschmack. Als Ersatz können Sie Leber von einer Rotbarbe oder einem Drachenkopf nehmen; für dieses Rezept braucht man zwei Stück.

Den Knoblauch mit 1 Teelöffel Meersalz im Mörser zerreiben. Pfeffer nach Geschmack darübermahlen, dann das Paprikapulver, die Hälfte des Seeigelrogens und die Kartoffel zufügen. Alles gründlich zerstoßen und vermengen.

Die Eigelbe dazugeben und alles kräftig mit dem Stößel bearbeiten, bis eine glatte Mischung entsteht. 5 Minuten ruhen lassen.

Jetzt kontinuierlich das Öl einrühren, das man, wie bei Mayonnaise, zunächst tropfenweise zufügt und, sobald sich eine dicke Emulsion ergibt, in feinem Strahl hinzugießt. Den restlichen Seeigelrogen untermischen. Die Rouille noch einmal abschmecken und mit Croûtons servieren.

Für 4-6 Personen

Zubereitung 20 Minuten
2 Knoblauchzehen
grobes Meersalz
frisch gemahlener schwarzer
  Pfeffer
1 TL Paprikapulver
Rogen (Corail) von 12 Seeigeln
1/2 gekochte Kartoffel
2 Eigelb
250 ml Olivenöl
Croûtons (siehe Rouille, S. 118)

»Seeigel immer ganz vorsichtig anfassen, denn ihre Stacheln brechen sehr leicht. Daher unbedingt auch die Hände mit dicken Handschuhen oder einem mehrfach gefalteten Tuch schützen. Auf der Unterseite mit einer Schere ein rundes Stück herausschneiden. Die orangefarbenen Eierstöcke mit einem kleinen Löffel herausholen. Ihr delikater Geschmack ist leicht salzig wie das Meer.«

Ketchup à la provençale
Provenzalisches Ketchup

Tomatenketchup aus der Provence? Dagegen spricht gar nichts, schließlich herrscht hier an saftigen, am Strauch gereiften Tomaten kein Mangel. Sie ergeben eine sommerliche Sauce, die Grillfleisch und Omeletts ideal ergänzt.

Tomaten und Zwiebeln in einem großen, schweren Topf gut mit dem Olivenöl vermischen. Zugedeckt bei mäßiger Temperatur 30–40 Minuten köcheln lassen, dabei häufig umrühren. Vom Herd nehmen und etwas abkühlen lassen.

Die Mischung im Mixer grob pürieren. Mit 4 Esslöffeln Wasser, Zucker und Essig wieder in den Topf geben. Ohne Deckel auf kleiner Stufe 30 Minuten köcheln lassen, dabei gelegentlich durchmischen. Vom Herd nehmen.

Die übrigen Zutaten einrühren und das Ganze noch einige Minuten abkühlen lassen. Durch ein Sieb in eine Schüssel streichen. Völlig erkalten lassen.

Das fertige Ketchup in saubere Gläser oder kleine Flaschen füllen. Fest verschlossen und gekühlt hält sich das Ketchup bis zu 1 Monat.

Für 6 Personen

Zubereitung 15 Minuten
Kochzeit 1½ Stunden, dazu Zeit zum Abkühlen
1,5 kg Tomaten, geviertelt
1 kg Zwiebeln, in dünne Scheiben geschnitten
4 EL Olivenöl
100 g Zucker
125 ml Rotweinessig
1 gehäufter TL feines Meersalz
1 EL Dijon-Senf
½ TL frisch geriebene Muskatnuss
1 TL süßes Paprikapulver
½ TL Cayennepfeffer
½ TL getrockneter Thymian
1 TL gemahlener Ingwer

Mit Zwiebeln zu Mus eingekocht und zuletzt durchpassiert, verwandeln sich saftige Tomaten in eine herrlich geschmeidige, aromaintensive Sauce.

Mittwoch: Herzhafte Saucen und Pasten

Coulis à la tomate
Tomaten-Coulis

Das ist die einfachste aller Tomatensaucen! Der Geschmack sonnengereifter Tomaten lässt sich kaum verbessern. Doch es schadet nicht, wenn man beim Pürieren ein wenig frisches Basilikum, Oregano oder Estragon hinzugibt.

Für 6 Personen

Zubereitung und Kochzeit
 30 Minuten
25 g Butter
1½ EL Olivenöl
1 kg reife Tomaten, grob gewürfelt
feines Meersalz und frisch
 gemahlener schwarzer Pfeffer

In einem Schmortopf die Butter bei mäßiger Temperatur zerlassen. Olivenöl und anschließend die Tomaten zufügen. Bei großer Hitze 5 Minuten kochen, dabei mehrmals umrühren.

Die Temperatur auf die kleinste Stufe zurückschalten, einen Deckel schräg auflegen und die Tomaten weitere 15 Minuten köcheln lassen. Vom Herd nehmen und abkühlen lassen.

Tomaten nach Geschmack salzen und pfeffern. Im Mixer rasch zu einem groben Püree verarbeiten, dann durch ein Sieb in eine Schüssel streichen. Nochmals abschmecken.

Zugedeckt im Kühlschrank aufbewahrt, hält sich das Coulis bis zu 5 Tage, eingefroren bis zu 3 Monate.

»Im Winter gibt man einen kleinen Löffel Zucker zu den köchelnden Tomaten. Dadurch schmecken sie süßer.«

Sauce tomate classique
Klassische Tomatensauce

Eine klassische Tomatensauce köchelt in aller Ruhe vor sich hin, bis sie schön sämig ist und intensiv duftet. Sie ist rustikaler als das auf der linken Seite vorgestellte Coulis, zumal sie Speck enthält, der für ein kräftigeres Aroma auch geräuchert sein darf. Die Sauce lässt sich gut einfrieren. Warum also keinen kleinen Vorrat anlegen, sodass man jederzeit ein leckeres Pastagericht zaubern oder ein Schmorgericht aufpeppen kann?

Einen Schmortopf auf mittlerer Stufe erhitzen. Zwiebeln, Speck und Olivenöl hineingeben und unter häufigem Rühren 5 Minuten braten.

Tomaten mit Knoblauch, Zucker, Petersilie, den Kräutern, etwas Salz und Pfeffer sowie 200 ml heißes Wasser hinzufügen. Ohne Deckel auf kleiner Stufe 30 Minuten köcheln lassen, dabei häufig umrühren.

Den Topf vom Herd nehmen und abkühlen lassen, bis der Inhalt nur noch warm ist. Im Mixer grob pürieren.

Die Masse durch ein feines Sieb passieren, dabei mit dem Löffelrücken oder mit einem Stößel kräftig ausdrücken, um möglichst viel Sauce zu gewinnen. Zuletzt 100 ml handwarmes Wasser zu dem Rest im Sieb gießen und die Rückstände weiter ausdrücken.

Die Sauce abschmecken. Vor dem Servieren aufwärmen.

Für 6 Personen

Zubereitung 10 Minuten
Kochzeit 30 Minuten
2 Zwiebeln, fein gewürfelt
100 g durchwachsener Speck, gewürfelt
5 EL Olivenöl
1 kg Tomaten, gewürfelt
6 Knoblauchzehen, zerdrückt
1 TL Zucker
2 EL frische glatte Petersilie, gehackt
2 Zweige frischer Thymian und Oregano
feines Meersalz und frisch gemahlener schwarzer Pfeffer

Persillade
Petersilien-Knoblauch-Sauce

Die kalt zubereitete Persillade stellt mit ihrer kräftigen Art eine vorzügliche Begleitung zu Aufschnitt, pochiertem Fleisch und Fisch sowie zu Eintöpfen dar. Auch unter gekochte neue Kartoffeln, Linsen oder Kichererbsen gemischt, schmeckt sie exzellent.

Für 4-6 Personen

Zubereitung 10 Minuten
Blätter von 6 Stängeln frische glatte Petersilie
3 Knoblauchzehen
grobes Meersalz
frisch gemahlener schwarzer Pfeffer
3–4 EL Olivenöl *vierge extra* (nach Belieben)

Petersilie und Knoblauch auf einem Schneidbrett mit $\frac{1}{2}$ Teelöffel grobem Meersalz bestreuen und sehr fein hacken. Ob Sie dafür ein Wiegemesser verwenden oder ein großes Messer, bleibt Ihnen überlassen. Pfeffer nach Geschmack darübermahlen und alles gründlich vermengen.

Man kann diese würzige Mischung über ein fertiges Gericht streuen oder man rührt noch das Olivenöl ein und erhält dann eine Paste bzw. dicke Sauce.

Variationen
Mischt man 1 Teelöffel abgeriebene Orangen- oder Zitronenschale unter, gewinnt die Persillade eine frische Note, die sich besonders gut macht, wenn man sie zum Bestreuen verwendet.

Die Persillade-Paste lässt sich in eine simple, aber sehr schmackhafte Pastasauce verwandeln, indem man 1 zerdrücktes Sardellenfilet untermischt.

»Machen Sie es wie die provenzalischen Köche und nehmen Sie möglichst immer glatte Petersilie. Sie hat einen ausgeprägteren, aber weniger aufdringlichen Geschmack als krause Petersilie. Außerdem lässt sie sich leichter hacken.«

128 Mittwoch: Herzhafte Saucen und Pasten

Sauce verte
Grüne Sauce

Gehackte frische Kräuter verleihen dieser grünen Sauce im Stil einer Mayonnaise eine bestechend frische, würzige Art. Etwas pikanter wird sie, indem man mit dem Knoblauch ein abgetropftes Sardellenfilet hinzufügt. Sauce verte passt gut zu kaltem Fleisch, zu pochiertem Huhn oder Fisch und zu Spargel.

Das Eigelb mit Senf und etwas Salz im Mixer oder in der Rührschüssel einer Küchenmaschine mit einer Gabel vermengen. Knoblauch zufügen und einige Male den Momentschalter betätigen.

Dann bei laufendem Gerät das Erdnuss- oder Sonnenblumenöl durch die Einfüllöffnung im Deckel zufügen – anfangs ganz langsam einträufeln lassen, und erst wenn die Mischung dick wird, etwas zügiger gießen.

Die Hälfte der Kräuter und anschließend das Olivenöl dazugeben.

Den Zitronensaft und den Rest der Kräuter hinzufügen. Die Sauce abschmecken und 5 Minuten ruhen lassen.

Wahrscheinlich wird die Sauce ziemlich fest. Wenn Sie eine geschmeidigere Konsistenz wünschen, rühren Sie noch Wasser oder Sahne ein. Zugedeckt lässt sich die Sauce verte im Kühlschrank bis zu 48 Stunden aufbewahren.

Für 4-6 Personen

Zubereitung 15 Minuten
1 großes Eigelb
2 TL Dijon-Senf
feines Meersalz und frisch
 gemahlener schwarzer Pfeffer
½ Knoblauchzehe, zerdrückt
150 ml Erdnuss- oder Sonnenblumenöl
2 TL frische glatte Petersilie,
 fein gehackt
2 TL frisches Basilikum,
 fein gehackt
1 TL frischer Estragon oder Dill,
 fein gehackt
½ TL frische Majoran- oder
 Oreganoblättchen
100 ml Olivenöl
1 EL frisch gepresster Zitronensaft
1–2 EL warmes Wasser oder
 1 EL Sahne (nach Belieben)

Aïoli complet
Gemüse und Ei mit Knoblauchmayonnaise

Traditionell wird dieses Gericht auf einer ovalen Platte serviert, in deren Mitte eine Schale mit der Aïoli steht. Die Gäste schälen ihre Kartoffel und ihr Ei selbst. Andere Gemüsesorten wie Süßkartoffeln, Spargel, Fenchel oder Knollensellerie sind ebenfalls geeignet. Auch pochierter Klippfisch ist häufig Bestandteil eines Aïoli complet.

Als Erstes bereiten Sie die Sauce zu. Knoblauch mit einer kleinen Prise Salz im Mörser zerreiben. Pfeffer nach Geschmack und die Eigelbe zufügen. Etwa 2 Minuten mit dem Stößel reiben und rühren, bis eine dicke, grobe Paste entsteht. 5 Minuten ruhen lassen.

Nun das Öl einrühren, dabei wie bei Mayonnaise anfangs immer nur einige Tropfen zufügen; sobald die Sauce dick wird, das Öl in feinem Strahl zugießen und stets in derselben Richtung unablässig weiterrühren. Die fertige Aïoli muss so dick und fest sein, dass der Stößel im Mörser stehen bleibt. Zugedeckt an einen kühlen Platz oder in den Kühlschrank stellen.

Alle Gemüsesorten vorbereiten und separat in kochendem Salzwasser garen. Die Kartoffeln ungeschält garen und abgießen; die Möhren schälen, knapp gar kochen und abgießen; die Bohnen von den Enden befreien, knapp gar kochen, abseihen und abschrecken; den Blumenkohl oder Brokkoli in Röschen teilen, bissfest garen (Brokkoli braucht etwa 3 Minuten, Blumenkohl etwa 5 Minuten), abseihen und abschrecken.

Gleichzeitig die Eier in ca. 8 Minuten wachsweich kochen. Abgießen und abschrecken, aber nicht schälen. Gemüse und Eier auf einer großen Platte anrichten und warm, aber nicht mehr heiß, mit Aïoli servieren.

Für 4 Personen

Zubereitung 30 Minuten
Kochzeit 30 Minuten
4 festkochende Kartoffeln
12–16 kleine Möhren
500 g grüne Bohnen
1 kleiner Blumenkohl oder 1 Brokkoli (etwa 300 g)
4 Eier

Für die Aïoli
4 Knoblauchzehen
feines Meersalz und frisch gemahlener schwarzer Pfeffer
2 Eigelb
400 ml Olivenöl

Eine Aïoli braucht ihre Zeit. Sobald die Eigelbe unter den Knoblauch gearbeitet sind, unbedingt die Ruhephase einhalten. Das Öl zunächst nur tropfenweise zufügen, bis die Sauce bindet.

Mittwoch: Mittagsmenü 131

Beurre persillé
Petersilienbutter

Kräuterbutter-Varianten *(beurres composés)* sind schnell hergestellt und lassen sich im Kühlschrank oder Gefrierfach längere Zeit aufbewahren. Wenn Sie eine Petersilienbutter mit kräftigerem Knoblaucharoma brauchen - empfehlenswert etwa, wenn Sie mit der Butter Pilze füllen oder vor dem Grillen Miesmuscheln oder Venusmuscheln bestreichen wollen -, dann nehmen Sie einfach mehr Knoblauch.

Ergibt etwa 200 g

Zubereitung 15 Minuten
1 Schalotte, gehackt
3 EL frische glatte Petersilie, gehackt
1–2 Knoblauchzehen, zerdrückt
1 TL abgetropfte Kapern
1 TL Zitronensaft
150 g weiche Butter
feines Meersalz und frisch gemahlener schwarzer Pfeffer

Die Schalotte mit Petersilie, Knoblauch und Kapern im Mixer rasch grob pürieren. Mit einem Schaber die Masse von der Gefäßwand nach unten schieben. Zitronensaft und Butter zufügen und das Ganze zu einer gleichmäßigen Paste mixen. Mit Salz und Pfeffer abschmecken.

Vor der Verwendung zugedeckt mindestens 1 Stunde in den Kühlschrank stellen. Für eine längere Aufbewahrung die Butter zu einer Rolle formen und fest in Frischhaltefolie einwickeln. So hält sie sich im Kühlschrank bis zu 2 Wochen und eingefroren bis zu 2 Monate.

Variationen
Für Estragon-, Dill-, Basilikum- oder Schnittlauchbutter die Petersilie durch das jeweilige Kraut ersetzen, sowohl die Schalotte wie die Kapern weglassen.

Beurre d'anchois   Sardellenbutter
Zu Beginn der Zubereitung 1–2 abgetropfte und gehackte Sardellenfilets mit in die Schüssel geben. Beim späteren Abschmecken sparsam salzen.

»Wenn Sie aus der Kräuterbutter eine Rolle formen, können Sie bequem nach Bedarf Scheiben abschneiden, um sie auf heißem Gemüse, Fisch oder Fleisch schmelzen zu lassen - ein echter Hauch von Provence.«

Beurre aux herbes de Provence
Butter mit Kräutern der Provence

Indem man die Kräuter zunächst mit etwas Knoblauch schmort, werden ihre Aromen, die auch einen aparten harzigen Beiklang haben können, freigesetzt. Hier kommt eine Mischung zur Verwendung, aber einige Mittelmeerkräuter besitzen einen so markanten Geschmack, dass sie sich auch als Solisten eignen.

Das Öl mit 2 Teelöffel Butter in einer kleinen Pfanne erhitzen. Kräuter und Knoblauch darin auf kleiner Stufe 1–2 Minuten unter Rühren schmoren. Danach auf Küchenpapier abtropfen lassen.

Kräuter und Knoblauch mit der restlichen Butter in den Mixer geben und gleichmäßig pürieren. Sie können die Zutaten auch in einer Schüssel mit zwei Gabeln miteinander vermischen. Mit wenig Salz und einer großzügigen Dosis Pfeffer würzen.

Vor der Verwendung zugedeckt mindestens 1 Stunde in den Kühlschrank stellen. Für eine längere Aufbewahrung die Butter zu einer Rolle formen und fest in Frischhaltefolie einwickeln. So hält sie sich im Kühlschrank bis zu 2 Wochen und eingefroren bis zu 2 Monate.

Variation
Mit 1 Teelöffel Majoranblättchen, 2 Teelöffeln gehacktem Rosmarin und 2 Teelöffeln fein gehacktem Bohnenkraut anstelle der oben verwendeten Kräuter ergibt sich eine Variante mit ebenfalls typisch provenzalischer Note.

Beurre à la sauge   Salbeibutter
Verwenden Sie 5 Teelöffel fein gehackten frischen Salbei. Diese Butter passt ausgezeichnet zu Zucchini und Kürbis sowie zu gegrilltem oder in der Pfanne gebratenem Kalbfleisch. Vorzüglich auch zu Reisgerichten.

Ergibt etwa 150 g

Zubereitung und Kochzeit
  20 Minuten

2 EL Erdnuss- oder Sonnenblumenöl

100 g weiche Butter

1 TL frische Oreganoblättchen, fein gehackt

2 TL frische Thymianblättchen

2 TL frischer Rosmarin, fein gehackt

1 Knoblauchzehe, zerdrückt

feines Meersalz und frisch gemahlener schwarzer Pfeffer

Sauce mousseline au caramel de miel
Schaumsauce mit Honigkaramell

Reichen Sie diese sahnige Sauce mit Honigkaramell zu Kuchen oder Fruchtdesserts. Wer zum ersten Mal Karamell herstellt, hat es mit Honig etwas leichter als mit Zucker. In jedem Fall aber muss man das Geschehen im Topf, sobald der Inhalt zu köcheln beginnt, aufmerksam verfolgen.

Für 8 Personen

Zubereitung und Kochzeit 20 Minuten, dazu Zeit zum Abkühlen

100 g flüssiger Honig
500 g Sahne, gekühlt

Den Honig in einem kleinen, schweren Topf bei mäßiger Temperatur erhitzen, bis er anfängt, Blasen zu werfen. Sacht weiter köcheln lassen, bis er etwas dunkler wird.

Gleichzeitig in einem zweiten kleinen, schweren Topf die Hälfte der Sahne bis kurz vor dem Siedepunkt erhitzen (sie darf nicht kochen). Sobald sich der Honig dunkler färbt, vom Feuer nehmen und die heiße Sahne mit einem Schneebesen einrühren. Völlig abkühlen lassen, dabei gelegentlich umrühren.

Den Rest der Sahne in einer Schüssel fast steif schlagen. Mit dem Schneebesen unter die kalte Karamellsauce ziehen, sodass eine dickschaumige Creme entsteht. Bis zur Verwendung – auf jeden Fall noch am gleichen Tag! – zugedeckt in den Kühlschrank stellen. Vor dem Servieren bei Bedarf nochmals kurz aufschlagen.

Sauce mousseline au caramel
Schaumsauce mit Karamell

Raffinierter ist Honigkaramell, aber Zuckerkaramell tut es auch: In einem kleinen, schweren Topf 100 g Zucker in 3 EL Wasser bei mäßiger Temperatur schmelzen, dabei gelegentlich umrühren. Den Sirup, ohne zu rühren, langsam erhitzen, bis er eine goldgelbe Farbe annimmt. Gleich vom Herd nehmen, die heiße Sahne unterrühren und nach obigem Rezept weiter verfahren.

Den köchelnden Honig nicht aus den Augen lassen. Sobald er sich dunkler färbt, vom Feuer nehmen und gleich die heiße Sahne mit einem Schneebesen einrühren, um den Kochprozess zu stoppen.

134 Mittwoch: Rezepte: Süße Saucen

Coulis de framboises
Himbeer-Coulis

Süße, durchpassierte und daher wundervoll glatte Fruchtsaucen wie dieses Himbeer-Coulis passen sehr gut zu Baisers, Eiscreme und vielen Kuchen. Ein solches Coulis hält sich im Kühlschrank 3-4 Tage und tiefgefroren bis zu 2 Monate.

Für 6-8 Personen

Zubereitung und Kochzeit
  15 Minuten

500 g frische Himbeeren oder
  aufgetaute TK-Himbeeren
3–4 EL Zucker
1 EL abgeriebene Schale einer
  unbehandelten Orange
1 EL frisch gepresster Zitronensaft

In einem Topf die Himbeeren mit Zucker und Orangenschale bei großer Hitze unter ständigem Rühren zum Kochen bringen.

Bei geringer Temperatur 3 Minuten köcheln lassen, dabei immer wieder rühren und die Beeren zerdrücken. Vom Herd nehmen und etwas abkühlen lassen.

Den Topfinhalt durch ein Sieb in eine Schüssel streichen. Dabei mit dem Löffelrücken kräftig drücken, um möglichst viel Fruchtfleisch zu gewinnen. Zwischendurch und zum Schluss das an der Siebunterseite haftende Fruchtmark abschaben. Den Zitronensaft in die Sauce rühren. Zugedeckt bis zur Verwendung kalt stellen.

Variationen
Ebenfalls sehr zu empfehlen ist ein nach derselben Methode zubereitetes Coulis von frischen Aprikosen, Pfirsichen oder Pflaumen (10 Minuten köcheln lassen).

Compote de figues
Feigenkompott

Zu Vanilleeis, Joghurt oder Frischkäse ist dieses Kompott von frischen Feigen ein Volltreffer. Im Kühlschrank kann man es bis zu 2 Wochen aufbewahren.

Die Feigen waschen, Blüten- und Stielansatz abschneiden, die Früchte schälen und würfeln. Die Zitronen- und Orangenhälfte in sehr dünne Scheiben schneiden. Alle vorbereiteten Zutaten mit dem Zucker und 120 ml Wasser in einer großen Schüssel vermischen. Zugedeckt für 24 Stunden in den Kühlschrank stellen.

Den Schüsselinhalt in einen schweren Topf umfüllen. Bei mäßiger Temperatur zugedeckt erhitzen, bis die Mischung köchelt, und dann bei schräg aufgelegtem Deckel 50 Minuten simmernd garen, dabei gelegentlich umrühren.

Vom Herd nehmen und 30 Minuten abkühlen lassen. Inzwischen zwei 500-ml-Gläser mit kochendem Wasser ausspülen und abtropfen lassen.

Das inzwischen nur noch warme Kompott mit einem Löffel in die Gläser füllen und völlig erkalten lassen. Fest verschließen.

Für 8 Personen

Zubereitung 15 Minuten,
  dazu 24 Stunden zum
  Ziehenlassen
Kochzeit 1 Stunde, dazu
  Zeit zum Abkühlen
1 kg frische Feigen
1/2 unbehandelte Zitrone
1/2 unbehandelte Orange
750 g Zucker

Salade de figues   Feigensalat

In einer schnellen Version ergibt dieses Rezept ein interessantes Dessert:
Die Feigen-Zitrusfrucht-Mischung anstatt 50 nur knapp 10 Minuten köcheln,
dann abkühlen lassen. Innerhalb von 12 Stunden mit Raumtemperatur servieren.
Kalt gestellt hält sich der Fruchtsalat bis zu 48 Stunden.

»Warm zubereitete Fruchtsalate sind als leichte Desserts ebenso gut wie für das Frühstück. Versuchen Sie auch einmal in dieser Art zubereitete Pflaumen oder Aprikosen.«

Omelette aux cébettes
Omelett mit Frühlingszwiebeln

Ein simples, aber dank der milden Würze junger Frühlingszwiebeln überaus köstliches Omelett – das perfekte Mittagessen für einen Frühlingstag.

In einer beschichteten Pfanne von 22–25 cm Durchmesser 2 Teelöffel Öl bei mäßiger Temperatur erhitzen und die Frühlingszwiebeln unter häufigem Rühren weich dünsten. In einem Durchschlag abtropfen lassen.

Die Eier in eine Schüssel schlagen. Leicht salzen und pfeffern und mit einem Schneebesen verquirlen. Die Frühlingszwiebeln zufügen, die Mischung 30 Minuten ziehen lassen.

Die Pfanne mit Küchenpapier auswischen. Bei recht hoher Temperatur das restliche Öl darin erhitzen.

Die Ei-Zwiebel-Mischung mit dem Schneebesen kurz durchrühren. In die Pfanne gießen und über der Gasflamme bzw. Herdplatte schwenken, damit sie sich gut verteilt und so gleichmäßig stockt. Wenn das Omelett gar ist, die Butter daraufsetzen und schmelzen lassen; die Pfanne in verschiedene Richtungen neigen, bis das Omelett gleichmäßig überglänzt ist. Wie eine Torte aufschneiden und heiß servieren.

Für 2 Personen

Zubereitung 10 Minuten,
 dazu 30 Minuten Ruhezeit
Kochzeit 5 Minuten

1 1/2 EL Erdnussöl
Grünes von 6 großen Frühlingszwiebeln, in Röllchen geschnitten
6 Eier
feines Meersalz und frisch
 gemahlener schwarzer Pfeffer
20 g Butter

Die gedünsteten Frühlingszwiebeln mit dem Schneebesen unter die verquirlten Eier rühren. Damit sich die Aromen verbinden können, die Mischung eine Weile ziehen lassen.

Frittata aux pommes de terre
Kartoffelomelett

Begleitet von einem Blattsalat, ergibt dieses knoblauchgewürzte Kartoffel-omelett ein sättigendes Hauptgericht. Ersetzen Sie die Kartoffeln zur Abwechslung durch gewürfelte Artischockenböden.

Für 2-3 Personen

Zubereitung 10 Minuten
Kochzeit 30 Minuten
4 kleine neue Kartoffeln
2 EL Olivenöl
1 Frühlingszwiebel, gehackt
1 Knoblauchzehe, zerdrückt
1 EL frische glatte Petersilie,
   fein gehackt
6 Eier
feines Meersalz und frisch
   gemahlener schwarzer Pfeffer
20 g Butter

Die Kartoffeln in sprudelndem Salzwasser weich kochen. Abseihen und abkühlen lassen, bis man sie anfassen kann. Schälen und würfeln. In einer beschichteten Pfanne von 23–25 cm Durchmesser die Hälfte des Öls erhitzen. Die Kartoffeln mit Frühlingszwiebeln, Knoblauch und der Hälfte der Petersilie darin bei mäßiger Temperatur unter Rühren braten, bis sie etwas Farbe angenommen haben.

Die Eier in eine Schüssel schlagen, leicht salzen und pfeffern und mit einem Schneebesen gut verquirlen.

Die Kartoffelmischung gleichmäßig in der Pfanne verteilen. Bei etwas höherer Temperatur das restliche Öl dazugeben. Die Eimischung hinzugießen und stocken lassen, ohne zu rühren.

Die Pfanne vom Herd nehmen. Die Butter auf das Omelett setzen und schmelzen lassen, durch Schwenken der Pfanne gleichmäßig verteilen. Das Omelett mit der restlichen Petersilie bestreuen, auf eine vorgewärmte Platte gleiten lassen und wie eine Torte aufschneiden. Sofort servieren.

Œufs farcis de Pâques
Gefüllte Ostereier

Auch in Frankreich steht das Ei als Symbol neuen Lebens seit je im Mittelpunkt des Osterfests. Lange bevor die Schokoladeneier aufkamen, bildeten herzhaft gefüllte Eier den traditionellen Auftakt des provenzalischen Osteressens, und bis heute erfreuen sie sich als Appetithappen großer Beliebtheit.

Eier 8–9 Minuten kochen. Herausnehmen, für einige Minuten in kaltes Wasser legen und schälen (dafür am besten das stumpfe Ende anknacksen).

Die Eier längs halbieren. Die Eigelbe mit einem Löffel herauslösen und in eine Schüssel geben, die Eiweißhälften beiseite legen.

Den Thunfisch abtropfen lassen, fein zerpflücken und zusammen mit den Eigelben mit einer Gabel zerdrücken. Die Sauce verte oder Mayonnaise unterziehen, das Ganze mit etwas Pfeffer würzen.

Die Mischung mit einem Teelöffel in die Eiweißhälften häufen und jeweils mit einer halben Olive krönen. Die gefüllten Eier auf einer Platte anrichten, mit der Petersilie bestreuen und gleich servieren. Bei Bedarf lose mit Frischhaltefolie bedecken und bis zu 3 Stunden kalt stellen.

Für 6 Personen

Zubereitung 25 Minuten
Kochzeit 10 Minuten
6 große Eier
85–100 g Thunfisch in Olivenöl
  aus der Dose
2 EL Sauce verte (S. 129) oder
  Mayonnaise
frisch gemahlener schwarzer
  Pfeffer
3 schwarze Oliven, entsteint und
  halbiert
2 knappe EL frische glatte Petersilie, fein gehackt

Œufs farcis aux anchois
Mit Sardellen und Kapern gefüllte Eier

Anstatt Thunfisch 3 in Öl eingelegte Sardellenfilets abtropfen lassen und mit einer Gabel zerdrücken. Die Eigelbe zerdrücken und mit der Sauce verte oder Mayonnaise vermischen, dann die Sardellen sowie 1 gehäuften Teelöffel abgetropfte, gehackte Kapern und zuletzt 1 Teelöffel abgeriebene Schale von einer unbehandelten Zitrone untermischen.

Œufs farcis à la tapenade
Mit Frischkäse und Tapenade gefüllte Eier

Die Eigelbe mit 2 Esslöffeln Frischkäse (vorzugsweise Brousse oder Ricotta), einer kräftigen Prise frisch gemahlenem schwarzem Pfeffer und 1 Esslöffel Tapenade (S. 117) zerdrücken und vermischen.

Œufs farcis aux tomates
Mit Ketchup und Schnittlauch gefüllte Eier

Die Eigelbe mit 1 Teelöffel Ketchup à la provençale (S. 123), 2 Esslöffeln Mayonnaise und 1 Teelöffel fein gehacktem frischem Schnittlauch vermengen.

Œufs brouillés aux champignons
Rührei mit Pilzen

Für dieses Rührei-Gericht können Sie frische oder auch getrocknete Pilze verwenden. Frische Steinpilze schmecken köstlich. Da sie aber teuer sind, könnte man sich auf ein, zwei frische oder einige getrocknete Exemplare beschränken und sie mit anderen Sorten ergänzen. Probierenswert ist auch eine Mischung aus braunen Champignons und anderen Wildpilzen.

Für 2 Personen

Zubereitung 15 Minuten
Kochzeit 15 Minuten
150 g Pilze
1 EL Olivenöl
30 g Butter
1 Knoblauchzehe, zerdrückt
1 Frühlingszwiebel, gehackt
5 Eier
feines Meersalz und frisch
  gemahlener schwarzer Pfeffer

Die Pilze mit Küchenpapier abwischen (braune Stielansätze gegebenenfalls abschneiden) und fein würfeln. In einer mittelgroßen beschichteten Pfanne das Olivenöl erhitzen. Die Hälfte der Butter dazugeben, dann Pilze, Knoblauch und Frühlingszwiebel. Die Zutaten gleichmäßig in der Pfanne verteilen und bei geringer Temperatur unter häufigem Rühren knapp 5 Minuten dünsten ohne dass die Pilze Wasser ziehen. Die Pilzmischung warm stellen.

Inzwischen 4 Eier in eine Schüssel schlagen. Eigelb und Eiweiß nur leicht miteinander verrühren, leicht salzen und pfeffern. Das fünfte Ei in eine separate Schüssel schlagen und verquirlen.

In der Pfanne, die Sie mit Küchenpapier ausgewischt haben, die restliche Butter auf kleiner Stufe zerlassen. Die 4 Eier zufügen und langsam, aber beständig rühren, bis die Masse stockt. Mit Salz und Pfeffer würzen.

Die Pfanne vom Herd nehmen. Das einzelne verquirlte Ei zusammen mit der Pilzmischung einrühren und das Gericht sogleich servieren.

Variation
Wenn Sie ausschließlich getrocknete Pilze verwenden wollen, brauchen Sie etwa 25 g. Alternativ können Sie die halbe Menge mit 100 g frischen Pilzen kombinieren. Getrocknete Pilze müssen 30 Minuten in heißem Wasser eingeweicht werden; dann abtropfen lassen und in einem Geschirrtuch oder Küchenpapier ausdrücken.

Brouillade aux tomates
Rührei mit Tomate

Aus Eiern und Tomaten kann man im Handumdrehen ein feines kleines Essen zaubern, vor allem, wenn man noch frisches Basilikum und etwas Butter dazu verwendet.

Die Tomate blanchieren und enthäuten (siehe S. 90); die Samen entfernen. Das Fruchtfleisch fein würfeln. In einer großen, beschichteten Pfanne das Öl bei mäßiger Temperatur erhitzen. Tomatenfleisch mit Knoblauch und Petersilie 5 Minuten darin dünsten, dabei mehrmals umrühren.

Inzwischen die Eier in eine Schüssel schlagen. Einweiß und Eigelb nur leicht miteinander verrühren. Leicht salzen und pfeffern.

Die Eier über die Tomaten gießen und bei etwas geringerer Temperatur stocken lassen; dabei nur ab und zu behutsam umrühren. Mit Salz und Pfeffer abschmecken und mit Basilikum bestreuen. Zuletzt die Butter unterziehen.

Inzwischen das Brot toasten und mit Butter bestreichen. Das Rührei auf den Toasts anrichten und sofort servieren.

Für 2 Personen

Zubereitung 15 Minuten
Kochzeit 15 Minuten

1 mittelgroße bis große reife Tomate
1 EL Erdnuss- oder Sonnenblumenöl
1 Knoblauchzehe, zerdrückt
2 TL frische glatte Petersilie, fein gehackt
5 Eier
feines Meersalz und frisch gemahlener schwarzer Pfeffer
3 frische Basilikumblätter, in feine Streifen geschnitten
2 TL Butter

Für die Toasts
2 dicke Scheiben rustikales Brot
Butter zum Bestreichen

»Achten Sie darauf, die garende Tomaten-Eier-Masse nicht zu heftig zu rühren. Es soll keine glatte, sondern eine lockere Mischung mit erkennbaren Stücken entstehen.«

Abendmenü

Menu

artichauts
à la barigoule

—

morue fraîche
sauce raïto

—

gâteau de pêches
sauce mousseline
au caramel

—

Artischocken vorbereiten

Mit ihren harten, schuppenartigen Blättern mögen die Blütenköpfe der zu den Distelgewächsen gehörenden Pflanze schon befremdlich vorkommen. Man kann sie selten mit Stumpf und Stiel essen, aber man sollte sich an sie heranwagen und lernen, wie man sie

Auswählen Gute Qualität erkennt man an einem schweren, festen Stiel und festen, frisch aussehenden Blättern. Eine Artischocke mit schlaffem Stiel und vergilbten, trockenen Blättern hat ihre beste Zeit eindeutig hinter sich. In einem Plastikbeutel kann man Artischocken im Kühlschrank frisch halten, aber man sollte sie binnen 2 Tagen nach dem Kauf verarbeiten.

Putzen Mit einem großen scharfen Messer die Spitze der Artischocke sauber abschneiden. Als Nächstes die harten Außenblätter entfernen: Eines nach dem anderen nach außen spreizen und mit einem kräftigen Ruck nach unten abziehen. Nun noch die Artischocke rund um den Stielansatz sauber beschneiden.

vorbereitet, wie man Zitrone dabei einsetzt und das seltsame Heu entfernt. Der Aufwand ist gar nicht so groß, und in der Kombination mit den klassischen Aromazutaten der Provence erweisen sich Artischocken als Genuss großer Klasse.

Zurechtschneiden Der fleischigste und köstlichste Teil der Artischocke ist der Boden (im Französischen *fond*), auch Herz genannt. Um an ihn heranzukommen, alle Blätter über dem Boden abschneiden. Das eventuell vorhandene feinfaserige, ungenießbare Heu entfernen, am besten mit einem Melonenausstecher oder einem spitzen kleinen Löffel.

Säuern Artischocken laufen schnell dunkel an. Um dies zu verhindern, das Fleisch behutsam mit einer aufgeschnittenen Zitrone abreiben. Die Säure in ihrem Saft verlangsamt den Oxidationsprozess, der bewirkt, dass die Schnittflächen braun werden. Ein Hauch Zitrone tut Artischocken aber auch geschmacklich gut.

Mittwoch: Artischocken vorbereiten 147

Artichauts à la barigoule
Artischocken mit Pilzfüllung

Stilecht wird dieses altmodische Gericht im Schmortopf aufgetragen. Das aromatische Gemüsebett mit Schinken dient nur als Geschmacksgeber, es wird nicht mitgegessen.

Für 6 Personen

Zubereitung 20 Minuten

Kochzeit 1½ Stunden

125 g Champignons
3 Schalotten, fein gehackt
200 ml trockener Weißwein
5 EL Olivenöl
1 dicke Scheibe gekochter Schinken, gewürfelt
feines Meersalz und frisch gemahlener schwarzer Pfeffer
2 EL Weinessig oder Zitronensaft
6 Artischocken
1 Zitrone, halbiert
1 große Zwiebel
1 Möhre
60 g durchwachsener Speck
3 Knoblauchzehen in Scheiben
1 Lorbeerblatt in 4 Stücken
1 TL getrockneter Thymian oder 1 Zweig frischer Thymian
1 kleines Ei

Die Pilze mit Küchenpapier abwischen und fein würfeln. In einem Topf die Schalotten in 100 ml Wein auf kleiner Stufe dünsten, bis sie ganz weich sind. 2 Esslöffel Öl und den Schinken untermischen, dann die Pilze. Salzen und pfeffern, noch 1 Minute rühren. Vom Herd nehmen.

Eine große Schüssel mit kaltem Wasser füllen, Essig oder Zitronensaft hinzufügen. Die Artischocken vorbereiten (siehe S. 146–147) und den Stiel am Ansatz abschneiden. Sobald eine Artischocke fertig ist, gründlich mit einer Zitronenhälfte einreiben und kopfüber in das gesäuerte Wasser geben.

Zwiebel, Möhre und Speck sehr klein würfeln und in einen schweren Schmortopf geben, in den die Artischocken nebeneinander hineinpassen. Knoblauch, Lorbeer, Thymian, den restlichen Wein sowie 200 ml Wasser zugeben. Salzen und pfeffern.

Das Ei aufschlagen und in die Pilzmischung rühren. Die Artischocken abgießen, anhaftendes Wasser kräftig abschütteln. Die Pilzmischung in die Artischocken füllen. Dicht an dicht in den Topf setzen und mit dem restlichen Öl beträufeln.

Fest verschlossen auf kleinster Stufe etwa 1 Stunde garen. Vor dem Servieren im geschlossenen Topf 5–10 Minuten ruhen lassen.

Die derben Außenblätter abziehen, die Artischocken unten glatt schneiden und zuletzt das Heu herausholen.

Morue fraîche, sauce raïto

Gebratener Kabeljau mit Rotweinsauce

Durch Einreiben mit Salz und Zucker wird frischer Kabeljau etwas fester und erinnert dann entfernt an den traditionellen Klippfisch, ohne dem Gaumen dessen strengen salzigen Geschmack zuzumuten. Die Sauce namens Raïto kombiniert man in der Provence gern mit Fisch. Reichen Sie dazu gekochte Kartoffeln oder Kartoffelpüree.

Die Fischfilets mit Küchenpapier trocken tupfen. Das grobe Salz mit dem Zucker vermengen, die Filets gleichmäßig damit einreiben. Auf einer Platte zugedeckt 3 Stunden im Kühlschrank ziehen lassen.

Inzwischen die Sauce zubereiten. Dazu das Öl in einen Schmortopf gießen und darin die Zwiebeln mit Lorbeerblättern und Fenchel auf kleiner Hitze in 12–15 Minuten weich dünsten, dabei gelegentlich rühren. Die Tomaten blanchieren und enthäuten (siehe S. 90), von den Samen befreien und fein würfeln. Die Petersilienblätter von den Stängeln zupfen und mit dem Knoblauch fein hacken.

Knoblauch und Petersilie zu den Zwiebeln geben, dann die Tomaten untermischen. Den Wein zugießen und bei etwas höherer Temperatur 3 Minuten durchkochen. 150–200 ml Wasser zugeben, auch Salz und Pfeffer nach Geschmack sowie den Zucker. Die Sauce weitere 5 Minuten köcheln lassen.

Kapern und Gurken fein hacken und in die Sauce rühren. Wieder 10–15 Minuten köcheln lassen, dabei nach Bedarf mit einigen Esslöffeln Wasser verdünnen. Vom Herd nehmen. Vor dem Servieren sanft aufwärmen, Fenchelstängel und Lorbeerblätter herausfischen.

Den Fisch sorgfältig kalt abwaschen. Auf Küchenpapier abtropfen lassen. Mit Salz und Pfeffer würzen und mit Mehl bestauben. In einer Pfanne das Öl erhitzen und die Kabeljaufilets bei mäßiger Temperatur von beiden Seiten in 2–3 Minuten goldgelb braten, dabei die Stücke behutsam (am besten mit einem Bratenwender) umdrehen.

Sofort auf vorgewärmten Tellern anrichten. Mit ein, zwei Löffeln Sauce überziehen und mit schwarzen Oliven garnieren.

Großzügig Salz und Zucker auf den Fisch streuen und gut einmassieren. Dadurch wird ihm Feuchtigkeit entzogen.

Für 4 Personen

Zubereitung 3½ Stunden
Kochzeit 30 Minuten

4 dicke Kabeljaufilets (insgesamt etwa 1 kg), gehäutet
2 EL grobes Meersalz
2 EL Zucker
feines Meersalz und frisch gemahlener schwarzer Pfeffer
2½ EL Olivenöl
entsteinte schwarze Oliven

Für die Raïto-Sauce

2 EL Olivenöl
2 Zwiebeln, fein gewürfelt
2 Lorbeerblätter
3 Stängel Fenchelgrün
3 reife Tomaten
3 Stängel frische glatte Petersilie
3 Knoblauchzehen
150 ml Rotwein
1 TL Zucker
2 TL kleine Kapern, abgetropft
2 kleine Essiggurken

Mittwoch: Abendmenü: Hauptgericht

Gâteau de pêches, sauce mousseline au caramel
Pfirsichkuchen mit Karamell-Schaumsauce

Nektarinen haben eine glatte Schale und schmecken so delikat wie ihre Verwandten, die Pfirsiche. Anders als diese mit ihrer samtigen, dickeren Haut, müssen Nektarinen nicht enthäutet werden. Nehmen Sie für diesen Kuchen mit seiner schmeichelnden Karamellsauce einfach die schönsten Früchte, die Sie auf dem Markt finden.

Für 6 Personen

Zubereitung 30 Minuten
Kochzeit 50 Minuten

4 große reife, aber noch feste Nektarinen oder Pfirsiche
25 g Butter, dazu etwas für die Form
3 große Eier
100 g Zucker
200 g Crème double
1 gehäufter EL Maisstärke
1½ TL Backpulver
150 g gemahlene Mandeln
Mehl für die Form
Sauce mousseline au caramel (S. 134)

Die Nektarinen oder Pfirsiche in einen Topf mit kochendem Wasser geben. Nach 2–3 Minuten herausnehmen und abschrecken; Pfirsiche enthäuten. Jeweils in 10–12 Spalten schneiden. In einem Sieb abtropfen lassen.

Den Backofen auf 190 °C vorheizen. Eine Springform oder eine beschichtete Pieform von 23 cm Durchmesser gut ausbuttern und mit Mehl ausstreuen.

Eier und Zucker in einer Schüssel mit einem elektrischen Handrührgerät in 5 Minuten hell und dick schlagen. Crème double hinzufügen, Maisstärke und Backpulver darübersieben, die Mandeln zugeben. Alles gut vermischen. Den Teig beiseite stellen.

Die Butter in einer Pfanne bei mäßiger Hitze zerlassen. Die Früchte 3 Minuten dünsten, bis sie goldgelb werden. Auf Küchenpapier abtropfen lassen

Die Hälfte des Teigs in der Form verteilen. Darauf die Früchte ordentlich arrangieren, den restlichen Teig darübergießen. Den Kuchen 40–45 Minuten backen, dabei die Hitze nach 25 Minuten auf 160 °C reduzieren. Er ist gar, wenn ein in der Mitte hineingestochenes Spießchen aus Metall oder Holz sauber wieder herauskommt. Etwas abkühlen lassen, bevor Sie ihn aus der Form nehmen.

Noch leicht warm oder mit Raumtemperatur mit der gekühlten Sauce servieren.

Schneiden Sie die Nektarinen ungeschält in Spalten und schwenken Sie sie in Butter, bis sie sich appetitlich goldgelb färben.

152 Mittwoch: Abendmenü: Dessert

Donnerstag

Fleisch war in der Geschichte der Provence lange Zeit ein seltener Luxus. Rinder wurden als Milchvieh gehalten, Hühner der Eier wegen. Gelegentlich ergänzten Wild und Wildvögel den Speisezettel. Entdecken Sie, mit welcher Meisterschaft einheimische Köche weniger edles Fleisch in aromatische Schmorgerichte verwandeln.

Fleisch und Geflügel

Früher ernährten sich die Bewohner der Provence hauptsächlich von Obst und Gemüse, über Fleisch konnte man sich nur zu besonderen Gelegenheiten freuen. Noch heute behandeln provenzalische Köche ihr Fleisch mit gesundem Menschenverstand, Respekt ... und reichlich Kräutern.

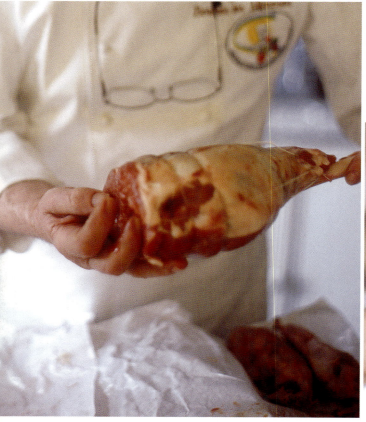

Jagen ist ein beliebtes Vergnügen. Kleines Wildgeflügel wie Wachteln, Fasane und Rebhühner findet oft den Weg auf den Grill oder in den Topf.

Ein Klassiker für festliche Gelegenheiten ist eine Keule vom Sisteron-Lamm. Die kleinen, stämmigen Lämmer weiden auf den duftenden Wildkräuterwiesen am Fuß der Alpen. Sie werden relativ spät geschlachtet, erst mit vier Monaten. Dadurch hat das Fleisch Zeit, einen kräftigen Geschmack und eine zarte Konsistenz zu entwickeln.

»Ein Sträußchen frischer Kräuter, reichlich Knoblauch und ein Stück Orangenschale – das wirkt immer Wunder. Aber probieren Sie auch Alternativen. Fleischgerichte wie ein Daube schmecken mit Lamm so gut wie mit Rind.«

Roastbeef ist ein selten servierter Leckerbissen. Preiswertere Stücke zum Schmoren eignen sich besser für die regionaltypischen, herrlich aromatischen Gerichte.

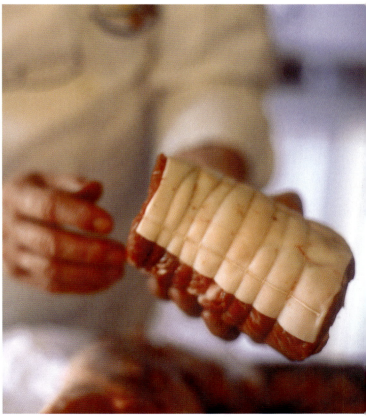

Provenzalische Köche sind sparsam. Fleisch und Geflügel werden oft gefüllt, damit sie für mehr Esser reichen. Eine Ente mit einer gehaltvollen Füllung muss lange und bei milder Hitze im Ofen oder im Schmortopf garen, wodurch das Fleisch wunderbar zart bleibt. Das Geheimnis ist dabei die großzügige Verwendung von Kräutern mit intensivem Aroma.

Donnerstag: Fleisch und Geflügel 157

Infusion de romarin

Rosmarin-Sud

Ein Sud aus Kräutern und Wein ist ideal zum Garen von Fleisch. Lassen Sie zuerst Kräuter in Wasser köcheln, um ein kräftiges, teeartiges Konzentrat zu erhalten. Dann gießt man einen großzügigen Schuss Wein zu und lässt alles ein Weilchen sprudelnd kochen, bis sich der Alkohol und der vordergründige Weingeschmack verflüchtigt haben; die Aromen werden weicher und verbinden sich. Anschließend kann der würzige Sud wie ein Fond verwendet werden. Dieser Sud mit kräftiger Rosmarin-Note eignet sich vor allem für Lammfleisch.

Ergibt 1,5 Liter

Zubereitung 15 Minuten
Kochzeit 1 Stunde

100 g frische Rosmarinzweige
4 Lorbeerblätter
6 Wacholderbeeren
5 cm getrocknete Orangenschale
  (S. 328)
750 ml Rosé

Rosmarin, Lorbeerblätter, Wacholderbeeren und Orangenschale in einem Topf mit 1,5 l kochendem Wasser übergießen. 15 Minuten köcheln lassen.

Den Wein zugießen. Die Flüssigkeit bei hoher Temperatur um etwa ein Drittel einkochen lassen.

Den Sud durch ein feines Sieb gießen und in ein Schraubglas füllen. Er wird nach dem Anbraten von Fleisch zum Ablöschen verwendet. Magere, zarte Fleischstücke können auch in Wasser mit etwas Essig oder Zitronensaft gewaschen werden; danach trocken tupfen. Den Sud eben zum Kochen bringen und das rohe Fleisch hineinlegen. Ob roh oder angebraten: Wenn das Fleisch im Sud ist, die Flüssigkeit nicht mehr sprudelnd kochen, sondern nur leicht simmern lassen.

Variationen

Nach dem Abkühlen kann der Sud als Marinade verwendet werden: Das Fleisch einlegen und zugedeckt im Kühlschrank 6 Stunden oder über Nacht ziehen lassen. Die Mischung aus Wein und Kräutern würzt das Fleisch und macht es zart. Wenn Sie das Fleisch herausgenommen haben, gießen Sie die Marinade durch ein Sieb ab und verwenden sie wie oben beschrieben. Ein oder zwei Esslöffel von diesem Sud geben auch Saucen ein feines Aroma.

»Manche Kombinationen sind einfach himmlisch: Rosmarin und Rosé für Lamm ... Thymian und weißer Dessertwein für Kaninchen ... Thymian oder Bohnenkraut und trockener Weißwein für Schwein ... Salbei und trockener Weißwein für Kalb ... Petersilie, Lorbeer und Rotwein für Rind ... Estragon und Weißwein für Hähnchen ...«

Agneau confit au miel et au vin rosé

Lammschulter mit Honig und Rosé

Das süßeste aller Lamm-Schmorgerichte – mit Honig und Rosé – wird von dem klaren, holzigen Aroma des Rosmarins gut unterstützt. Servieren Sie dazu Möhren in Grüne-Oliven-Sahne (S. 76). Beide Gerichte brauchen etwas Zeit, aber man kann sie gut vorbereiten.

Das Fleisch in etwa zehn Stücke schneiden, mit Honig bestreichen und leicht würzen. Einen großen Schmortopf bei mittlerer Temperatur vorheizen. Das Öl zugeben, dann das Fleisch darin 5–8 Minuten anbraten, bis es fest wird und rundherum gebräunt ist.

Schalotten, Knoblauch, Möhren, Sellerie und die kleinen ganzen Zwiebeln zufügen. Gut umrühren und mit Salz, Pfeffer und Muskatnuss würzen. Bei sehr niedriger Temperatur mit schräg aufliegendem Deckel 15 Minuten schmoren lassen.

Dann in Abständen einen Schöpflöffel Rosmarin-Sud zugeben und nur ganz leicht simmern lassen, damit das Fleisch saftig bleibt. Lassen Sie den Deckel immer ein Stück offen und halten Sie die Temperatur sehr niedrig. Das Fleisch etwa 2 Stunden in dem Sud gar ziehen lassen. Gelegentlich umrühren.

Vor dem Servieren abschmecken und mit frischen Rosmarinzweigen garnieren.

Für 4 Personen

Zubereitung 15 Minuten
Kochzeit 2½ Stunden
1 Lammschulter ohne Knochen, ca. 1,5 kg
4 EL Rosmarinhonig
feines Meersalz und frisch gemahlener schwarzer Pfeffer
4 EL Olivenöl
300 g Schalotten, fein gewürfelt
5 Knoblauchzehen in dünnen Scheiben
500 g Möhren, geschält und in Scheiben geschnitten
1 Selleriestange, gewürfelt
20 kleine Zwiebeln, geschält
1 TL geriebene Muskatnuss
Rosmarin-Sud (S. 158)
einige Rosmarinzweige zum Garnieren

Vor dem Anbraten Rosmarinhonig auf das Lammfleisch streichen, damit es eine glänzende Karamellkruste bekommt.

Donnerstag: Rezepte: Fleisch und Geflügel

Gigot d'agneau aux aromates

Lammkeule mit Kräutern

Für diese langsam gegarte, aromatische Lammkeule kaufen Sie pro Person mindestens 500 g Fleisch, weil es während des Schmorens schrumpft. Das mag übertrieben klingen, aber Sie brauchen nicht die beste Qualität zu wählen. Durch langsames Schmoren wird auch zäheres Fleisch wunderbar mürbe.

Für 6-8 Personen

Zubereitung 15 Minuten
Kochzeit 5 Stunden
   (in Etappen)

1 Flasche (750 ml) weißer
   Dessertwein
6 Lorbeerblätter
einige Zweige frischer Rosmarin
einige Zweige frischer Thymian
1 große Knolle Knoblauch,
   in Zehen zerteilt
1 große Lammkeule, 3–3,5 kg
feines Meersalz und frisch
   gemahlener schwarzer Pfeffer
1 EL gemahlener Kreuzkümmel
4 EL Olivenöl
abgeriebene Schale und Saft von
   1 unbehandelten Zitrone
100 g Sahne

Den Wein in einem Topf mit Lorbeerblättern, einigen Rosmarin- und Thymianzweigen und 3 ungeschälten Knoblauchzehen aufkochen.

Inzwischen das Fleisch würzen und mit der Hälfte des Kreuzkümmels einreiben. Die Hälfte des Olivenöls in einem Bräter erhitzen, der gerade groß genug für die Lammkeule ist. Das Fleisch auf dem Herd bei kräftiger Hitze von allen Seiten anbraten.

Den kochenden Würzwein zugießen. Sobald die Flüssigkeit wieder aufkocht, auf geringste Hitze schalten und 2 Stunden zugedeckt sanft garen. Ab und zu prüfen, dass die Flüssigkeit gerade eben köchelt, und den entstehenden Schaum abschöpfen.

Den Backofen auf 140 °C heizen. Die Lammkeule aus dem Bräter nehmen und in eine Schüssel legen. Den Fond durch ein Sieb gießen, auffangen und beiseite stellen.

Das Fleisch wieder in den Bräter legen, mit dem restlichen Kreuzkümmel und der Zitronenschale bestreuen. Die restlichen ungeschälten Knoblauchzehen und noch etwas Rosmarin zufügen, mit dem restlichen Olivenöl und Zitronensaft beträufeln. Den Deckel auflegen. Den Bräter in den Ofen schieben und 1 1/2 Stunden garen.

Den Bräter aus dem Ofen nehmen. Die Lammkeule wenden, die Flüssigkeit umrühren. Das Fleisch mit etwas vom aufgefangenen Sud begießen. Ohne Deckel wieder in den Ofen schieben und weitere 45 Minuten garen, bis das Fleisch ganz weich ist.

Aus dem Ofen nehmen. Die Knoblauchzehen herausnehmen und das Fleisch mit Alufolie bedecken. Den restlichen Sud in einen Topf geben, den Knoblauch zufügen und unter Rühren aufkochen. Den Knoblauch zerdrücken, damit er sein Aroma freisetzt, und die Knoblauchschalen entfernen.

Das Fleisch auf eine vorgewärmte Servierplatte legen und mit etwas frischem Rosmarin garnieren. Zum Warmhalten bedecken. Kochsud und Knoblauch in den Bräter gießen und unter Rühren den Bratsatz loskochen. Flüssigkeit wieder in den Topf geben, die Sahne einrühren und eine Minute lang kochen. Die Sauce abschmecken, durch ein Sieb gießen und in eine vorgewärmte Sauciere füllen. Etwas Sauce über das Lammfleisch geben und sofort servieren.

Côtes d'agneau grillées
Gegrillte Lammkoteletts

Das Grillen im Ofen, auf dem Grill oder am Spieß über offenem Feuer ist eine uralte Methode, aber ganz einfach ist sie nicht. Man muss das Fleisch genau beobachten, sich auf seine Nase, seine Augen und sein Gefühl verlassen. Wählen Sie zum Garen auf dem Feuer große, nicht zu magere Lammkoteletts. Zum Essen darf man sie ruhig in die Hand nehmen.

Für 4 Personen

Zubereitung 5 Minuten
Kochzeit 4-8 Minuten
8–12 große, dicke Lammkoteletts
feines Meersalz und frisch gemahlener schwarzer Pfeffer

Die Lammkoteletts gegebenenfalls etwas zurechtschneiden und leicht mit Salz und Pfeffer würzen.

Die Koteletts auf dem Grillrost etwa 10 cm über dem Feuer grillen. Nach 3–5 Minuten die Koteletts wenden und mit Salz bestreuen. Den Grillrost etwas höher hängen und die Koteletts noch 1–2 Minuten grillen, je nachdem, wie durchgebraten Sie Ihr Fleisch mögen.

Den Gargrad prüfen. Das Fleisch mit Pfeffer und nach Belieben etwas Salz würzen und vor dem Servieren einige Minuten ruhen lassen.

Schneiden Sie die Lammkoteletts hübsch zurecht und legen Sie sie nebeneinander auf einen Grillrost. Von beiden Seiten grillen. Sie sollen außen braun und knusprig, aber innen noch rosa und saftig sein.

Crespeou Omelett-Torte

Die herzhafte Torte aus geschichteten Omeletts schneidet man in Stücke und serviert dazu einen Salat oder Gemüse wie Zucchini mit Zitrone und Koriander (siehe rechte Seite). Als Vorspeise kann man das Omelett in Würfel schneiden und auf Holzspießchen stecken. Und als Kleinigkeit zum Wein reicht man es mit schwarzen Oliven.

Für 4 Personen

Zubereitung 10 Minuten
Kochzeit 20 Minuten

1/2 rote Paprikaschote

1 EL Butter, dazu Butter zum
   Bestreichen

9 große Eier

feines Meersalz und frisch
   gemahlener schwarzer Pfeffer

Blätter von 4–5 Stängeln Basilikum,
   gehackt

1 kleine Handvoll Schnittlauch-
   röllchen

75 g geräucherter Bauchspeck,
   gewürfelt

2 1/2 EL Erdnuss- oder Sonnenblumenöl

Den Backofen auf 190 °C vorheizen. Ein Backblech mit Alufolie auslegen.

Paprikaschote entkernen und fein würfeln. Butter in einer beschichteten Pfanne (ca. 15 cm Durchmesser) zerlassen. Die Paprikawürfel darin dünsten, bis sie beginnen, weich zu werden. Vom Herd nehmen.

Je 3 Eier in ein Schälchen schlagen. Jedes Ei mit Salz und Pfeffer würzen und schaumig schlagen. In ein Schälchen die rote Paprika geben, in ein anderes Basilikum und Schnittlauch. Jeweils gut umrühren.

Die Pfanne mit Küchenpapier auswischen. Die Speckwürfel bei mittlerer Temperatur in 3 Minuten knusprig braten. Auf Küchenpapier abtropfen lassen, dann unter das Ei im dritten Schälchen rühren.

Die Pfanne wieder auswischen und bei relativ hoher Temperatur aufsetzen. Die Hälfte des Öls hineingießen. Die Eimischung mit Paprika kurz umrühren, in die Pfanne gießen und stocken lassen. Dabei die Pfanne schräg halten, damit sich das flüssige Ei verteilt, und den festgewordenen Rand anheben. Ist das Ei gerade gestockt, aber noch sehr feucht, auf das mit Folie belegte Backblech gleiten lassen.

Die Eimischung mit Speck umrühren. Etwas Öl in die Pfanne geben und das zweite Omelett zubereiten. Auf das Paprika-Omelette auf dem Backblech gleiten lassen.

Nun das Kräuteromelett zubereiten und auf das Speckomelett legen. Etwas Butter darauf zerlassen, damit es schön glänzt. Das Schichtomelett 5 Minuten im Backofen durchwärmen.

Aus dem Ofen nehmen, kurz abkühlen lassen. Das Schichtomelett warm oder mit Raumtemperatur servieren.

Courgettes fraîches à la coriandre
Zucchini mit Koriander

Streifen von rohen Zucchini, mit Zitrone und Koriander angemacht, schmecken herrlich als leichte Vorspeise oder als Beilage zu Omelett, gegrilltem Fisch, Lamm oder Geflügel. Die Zucchini vor dem Zugeben von Olivenöl und Koriander gut abtropfen lassen, denn das verbessert Konsistenz und Geschmack deutlich.

Von den Zucchini die Enden abschneiden. Zucchini mit einem Schälmesser längs in lange, dünne Bänder schneiden (man kann sie auch grob raspeln). Die Zucchini in einen Durchschlag geben. Mit Salz bestreuen, mit Zitronensaft beträufeln und gut durchmischen.

Den Durchschlag zudecken und in eine Schüssel stellen. Die Zucchini an einem kühlen Platz mindestens 2 Stunden, besser über Nacht, ziehen lassen.

Den Durchschlag in die Spüle stellen und die Zucchini mit der Hand kräftig ausdrücken. 10–15 Minuten abtropfen lassen, zwischendurch gelegentlich auspressen.

Zucchini in eine Schüssel füllen. Olivenöl darüberträufeln, Korianderblätter darüberstreuen. Vorsichtig mischen, mit Pfeffer abschmecken und servieren.

Für 4–6 Personen

Zubereitung 15 Minuten,
  dazu mindestens 2 Stunden
  zum Ziehenlassen
8 mittelgroße Zucchini
feines Meersalz und frisch
  gemahlener schwarzer Pfeffer
Saft von 1/2 Zitrone
4–6 EL Olivenöl *vierge extra*
Blätter von 4 Stängeln frischer
  Koriander

»Für dieses Rezept werden die Zucchini nicht gekocht, mangelnde Frische lässt sich also nicht verbergen. Verwenden Sie junge, frisch geerntete Zucchini. Ideal sind höchstens 12 cm lange Früchte. Größere sind nicht mehr so knackig.«

Côtes de porc grillées à la sauge
Gegrillte Schweinekoteletts mit Salbei

Durch das Marinieren mit körnigem Dijon-Senf und Salbei werden die Schweinekoteletts für das Grillen perfekt vorbereitet. Sie kommen zart und würzig auf den Tisch – sie müssen dafür in einigem Abstand vom Feuer oder bei moderater Hitze langsam gebraten werden, damit sie vollständig durchgaren.

Für 4 Personen

Zubereitung 5 Minuten,
  dazu Zeit zum Marinieren
Kochzeit 20 Minuten

4 große, saftige Schweinekoteletts
feines Meersalz und frisch
  gemahlener schwarzer Pfeffer
4 EL körniger Dijon-Senf
4 EL Olivenöl
10 frische Salbeiblätter

Den Fettrand der Koteletts in regelmäßigen Abständen einschneiden und die Koteletts auf beiden Seiten leicht mit Salz und Pfeffer würzen.

In einer kleinen Schüssel Senf und Öl verrühren. 6 Salbeiblätter klein schneiden und dazugeben. Die Koteletts nebeneinander in eine flache Schüssel legen und auf beiden Seiten mit der Senfmischung bestreichen. Zudecken und 6 Stunden oder über Nacht marinieren. Rechtzeitig aus dem Kühlschrank nehmen: Zum Grillen soll das Fleisch Raumtemperatur haben.

Die Koteletts 10 cm über Holzkohle (wenn vorhanden, mit Kiefernzapfen) 20 Minuten garen. Alternativ auf dem Gas- oder Elektrogrill zubereiten. Das Fleisch soll ganz durchgegart sein.

Mit etwas Pfeffer nachwürzen. Jedes Kotelett mit einem frischen Salbeiblatt garnieren und gleich servieren.

Die Fettränder einschneiden, damit sich die Koteletts beim Grillen nicht wölben. Rundherum mit Senf und Salbei bestreichen und ziehen lassen.

170 Donnerstag: Rezepte: Fleisch und Geflügel

Estouffade de porc
Schweineschmorbraten mit Kräutern

Das provenzalische Wort *estoufa* – wörtlich »dämpfen, ersticken« – bringt die Zubereitung dieses Bratens mit Kräutern, Zwiebeln und Orange auf den Punkt. Das Fleisch gart langsam in einem fest verschlossenen Bräter. Dabei wird selbst das zäheste Stück weich und mürbe und duftet wunderbar. Wie viele Schmorgerichte schmeckt auch dieser Braten aufgewärmt noch besser als frisch zubereitet.

Für 6 Personen

Zubereitung 15 Minuten
Kochzeit etwa 3 Stunden

3–4 EL Olivenöl
1 Schweinerollbraten,
 ca. 1,5–1,8 kg
2 große Zwiebeln in dünnen
 Scheiben
3 Knoblauchzehen, zerdrückt
feines Meersalz und frisch
 gemahlener schwarzer Pfeffer
1 TL süßes Paprikapulver
1 EL Dijon-Senf
2 Lorbeerblätter, zerbröselt
6 frische Salbeiblätter
2 kleine Stängel frischer Thymian
1 große, reife Tomate, gewürfelt
1 Flasche (750 ml) trockener
 Weißwein
abgeriebene Schale und Saft von
 1 unbehandelten Orange

Das Öl in einem gusseisernen Bräter sehr heiß werden lassen, es soll jedoch nicht rauchen. Das Fleisch auf allen Seiten anbraten, dann aus dem Bräter nehmen.

Auf niedrige Temperatur schalten, Zwiebeln und Knoblauch in den Bräter geben und unter Rühren in etwa 10 Minuten weich dünsten, aber nicht bräunen lassen. Das Fleisch mit Salz, Pfeffer und Paprikapulver einreiben.

Das Fleisch wieder in den Bräter geben. Senf, Kräuter und Tomate zufügen und gut durchrühren. Deckel auflegen und bei niedriger Temperatur 5–10 Minuten schmoren. Das Fleisch wenden und zugedeckt weitere 5 Minuten schmoren.

Etwas Wein zugießen. Deckel auflegen und bei niedriger Temperatur gut 2 Stunden schmoren, bis das Fleisch weich ist. Die genaue Garzeit hängt von der Fleischqualität ab. Den Bräter stets gut verschlossen und die Temperatur niedrig halten. Zwischendurch das Fleisch einige Male wenden und etwas Wein zugießen; es soll immer Flüssigkeit vorhanden sein. Nach der ersten Stunde Orangensaft und -schale zufügen.

Am Ende der Garzeit mit Pfeffer nachwürzen.

»In der Provence verwendet man für dieses Rezept manchmal auch Zicklein, aber nie ausgewachsene Ziegen, deren Fleisch allzu zäh ist.«

Soupe courte
Kalbsragout mit kurzen Nudeln

Der Name dieses traditionellen provenzalischen Schmorgerichts könnte daher rühren, dass am Ende der Garzeit kaum noch Flüssigkeit übrig ist. »Soupe courte« bedeutet wörtlich »knappe Suppe«. Die gelatinereiche Kalbsbrust gibt dem Gericht ein mildes, herzhaftes Aroma.

Kalbfleisch in 12 Stücke schneiden und würzen. Olivenöl in einem ofenfesten Bräter erhitzen und das Fleisch bei mittlerer Temperatur etwa 10 Minuten rundherum braun anbraten.

Inzwischen die Tomaten überbrühen und enthäuten (siehe S. 90), das Fruchtfleisch würfeln.

Zwiebel zum Fleisch geben und unter häufigem Rühren einige Minuten dünsten, bis sie weich wird und leicht Farbe annimmt. Knoblauch. Petersilie, Lorbeerblätter und Tomaten zufügen. Würzen und 1,2 l Wasser zugießen.

Aufkochen lassen, den Deckel auflegen und auf niedrige Temperatur schalten. 50 Minuten garen, bis das Fleisch eben weich ist.

Den Deckel abnehmen, die Hitze etwas erhöhen und die Makkaroni zufügen. Ohne Deckel 15–20 Minuten (oder gemäß Packungsanweisung) kochen, bis die Nudeln gar sind. Gelegentlich umrühren. Die Lorbeerblätter entfernen.

Abschmecken und mit gehackter Petersilie bestreuen. Direkt aus dem Bräter servieren und dazu ein Schälchen mit geriebenem Gruyère auf den Tisch stellen.

Variation

Anstelle von Kalbsbrust können Sie auch entbeinte Lammschulter verwenden, die Sie in 12 Stücke schneiden. Die Garzeit reduziert sich dann geringfügig. Nach etwa 40 Minuten können Sie die Nudeln zum Fleisch geben.

Für 6-8 Personen

Zubereitung 20 Minuten
Kochzeit 1¾ Stunden

1 kg Kalbsbrust ohne Knochen
feines Meersalz und frisch
   gemahlener schwarzer Pfeffer
6 EL Olivenöl
4 mittelgroße reife Tomaten
1 große Zwiebel, in dünne Ringe
   geschnitten
3 Knoblauchzehen, zerdrückt
3 Stängel frische glatte Petersilie
3 Lorbeerblätter
250 g kurze Makkaroni

Zum Servieren

2 EL frische glatte Petersilie, fein
   gehackt
100 g reifer Gruyère, gerieben

Côtes de veau aux pignons
Kalbskoteletts mit Pinienkernen

Pinienkerne geben diesem altmodischen Gericht sein typisch provenzalisches Aroma. Angereichert mit Portwein und Sahne passen sie wunderbar zum zarten Kalbfleisch und bilden einen feinen Kontrast zu den Pilzen.

Die Pilze mit Küchenpapier abreiben und in dünne Scheiben schneiden.

Eine Pfanne bei mittlerer Temperatur erhitzen und die Butter darin zerlassen. Die Koteletts würzen und auf jeder Seite in 5 Minuten goldbraun braten. Die Koteletts auf einen Teller legen.

Das Fett aus der Pfanne gießen, Koteletts wieder in die Pfanne legen. Den Portwein zugeben und bei mittlerer Temperatur aufkochen lassen.

100 ml Wasser zugießen. Die Temperatur etwas erhöhen, unter Rühren wieder aufkochen lassen. Die Pilze zufügen, dann Pinienkerne und Sahne zugeben und umrühren.

Die Temperatur etwas reduzieren und 5 Minuten köcheln, bis die Sauce eindickt. Zwischendurch umrühren. Die Hitze weiter reduzieren und weitere 10 Minuten garen, dann abschmecken.

Fleisch, Pilze und Sauce auf einer vorgewärmten Platte anrichten, mit Petersilie bestreuen und sofort servieren.

Für 4 Personen

Zubereitung 10 Minuten
Kochzeit 30 Minuten
200 g kleine Champignons
30 g Butter
4 große Kalbskoteletts
feines Meersalz und frisch gemahlener schwarzer Pfeffer
5 EL Portwein
50 g Pinienkerne
100 g Sahne
frische glatte Petersilie zum Garnieren

Braten Sie die Kalbskoteletts in der Butter auf beiden Seiten gut an, erst dann fügen Sie Portwein und Pilze zu.

Poulet rôti à l'ail
Brathähnchen mit Knoblauch

In der Provence bereitet man Brathähnchen mit reichlich Knoblauch zu. Das wird wenig verwunderlich erscheinen. Aber selbst wenn man auf den Knoblauch verzichtet, erhält man bei dieser Garmethode zartes Fleisch und knusprige Haut. Wer den Knoblauch weglässt, gibt einfach einen Extralöffel Kräuter und etwas mehr Sahne und Wein an die Sauce.

Für 4–6 Personen

Vorbereitung 15 Minuten
Zubereitung ca. 2 Stunden
1 Hähnchen, ca. 1,5 kg
1 gehäufter EL gehackte frische
   Kräuter (z.B. Thymian, Majoran,
   Oregano, Rosmarin)
1 Knoblauchzehe, zerdrückt
1 TL abgeriebene Schale von
   einer unbehandelten Zitrone
30 g Butter
feines Meersalz und frisch
   gemahlener schwarzer Pfeffer
4 EL Olivenöl, dazu 1–2 TL zum
   Beträufeln
3 Knollen Knoblauch, ungeschält
100 ml trockener Weißwein
3 EL Sahne

Den Backofen auf 230 °C vorheizen. Das Hähnchen (das Raumtemperatur haben soll) mit Küchenpapier abtupfen. In einer Tasse Kräuter, Knoblauch, Zitronenschale und Butter vermengen. Mit etwas Salz und reichlich Pfeffer würzen.

Die Hälfte der Mischung in die Bauchhöhle des Hähnchens geben. Die restliche Mischung mit Olivenöl verrühren und auf der Außenseite des Hähnchens verstreichen. Nochmals würzen. Das Hähnchen in einem Bräter auf die Seite legen.

Jede Knoblauchknolle auf ein Stück Alufolie legen. Mit 1–2 TL Olivenöl beträufeln, salzen und pfeffern. Die Folienränder nach oben nehmen und dicht zusammenfalten. Die Knoblauchpäckchen in den Bräter legen.

10 Minuten im Ofen braten, dann das Hähnchen auf die andere Seite legen und weitere 10 Minuten braten.

Die Temperatur auf 180 °C reduzieren. Das Hähnchen drehen, sodass die Brust nach oben zeigt, und ca. 1¼ Stunden braten. Zwischendurch gelegentlich mit dem austretenden Saft begießen.

Die Knoblauchpäckchen herausnehmen und etwas abkühlen lassen. Wenn man sie anfassen kann, die Folie öffnen, die Knoblauchzehen trennen und mit Daumen und Zeigefinger ausdrücken. Das weiche Innere in einer Tasse auffangen.

Mit einem Schaschlikspieß in die dickste Stelle eines Hähnchenschenkels stechen. Wenn klarer Saft austritt, ist das Hähnchen gar und der Ofen kann ausgeschaltet werden. Den Saft aus der Bauchhöhle in den Bräter gießen. Er sollte ebenfalls klar und goldgelb sein. Das Hähnchen auf ein Schneidbrett oder eine Platte legen, mit Folie bedecken und warm stellen, während Sie die Sauce machen.

Einen Teil des Fetts aus dem Bräter abschöpfen. Den Bräter bei hoher Temperatur erhitzen, Wein und die gleiche Menge Wasser zugießen. Auf ein Drittel einkochen lassen, dabei den Bratsatz loskochen. Dann den weichen Knoblauch zügen, verrühren und zum Kochen bringen. Abschmecken und die Sahne einrühren. Die Sauce (nach Wunsch durch ein Sieb) in eine vorgewärmte Sauciere füllen. Das Hähnchen sofort mit der Sauce servieren.

Bagnet

Der Name dieses Gerichts leitet sich vom provenzalischen Verb *bagna* ab, das
»eintauchen«, »einweichen« oder »baden« bedeutet. Die würzige Dipsauce wird
hauptsächlich zu gekochtem Fleisch serviert, wie dem Huhn auf S.181. Sie hält
sich im Kühlschrank etwa 48 Stunden. Pro Person rechnet man etwa 3 Esslöffel.

Die Tomaten überbrühen und enthäuten (siehe S. 90), entkernen; das Fruchtfleisch
fein würfeln.

Knoblauch, Petersilie und Basilikum fein hacken.

Essig und Senf in einer Schüssel verrühren und salzen. Knoblauch und Kräuter,
Tomatenwürfel und Olivenöl zugeben und mit einer Gabel vermischen. Mit Pfeffer
würzen.

Gut durchrühren, damit sich die Zutaten verbinden, und mit Salz und Pfeffer
abschmecken. Zugedeckt im Kühlschrank aufbewahren.

Vor dem Servieren noch einmal gründlich durchrühren. Die Sauce schmeckt am
besten gut gekühlt.

Ergibt 300 ml

Zubereitung 15 Minuten
6 mittelgroße reife Tomaten
5 Knoblauchzehen
Blätter von 8 Stängeln frische
    glatte Petersilie
12 frische Basilikumblätter
3 EL Rotweinessig
1 TL Dijon-Senf
feines Meersalz und frisch
    gemahlener schwarzer Pfeffer
175 ml Olivenöl

»Die Sauce ist mit Aromen vollgepackt
bis oben hin. Geben Sie einfach einige
Esslöffel davon auf Brathähnchen oder
Gemüse. Auch zu gekochtem Rind- oder
Kalbfleisch schmeckt die würzige Sauce
köstlich.«

Poule au pot et son bagnet
Huhn im Topf mit Tomatensauce

Das gekochte Huhn mit der würzigen Tomatensauce ist ebenso schlicht wie köstlich. Für das ländliche Gericht nimmt man traditionell ein ausgewachsenes Huhn. Verwenden Sie unbedingt einen großen Vogel aus Freilandhaltung, gewöhnliche fade Hähnchen können nur enttäuschen. Die Kochflüssigkeit bildet eine ausgezeichnete Grundlage für leichte Saucen und Suppen, auch zum Garen von Fleisch oder Reis ist sie vorzüglich.

Das Huhn in einem großen Topf mit kaltem Wasser bedecken; es soll 5 cm über dem Huhn stehen. Deckel schräg auflegen und bei mittlerer Temperatur langsam erhitzen.

Inzwischen Zwiebeln und Knoblauch – nachdem man nur die äußersten trockenen Schalen entfernt hat – über einer Gasflamme oder unter dem Grill rösten, bis sie rundum dunkelbraun sind (nicht verbrennen lassen). Zum Huhn in den Topf geben.

Aufsteigenden Schaum abschöpfen. Nach ca. 50 Minuten sollte das Wasser schwach zu kochen beginnen. Bouquet garni, Gewürznelken und Petersilienstängel hinzufügen. Salzen und pfeffern. Bei mittlerer Temperatur schwach köcheln lassen und regelmäßig den Schaum abschöpfen.

Wenn das Huhn 1 Stunde gegart hat, Lauch, Möhren, Rüben und kleine Zwiebeln zugeben. Weitere 20 Minuten köcheln lassen und dabei abschäumen.

Inzwischen den Wirsing in 6 Spalten schneiden. Mit einem Schöpflöffel etwas Kochflüssigkeit in einen Topf geben, die Wirsingspalten darin 15–20 Minuten garen.

Das Huhn aus der Suppe nehmen. In eine vorgewärmte Schüssel geben und mit etwas Kochflüssigkeit übergießen. Das Gemüse (ohne die Aromazutaten) dazugeben, ebenso den Wirsing. Leicht pfeffern und etwas Kochflüssigkeit darüberlöffeln.

Die Kochflüssigkeit von Huhn und Wirsing in eine Sauciere gießen. Huhn und Gemüse mit der Suppe und Bagnet servieren.

Ganze Zwiebeln und Knoblauchknolle dunkelbraun rösten, aber nicht verbrennen. Sie geben der Brühe eine kräftige Farbe und ein besonderes Aroma.

Für 6 Personen

Zubereitung 20 Minuten
Kochzeit 3 Stunden
1 großes Freilandhuhn, ca. 1,8 kg
3 große Zwiebeln, ungeschält
1 Knolle Knoblauch, ungeschält und unzerteilt
Bouquet garni aus 2 Selleriestangen, 3 Lorbeerblättern und 1 Thymianzweig
6 Gewürznelken
4 Stängel frische glatte Petersilie
feines Meersalz und frisch gemahlener schwarzer Pfeffer
6 Möhren, geschält
5 dünnere Stangen Lauch
6 Weiße (Teltower) Rübchen, geschält
6 kleine Zwiebeln, geschält
1 kleiner Wirsing
Bagnet (S. 179) zum Servieren

Donnerstag: Rezepte: Fleisch und Geflügel

Pintade aux olives
Perlhuhn mit Oliven

Perlhühner besitzen ein mageres, zartes Fleisch, das kräftiger schmeckt als Huhn. Hier wird es mit Wein und Kräutern sautiert und mit grünen Oliven aromatisiert. Das Rezept kann auch mit Ente, Hähnchenkeulen oder Taubenhälften zubereitet werden.

Für 3-4 Personen

Zubereitung 15 Minuten
Kochzeit 1½ Stunden
1 Perlhuhn, zerlegt
feines Meersalz und frisch
   gemahlener schwarzer Pfeffer
1 EL Olivenöl
30 g Butter
300 ml trockener Weißwein
3 Stängel frischer Thymian
1 Lorbeerblatt
2 große Tomaten
1 große Zwiebel, fein gewürfelt
200 g grüne Oliven, entsteint

Das Perlhuhn salzen und pfeffern. Öl und Butter in einer großen Schmorpfanne erhitzen. Die Perlhuhnteile bei mittlerer Temperatur rundherum goldbraun und knusprig anbraten.

Einige Teelöffel vom Bratfett in eine andere Pfanne geben, den Rest wegschütten.

Wein und Kräuter zum Perlhuhn geben. Die Schmorpfanne zudecken und die Temperatur reduzieren. Das Perlhuhn etwa 30 Minuten garen, zwischendurch zwei-, dreimal begießen.

Inzwischen die Tomaten überbrühen und enthäuten (siehe S. 90), die Kerne entfernen, das Fruchtfleisch recht fein würfeln. Das Fett in der zweiten Pfanne erhitzen, Tomaten und Zwiebeln bei geringer Temperatur unter gelegentlichem Rühren weich dünsten. Mit etwas Pfeffer und Salz würzen.

Zwiebeln und Tomaten in den Topf zum Perlhuhn geben. Den Deckel wieder auflegen und bei geringer Temperatur weitere 30 Minuten garen.

Inzwischen die Oliven in einem kleinen Topf mit kochendem Wasser 3 Minuten blanchieren. Abgießen, kalt abschrecken und abtropfen lassen.

Die Oliven in den Topf geben und unterrühren. Falls die Mischung zu trocken aussieht, etwas Wasser zugießen. Zugedeckt noch 5 Minuten köcheln lassen, dann sehr heiß servieren.

»Grüne Oliven werden blanchiert, ehe man sie an ein Gericht gibt. So schmecken sie rein und mild, nicht bitter oder nach ihrer Lake.«

Lapin chasseur
Kaninchen nach Jägerart

Dieses Gericht entstand wahrscheinlich vor langer Zeit, als ein Jäger ein Kaninchen aus der Falle nahm und mit wilden Pilzen und Kräutern, die er in der Nähe gesammelt hatte, in einem Kessel über dem Feuer garte. Das Rezept schmeckt auch mit einem Hähnchen gut.

Die Hälfte der Butter in eine Schmorpfanne geben. Restliche Butter würfeln und kalt stellen. Öl zur Butter in die Pfanne geben und darin die Kaninchenstücke mit Knoblauch und Schalotten bei mittlerer Temperatur rundherum gleichmäßig anbraten.

Die Kaninchenstücke mit Mehl bestauben. Mit Cognac übergießen und vorsichtig flambieren. Weißwein und Hühnerbrühe zugießen, das Fleisch soll gerade bedeckt sein; wenn nötig, etwas Wasser zugeben. Gut umrühren und würzen. Zugedeckt bei mittlerer Temperatur 30 Minuten garen. Zwischendurch die Pfanne gelegentlich rütteln.

Inzwischen die Tomaten überbrühen und enthäuten (siehe S. 90), entkernen; das Fruchtfleisch würfeln. Die Pilze mit Küchenpapier abwischen und in dünne Scheiben schneiden.

Tomaten und Pilze zum Kaninchen geben und umrühren. Zugedeckt weitere 10 Minuten köcheln lassen, bis das Kaninchenfleisch weich ist.

Das Fleisch aus der Schmorpfanne nehmen und auf einer Platte warm stellen, während Sie die Sauce fertigstellen. Die Pilzsauce kräftig erhitzen. Schnittlauch und Estragon hacken, in die Sauce geben und 1–2 Minuten kräftig rühren. Die kalte Butter einrühren. Die Sauce abschmecken, über die Kaninchenstücke gießen und sofort auftragen.

Für 4 Personen

Zubereitung 15 Minuten
Kochzeit 1 Stunde
50 g Butter
2 EL Olivenöl
1 mittelgroßes Kaninchen, zerlegt
4 kleine Schalotten, fein gehackt
2 Knoblauchzehen, zerdrückt
1 EL Mehl
3 EL Cognac
125 ml trockener Weißwein
250 ml Hühnerbrühe
feines Meersalz und frisch
 gemahlener schwarzer Pfeffer
2 mittelgroße reife Tomaten
150 g aromatische Pilze, vorzugsweise Waldpilze oder braune
 Champignons
einige Stängel frischer Estragon
 und Schnittlauch

Cailles rôties au Noilly

Gebratene Wachteln mit Noilly

Wachteln sind in der Provence ein geschätztes Geflügel. Mit Noilly Prat und Thymian geschmort, verströmen sie den würzigen Duft der Garrigue auf den Hügeln der Provence, ihres natürlichen Lebensraums. Noilly eignet sich ausgezeichnet zum Kochen. Der Geschmack des trockenen Wermuts passt besonders gut zu Geflügel, hellem Fleisch und Fisch. Wer Anis nicht mag, kann ihn als Alternative zu Pastis verwenden.

Für 4 Personen

Zubereitung 10 Minuten
Kochzeit 1 Stunde

100 g Butter

4 TL frische Thymianblätter (von den Zweigen gestreift)

feines Meersalz und frisch gemahlener schwarzer Pfeffer

8 küchenfertige Wachteln

2 EL Olivenöl

8 dünne Scheiben durchwachsener Speck, sehr fein gewürfelt

3 mittelgroße Schalotten, fein gewürfelt

6 Wacholderbeeren

8 EL Noilly Prat

Den Backofen auf 180 °C vorheizen. Mit einer Gabel die Butter mit Thymian sowie etwas Salz und Pfeffer vermengen. Wachteln mit der Würzbutter bestreichen und in einen kleinen Bräter mit gut schließendem Deckel legen.

Eine kleine beschichtete Pfanne erhitzen. Olivenöl, Speck, Schalotten und Wacholderbeeren hineingeben und bei mittlerer Temperatur etwa 5 Minuten braten.

Die Wachteln mit dem Wermut beträufeln. Die Speck-Schalotten-Mischung auf den Wachteln verteilen. Den Deckel des Bräters schließen und die Wachteln ca. 40 Minuten schmoren.

Ohne Deckel noch 5 Minuten bräunen lassen. Aus dem Ofen nehmen und vor dem Servieren 5 Minuten ruhen lassen.

Steak au beurre d'anchois
Steak mit Sardellenbutter

Dieses schnelle Steakrezept bekommt durch die Sardellenbutter seine provenzalische Note. Für vier Personen verdoppeln Sie einfach alle Mengen; verwenden Sie dann eine große Pfanne oder zwei kleinere, damit alle Steaks gleichzeitig fertig werden.

Die Steaks leicht salzen und pfeffern, beiseite stellen.

Für die Sardellenbutter Schalotte, Petersilie, Knoblauch, Sardellen und Cognac in einem Mixer grob hacken. Die Masse mit einem Spatel von der Schüsselwand schaben. Butter zugeben und nochmals mixen. Mit Salz und Pfeffer abschmecken, beiseite stellen.

Das Olivenöl in einer Pfanne erhitzen. Die Steaks im heißen Öl auf jeder Seite 1½–3 Minuten braten, je nachdem, wie blutig Sie Ihr Fleisch mögen. Die Steaks aus der Pfanne nehmen und auf vorgewärmten Tellern anrichten.

Die Pfanne mit zerknülltem Küchenpapier auswischen (Vorsicht, sie ist sehr heiß!). Die Pfanne wieder auf den Herd stellen, die Sardellenbutter darin schmelzen und über die Steaks gießen. Mit Salz und Pfeffer würzen und servieren.

Für 2 Personen

Zubereitung 15 Minuten
Kochzeit 5 Minuten
2 Filetsteaks à ca. 150 g
feines Meersalz und frisch
  gemahlener schwarzer Pfeffer
1 EL Olivenöl

Für die Sardellenbutter
½ Schalotte, fein gewürfelt
1 EL frische glatte Petersilie, fein
  gehackt
1 Knoblauchzehe, zerdrückt
2 Sardellenfilets in Öl, abgetropft
1 TL Cognac
60 g Butter

»Sardellenbutter kann man, wie jede andere Würzbutter, gut vorbereiten (siehe S.132) und im Kühlschrank oder Tiefkühlfach aufbewahren. So haben Sie ihr Provence-Aroma jederzeit griffbereit.«

Abendmenü

Menu

daube de bœuf
à la
provençale

macaronade
—
figues rôties
à la crème

La marinade
Marinade

Marinaden sind wunderbar unkompliziert. Sie brauchen nur viel Zeit, um das Fleisch zu durchdringen und zu aromatisieren. Die Zutatenliste ist lang, aber jeder Bestandteil hat seine Bedeutung. Diese Marinade wird traditionell für einen Daube aus Rindfleisch verwendet (siehe nächstes Rezept), sie passt aber auch zu Lamm.

Für ca. 2 kg Fleisch

Zubereitung 30 Minuten

5 Knoblauchzehen, in Scheiben geschnitten
3 Möhren, in Scheiben geschnitten
2 Selleriestangen, gewürfelt
2 große Zwiebeln, gewürfelt
7 cm getrocknete Orangenschale (siehe S. 328)
3 Stängel frische Petersilie
2 Stängel frischer Thymian
2 Lorbeerblätter
1 TL frische Bohnenkraut-Blättchen
½ TL geriebene Muskatnuss
12 schwarze Pfefferkörner, zerdrückt
4 Wacholderbeeren, zerdrückt
4 Gewürznelken
2 EL Rotweinessig
1 Flasche (750 ml) kräftiger Rotwein
feines Meersalz und frisch gemahlener schwarzer Pfeffer

Das Fleisch, das mariniert werden soll, in eine flache Schüssel legen. Knoblauch, Möhren, Sellerie und Zwiebeln sowie Orangenschale, Kräuter und Gewürze darüberstreuen.

Essig und Wein zugießen. Mit Salz und Pfeffer würzen und vorsichtig umrühren, damit das Fleisch ringsherum von Flüssigkeit und Geschmackszutaten umgeben ist. Zudecken und kalt stellen.

Das Fleisch aus der Schüssel nehmen. Die Marinade durch ein Sieb gießen und auffangen. Die Feststoffe im Sieb und die Flüssigkeit getrennt beiseite stellen und entsprechend den Angaben im Rezept weiterverwerten.

»Ob die Marinade einfach oder aufwendig ist: Sie verbessert den Geschmack von Fleisch, macht es zarter und verkürzt die Garzeit. Je länger Fleisch in der Marinade liegt, desto intensiver ist die Wirkung.«

Daube de bœuf à la provençale
Provenzalischer Rinderschmortopf

Sie müssen keine Daubière (S. 37) ihr Eigen nennen, damit das klassische provenzalische Schmorgericht aus Rindfleisch gelingt. Ein Streifen Orangenschale an der Marinade darf aber keinesfalls fehlen – ohne sie wäre der Daube nicht authentisch.

Für 6 Personen

Zubereitung und Kochzeit
4½ Stunden, dazu eine
Nacht zum Marinieren

2 kg Rindfleisch zum Schmoren
 (z. B. Hochrippe, Wade)
Marinade (S. 190)
2 EL Olivenöl
1 große Zwiebel, gewürfelt
300 g Bauchspeck, grob gewürfelt
2 EL Mehl
feines Meersalz und frisch
 gemahlener schwarzer Pfeffer

Das Fleisch in ca. 5 cm große Würfel schneiden, in eine Schüssel geben und mit der Marinade übergießen. Zugedeckt kalt stellen und über Nacht durchziehen lassen.

Das Fleisch aus der Schüssel nehmen und mit Küchenpapier abtupfen. Beiseite stellen. Die Marinade durch ein Sieb in eine Schüssel gießen. Flüssigkeit und feste Bestandteile separat aufbewahren.

Einen großen Schmortopf oder Bräter bei mittlerer Temperatur erhitzen. Das Öl zugeben, Speck und Zwiebeln darin 3–5 Minuten unter Rühren anbraten. Das Rindfleisch zugeben, mit Mehl bestauben und 10 Minuten unter häufigem Rühren auf allen Seiten braun anbraten.

Die abgetropften Feststoffe aus der Marinade zufügen, unter Rühren 5 Minuten mitbraten, dann die Marinade zugießen. So viel kochendes Wasser zufügen, dass alle Zutaten gerade bedeckt sind. Temperatur reduzieren und bei fest geschlossenem Deckel mindestens 3 Stunden ganz leicht köcheln lassen. Gegen Ende der Kochzeit abschmecken und bei Bedarf nachwürzen. Vom Herd nehmen und abkühlen lassen, am besten über Nacht.

Das Fett von der Oberfläche abnehmen und wegwerfen. Langsam im geschlossenen Topf auf dem Herd oder im Backofen bei 180 °C aufwärmen. Mit Butternudeln oder Kartoffelpüree (siehe S. 194/195) servieren.

Braten Sie Speck und Zwiebeln in der Pfanne einige Minuten unter Rühren hellbraun an, bevor Sie das Rindfleisch dazugeben.

Macaronade
Makkaroni mit Butter und Petersilie

Macaronade ist ein ganz unkompliziertes Gericht, aber bestens geeignet, um die Sauce des Daube aufzunehmen. Aufwendigere Beilagen würden nur von den wunderbaren, vielschichtigen Aromen des Schmortopfs ablenken.

Für 6 Personen

Zubereitung 10 Minuten
Kochzeit 20 Minuten
Meersalz
1 TL Erdnussöl
400 g kurze Makkaroni
25 g Butter
2 EL frische glatte Petersilie, fein
  gehackt

In einem großen Topf 2 l Wasser zum Kochen bringen. 3 TL Salz und das Öl zufügen.

Die Nudeln zugeben, umrühren und wieder zum Kochen bringen. Nochmals umrühren. Die Temperatur reduzieren und die Nudeln in 8–10 Minuten (oder gemäß Packungsanweisung) bissfest garen.

Die Nudeln in einem Durchschlag abtropfen lassen, dabei 3 EL Kochflüssigkeit auffangen. Die Nudeln in eine vorgewärmte Schüssel geben. Die Butter und so viel Kochflüssigkeit unterrühren, dass die Nudeln schön glänzen. Abschmecken und bei Bedarf nachwürzen. Mit gehackter Petersilie bestreuen und servieren.

»Wer Stunden mit der Zubereitung eines perfekten Daube zugebracht hat, möchte nicht auch noch aufwendige Beilagen servieren. Eine Macaronade oder ein Kartoffelpüree mit reichlich Knoblauch dazu - perfekt.«

Pommes de terre à l'ail et à l'huile d'olive

Kartoffelpüree mit Knoblauch und Olivenöl

Eine Macaronade gilt als typisch provenzalische Beilage zum Daube. Doch auch ein Kartoffelpüree mit Knoblauch und Olivenöl ist hervorragend geeignet, um die üppige Sauce der Daube aufzunehmen.

In einem großen Topf reichlich Wasser mit etwas Salz aufkochen. Die ungeschälten Kartoffeln waschen und ins Wasser geben, zum Kochen bringen. Die Temperatur reduzieren und die Kartoffeln ca. 25 Minuten leicht brodelnd kochen lassen, bis sie gerade gar sind.

Abgießen, kalt abschrecken und abtropfen lassen. Die Kartoffeln etwas abkühlen lassen, dann pellen und durch eine Presse drücken.

3 EL Olivenöl bei mittlerer Temperatur in einer Pfanne erhitzen. Knoblauch hineingeben und unter Rühren 1 Minute dünsten. Kartoffeln und Senf zufügen, gründlich mit Öl und Knoblauch verrühren. Die Temperatur etwas erhöhen und 5–7 Minuten unter wiederholtem Rühren erhitzen, bis das Püree heiß ist und sich im Topf eine Kruste bildet.

Das Püree vom Herd nehmen und abschmecken. Das restliche Olivenöl und die gehackte Petersilie unterrühren. Sehr heiß servieren.

Für 6 Personen

Zubereitung 15 Minuten,
  dazu 5 Minuten Ruhezeit
Kochzeit 30 Minuten
Meersalz
1 kg mittelgroße mehlige
  Kartoffeln
6 EL Olivenöl
2 Knoblauchzehen, zerdrückt
1 TL Dijon-Senf
frisch gemahlener schwarzer
  Pfeffer
2 EL frische glatte Petersilie,
  fein gehackt

Figues rôties à la crème
Gebratene Feigen mit Sahne

In der Pfanne gebratene Feigen und karamellisierte Pinienkerne sind die Zutaten dieses provenzalischen Dessert-Klassikers. Die milde Säure der Crème fraîche bildet einen feinen Kontrast zur Süße der Früchte.

Den Backofen auf 200 °C vorheizen. Mandeln und Pinienkerne auf einem Backblech verteilen und im Ofen 3–4 Minuten goldbraun rösten. Aus dem Ofen nehmen und beiseite stellen.

Von den Feigen Blüten- und Stielansatz abschneiden, dann die Früchte behutsam mit der Hand etwas runder formen.

Die Butter bei mittlerer Temperatur in einer Pfanne schmelzen. Die Feigen zugeben und mit knapp 2 EL Zucker bestreuen. 4 EL Wasser zugeben und 3–4 Minuten köcheln lassen, dabei einige Male mit dem Sirup beträufeln. Die fertig gebratenen Feigen in der Pfanne warm stellen.

Inzwischen den restlichen Zucker und 2 EL Wasser in einem kleinen Topf bei niedriger Temperatur erhitzen. Den Zucker unter Rühren auflösen. Auf mittlere Temperatur schalten und die Mischung – ohne zu rühren – kochen lassen, bis sie brodelt, sich goldbraun färbt und karamellisiert. Den Topf sofort vom Herd nehmen und 2 EL heißes Wasser einrühren (Achtung: Es kann spritzen!).

Die Pfanne mit den Feigen wieder auf den Herd setzen. Geröstete Mandelblättchen und Pinienkerne sowie Karamell zufügen, den Zitronensaft einrühren. Aufkochen lassen, dann die Temperatur reduzieren und 2 Minuten leicht köcheln lassen. Vom Herd nehmen.

Die Crème fraîche leicht aufschlagen. Auf jeden Teller einige Löffel Crème fraîche geben, darauf 3 Feigen setzen und mit der Karamellsauce übergießen. Warm servieren.

> **Die Feigen vorsichtig** zwischen Daumen und Zeigefinger etwas runder drücken, damit sie gleichmäßig garen und auf dem Teller nicht umfallen.

Für 4 Personen

Zubereitung 10 Minuten
Meersalz 30 Minuten
30 g Mandelblättchen
50 g Pinienkerne
12 reife, aber feste Feigen
60 g Butter
100 g Zucker
Saft von 1 kleinen Zitrone
150 g gekühlte Crème fraîche

Donnerstag: Abendmenü: Dessert 197

Freitag

Heute schauen

wir hinter die Kulissen einer traditionellen Bäckerei. Guy wird uns zeigen, wie man Brot und Kuchen nach provenzalischer Art bäckt. Entdecken Sie, was die provenzalische Küche mit der italienischen gemein hat. Auf dem Programm stehen auch Nudeln und eine verführerische Vorspeise – *charcuterie*.

A la boulangerie

Ein missmutiges Gesicht nennt man auf Französisch *une tête longue comme un jour sans pain* – so lang wie ein Tag ohne Brot. Tatsächlich ist in der Provence, wie auch sonst in Frankreich, ein Tag ohne Brot ein sehr trauriger Tag.

Die Leidenschaft für frisches, gutes Brot macht es notwendig, täglich eine *boulangerie* zu besuchen. An manchen Tagen findet das Ritual sogar zweimal statt – am Morgen und nochmals am frühen Abend. Französisches Brot isst man an dem Tag, an dem es gebacken wurde, im Idealfall sogar binnen weniger Stunden.

Die Bäckereien haben lange Geschäftszeiten. Sie öffnen morgens schon um 7 Uhr oder noch früher und bleiben – oft ohne Pause – bis 19 oder 20 Uhr geöffnet.

Anspruchsvollere Bäckereien firmieren auch als *pâtisserie*, als Konditorei. Das heißt aber nicht, dass ihr Brot besser schmeckt. Es wäre falsch, eine Bäckerei nach ihrem Äußeren zu beurteilen. Viele kleine Läden, denen ein frischer Anstrich gut zu Gesicht stünde, verkaufen exzellentes Brot. Eine gute Bäckerei erkennt man daran, dass die Regale schon in der Mitte des Vormittags leer sind.

Hinter den Kulissen

Hinter dem Laden oder im Keller liegt der Raum, in dem der Teig geknetet und das Brot gebacken wird. Ein sonderlich angenehmer Arbeitsplatz ist das nicht. Wegen der Öfen ist es im Herzen einer Bäckerei immer sehr warm, und alles ist mit einer dünnen Schicht Mehl überzogen.

Simple Zutaten Mehl, Wasser, Hefe und Salz – mehr braucht man nicht für einen goldbraunen, wunderbar knusprigen, frischen Laib Brot. Die Zutaten sind schlicht, aber die Arbeitsbedingungen sind hart. Die Teigzubereitung beginnt schon mitten in der Nacht.
▽

△
Einfache Werkzeuge Die traditionellen Werkzeuge des Bäckerhandwerks sind ein langes, dünnes Rollholz, eine in Jahren der Arbeit abgenutzte Arbeitsfläche aus Holz, ein Teigschaber, ein Topf und eine Schüssel. Mehr braucht der Handwerker nicht.

Handwerkskunst   Das Rezept ist einfach – umso mehr kommt es auf die Geschicklichkeit des Bäckers an. Was ein Brot einzigartig macht und dafür sorgt, dass Stammkunden auf »ihre« Bäckerei schwören, ist die persönliche Note des Bäckers, die Art, wie er den Teig knetet und verarbeitet.
▽

△
In den Ofen   Die Teigzubereitung ist das Privileg des Bäckermeisters. Andere, weniger erfahrene Hände dürfen den Teig in die Formen legen und ihn, wenn er fertig gegangen ist, auf langstieligen Holzschaufeln in den Ofen schieben.

»Ein alter Bäckertrick: Wenn Sie Teig kneten, können Sie die Hände am besten von Teig befreien, indem Sie sie mit Mehl abreiben. Wasser lässt die Teigreste nur klebrig werden.«

Freitag: A la boulangerie

Gemeindebackofen

Bis vor kurzem stand in ländlichen Regionen der einzige Backofen eines Dorfs beim Bäcker. Gegen eine Gebühr konnte man dort backen lassen. Deshalb spielten die Bäckereien auch für das Dorfleben eine wichtige Rolle.

Was ihr wollt

Viele Kunden kaufen nur ein halbes Baguette – *une demie* –, weil sie Wert auf absolute Frische legen. Beim Ausbackgrad hat der Kunde die Wahl: etwas dunkler, *bien cuit*, oder heller mit weicherer Kruste, *pas trop cuit*. Und in Dörfern und kleinen Städten bekommt man beim Bäcker neben der Morgenzeitung noch allerlei Notwendiges.
▽

△
Spezialitäten

In kurzer Zeit wurden Brotspezialitäten sehr populär. Es gibt sie in vielen verschiedenen Formen – oval, kronen- oder ährenförmig, dick oder dünn Sie bestehen aus verschiedenen Mehlmischungen und Geschmackszutaten wie Oliven, Rosinen, Nüssen oder diversen Samen.

»Da so viele kleine Bäckereien in den Dörfern und Städten zweimal täglich frisches Brot anbieten, ist es kein Wunder, dass die Bewohner der Provence selten selbst backen.«

Zeit und Geld Der Preis für Baguettes wird staatlich festgesetzt und kontrolliert. Für Spezialitäten hingegen kalkuliert jeder Bäcker seine Preise selbst. Sauerteig-Bauernbrot und Vollkornbrot sind teurer, weil die Zubereitung länger dauert und die Zutaten mehr kosten.
▽

△
Feines am Morgen
Selbst bescheidene *boulangeries,* die weit vom Anspruch einer *pâtisserie* entfernt sind, stellen auch Croissants, Brötchen und verlockendes Kleingebäck her.

Freitag: A la boulangerie   205

Pâte à fougasse
Fougasse-Teig

Fougasse ist das typische Brot der Provence und der italienischen Focaccia sehr ähnlich. Das leckere Brot kann man leicht zu Hause backen. Der Grundteig kann mit Oliven (wie im nächsten Rezept), Kräutern, Gewürzen oder auch Schinken aromatisiert werden.

Ergibt 4 Brote

Zubereitung 20 Minuten, dazu 2 Stunden zum Gehen-lassen

500 g Mehl (Type 405), dazu Mehl für die Arbeitsfläche
500 g Vollkornmehl (Type 1600)
15 g Salz
20 g Trockenhefe
175 ml Olivenöl

Beide Mehlsorten auf die Arbeitsfläche sieben, sodass ein Berg entsteht. In die Mitte eine Vertiefung drücken und das Salz hineingeben.

Die Hefe in einer Tasse mit 4 EL warmem Wasser anrühren, am besten mit den Fingerspitzen. Die Hefemischung in die Vertiefung gießen und mit etwas Mehl vermischen. Nach und nach die Zutaten miteinander verkneten, dabei in kleinen Portionen das Öl unterarbeiten. Wenn nötig, etwas Wasser zugeben. Der Teig soll weich und geschmeidig sein.

Die Arbeitsfläche mit Mehl bestreuen und den Teig 5–6 Minuten kneten, bis er glatt und elastisch ist. Teig in eine große Schüssel geben, mit einem feuchten Geschirr-tuch oder Frischhaltefolie bedecken. An einem warmen Platz ohne Zugluft etwa 1½ Stunden gehen lassen, bis sich das Volumen verdoppelt hat.

Den Teig auf die leicht gemehlte Arbeitsfläche geben und mit der Hand flach drücken. Nochmals zur Kugel kneten, wieder zudecken und weitere 20–30 Minuten gehen lassen.

Wer den Teig in einer kräftigen Küchenmaschine mit Knethaken herstellen will, siebt beide Mehlsorten in die Schüssel. Bei laufendem Motor Salz und angerührte Hefe zugeben, dann langsam das Olivenöl zugießen. Mindestens 5 Minuten kneten.

Fougasse-Teig mit Kräutern der Provence
Nach der Hefemischung knapp 1 EL fein gehackten Thymian oder Rosmarin zum Teig geben, alternativ eine Mischung aus Thymian, Rosmarin, Oregano, Majoran und Bohnenkraut. Thymian und Rosmarin kann man solo verwenden, die anderen Kräu-ter sind zu dominant, sodass man sie besser nur in einer Mischung verarbeitet.

Fougasse-Teig mit Anis
Nach der Hefemischung 2 TL Pastis oder 1 TL Anissamen unter den Teig kneten.

Fougasse-Teig mit Fenchelsamen
Nach der Hefemischung 1 TL Fenchelsamen unter den Teig kneten.

Fougasse aux olives
Fougasse mit Oliven

Die beliebteste traditionelle Geschmackszutat zur Fougasse sind schwarze Oliven, man kann aber auch grüne nehmen. Wer mag, würzt den Grundteig noch mit Kräutern wie Rosmarin oder Thymian.

Ergibt 4 Brote

Zubereitung 30 Minuten, dazu 30 Minuten zum Kneten und Gehenlassen
Backzeit 15 Minuten
Fougasse-Teig (S. 206)
Mehl zum Verarbeiten
300 g kleine schwarze Oliven ohne Stein
1 Eidotter

Den Teig in vier Portionen teilen. Jede auf einer leicht gemehlten Arbeitsfläche zu einem Oval von etwa 20 × 30 cm ausrollen. Auf der Hälfte eines Teigovals ein Viertel der Oliven verteilen. Die andere Hälfte mit Wasser bestreichen und über die Oliven klappen. Die Ränder mit den Fingerspitzen gut andrücken. Die Oberseite mehrmals parallel einschneiden. Die drei anderen Teigportionen ebenso vorbereiten. Die Brote mit einem feuchten Geschirrtuch bedecken und an einem warmen Platz 30 Minuten gehen lassen. Zur Probe mit dem Daumen auf den Teig drücken: Wenn er elastisch nachgibt, kann er gebacken werden.

Backofen auf 230 °C vorheizen. Die Brote mit reichlich Abstand auf ein beschichtetes Backblech legen. Eidotter in einer Tasse mit 1 EL Wasser verquirlen. Die Brote dünn mit Ei bestreichen und 15 Minuten backen. Vor dem Servieren mindestens 15 Minuten auf einem Küchengitter abkühlen lassen.

Fougasse aux lardons Speck-Fougasse

100 g geräucherten oder luftgetrockneten Speck 2 Minuten in kochendem Wasser blanchieren. Gut abtropfen lassen, dann in 2 TL Olivenöl knusprig braten. Auf Küchenpapier abtropfen lassen und anstelle der Oliven auf den Teig geben.

Fougasse aux anchois Fougasse mit Sardellen

Den Teig mit Kräutern würzen (siehe S. 206). 3 abgetropfte Sardellenfilets fein hacken und anstelle der Oliven auf den Teig geben.

Die Oliven entsteinen, auf einer Teighälfte verteilen und die andere sorgfältig darüberklappen.

Tarte feuilletée à la tomate et à la marjolaine
Blätterteig-Tarte mit Tomaten und Majoran

Der Blätterteig verleiht der einfachen Tomaten-Tarte mit Majoran ein edles Butteraroma. Probieren Sie auch einmal andere Kräuter wie Thymian oder Oregano. Die Tomaten müssen unbedingt abtropfen und vorgegart werden. So kann sich ihre Süße gut entwickeln, und der Teig weicht nicht durch.

Für 4-6 Personen

Zubereitung 45 Minuten
Backzeit 15 Minuten

1 kg große reife Tomaten
feines Meersalz und frisch
  gemahlener schwarzer Pfeffer
30 g kalte Butter, dazu etwas Butter
  zum Einfetten
225 g Blätterteig (TK), aufgetaut
2 EL Olivenöl
1 EL frischer Majoran, gehackt
1 EL frisches Basilikum, gehackt
1 EL gereifter Gruyère, gerieben

Die Tomaten in dicke Scheiben schneiden, Kerne und Inneres teilweise entfernen. Die Tomatenscheiben in einen Durchschlag legen, mit etwas Salz bestreuen und 30 Minuten in eine Schüssel abtropfen lassen (Flüssigkeit nicht weggießen).

Inzwischen den Boden einer Tarte-Form mit losem Boden (30 cm Durchmesser) großzügig mit Butter einfetten. Die Blätterteigscheiben aufeinanderlegen und ausrollen. Locker in die Form legen, am Rand einritzen. 20 Minuten kalt stellen.

Das Öl in einer großen Pfanne erhitzen. Die Tomaten aus dem Durchschlag nehmen, Flüssigkeit abschütteln und die Scheiben nebeneinander in die Pfanne legen. Mit Pfeffer würzen und mit 1 TL Majoran und 1½ TL Basilikum bestreuen. Bei mittlerer Temperatur von jeder Seite 3–4 Minuten braten. In eine flache Schüssel geben und beiseite stellen.

Den Backofen auf 220 °C vorheizen.

Die Form mit dem Teig aus dem Kühlschrank nehmen. Den Teig in die Form drücken, Überstehendes abschneiden und den Rand mehrmals wieder einschneiden. Den Teig mit dem geriebenen Gruyère und 1 TL Majoran bestreuen.

Die Tomatenscheiben, außen beginnend, ringförmig auf dem Teig auslegen, pfeffern und mit dem Tomatensaft aus der Schüssel beträufeln. Kalte Butter in Flöckchen auf der Oberfläche verteilen.

10 Minuten backen. Wenn die Tomaten zu schnell dunkel werden, locker mit Alufolie bedecken. Die Temperatur auf 200 °C reduzieren und weitere 5 Minuten backen, bis der Teig goldbraun und knusprig ist.

Die Tarte aus dem Ofen nehmen, etwas abkühlen lassen und aus der Form lösen. Mit den restlichen Kräutern bestreuen und warm oder mit Raumtemperatur servieren.

Variation

Als Belag für die Tarte können Sie auch Reste von Tomates provençale (S. 67) oder Ratatouille (S. 65) verwenden. Sie brauchen davon jeweils etwa 350–450 g.

Allumettes aux anchois
Blätterteigstangen mit Sardellen

Blätterteigstangen mit Käse und Sardellen serviert man in Frankreich gern sehr heiß als Partyknabberei. Sie schmecken aber auch als Vorspeise zu grünem Salat oder zu Zucchini mit Zitrone und Koriander (S. 169).

Den Backofen auf 220 °C vorheizen. Den Eidotter in einer Schüssel leicht verquirlen. 2 TL abnehmen und in einer Tasse mit derselben Menge Wasser verrühren. Zum Bestreichen beiseite stellen.

Die Crème fraîche zum Ei in der Schüssel geben. 2 EL Gruyère und die gehackten Sardellen zugeben. Gut verrühren und mit etwas Cayennepfeffer würzen.

Die Teigplatte in 2,5 cm breite Streifen schneiden. Die Hälfte der Teigstreifen mit der Sardellen-Mischung bestreichen. Dann alle Streifen in 10 cm lange Rechtecke schneiden.

Die unbehandelten Teigstreifen mehrmals schräg einritzen und auf die Streifen mit Sardellenmasse legen. Mit Eidotter bestreichen und restlichem Gruyère bestreuen.

Die Teigstreifen auf einem beschichteten Backblech 10–12 Minuten backen, bis sie goldbraun und luftig aufgegangen sind. Heiß servieren.

Ergibt 10-12 Stäbchen

Zubereitung 15 Minuten
Backzeit 10-12 Minuten
1 großer Eidotter
2 TL Crème fraîche
3 EL gereifter Gruyère, fein
 gerieben
4 Sardellenfilets in Öl, abgetropft
 und fein gehackt
Cayennepfeffer
225 g Blätterteig (TK), aufgetaut
 und ausgerollt

»Bereiten Sie die Allumettes vor und stellen Sie sie bis zum Backen in den Kühlschrank. Der Ofen muss sehr heiß sein.«

Pâte brisée
Mürbeteig

Es ist eine gute Idee, den Teig für Tartes schon am Vortag zu machen. So hat er jede Menge Zeit zum Ruhen, damit er wirklich mürbe wird. Das Rezept reicht für zwei Formen mit 24cm Durchmesser. Im Kühlschrank wird der Teig zu hart. Besser lässt man ihn über Nacht an einem kühlen Platz ruhen.

Die Butter in einer kleinen Schüssel mit einem Kochlöffel cremig rühren – zu einer *pommade*.

Das Mehl auf die Arbeitsfläche sieben und eine Vertiefung hineindrücken. Salz, Zucker und 3 EL Wasser hineingeben und mit den Fingerspitzen mit dem Mehl vermengen. Eidotter und weiche Butter zufügen.

Die Zutaten zügig mit den Fingern zu einem weichen Teig vermischen. Den Teig mit der Hand auf der Arbeitsfläche flach drücken, wieder zur Kugel formen und nochmals flach drücken. Nicht zu lange und zu stark kneten!

Den Teig zur Kugel formen, in ein gemehltes Tuch wickeln und an einem kühlen Platz 2 Stunden, besser über Nacht, ruhen lassen. Im Kühlschrank hält sich der Teig 2–3 Tage, im Gefrierfach etwa einen Monat. Zur weiteren Verarbeitung an einem kühlen Platz Raumtemperatur annehmen lassen.

Variation
Für einen salzigen Teig den Zucker weglassen und 1–1½ TL Salz verwenden.

Ergibt etwa 400g

Zubereitung 20 Minuten, dazu mindestens 2 Stunden Ruhezeit
125 g Butter
250 g Mehl
½ TL Salz
2 EL Zucker
1 Eigelb

»Es ist einfacher, die Butter in die Mikrowelle zu stellen als sie mit dem Kochlöffel weich zu rühren. Doch beim Rühren hat man sie besser unter Kontrolle. Einmal geschmolzen, erhält sie ihre ursprüngliche Konsistenz nicht wieder.«

Freitag: Rezepte: Backen

Tarte aux pignons
Tarte mit Pinienkernen

Die üppige Tarte mit einer Füllung aus gemahlenen Mandeln und kandierten Früchten, bestreut mit würzigen Pinienkernen, ist ein traditionelles Festtagsdessert.

Für eine Tarte von 24 cm
  Durchmesser
  (6-8 Personen)
Zubereitung 30 Minuten, dazu 4 Stunden zum Quellen und Ruhen
Backzeit 35-40 Minuten
½ Menge Pâte brisée (S. 213)

Für den Belag
2 EL Rosinen
3 EL Rum
125 g Butter, dazu Butter zum Einfetten
125 g Zucker
125 g gemahlene Mandeln
3 kleine Eier
200 g kandierte Früchte, gewürfelt
100 g Pinienkerne

Die Rosinen in eine Tasse geben, mit dem Rum übergießen und mindestens 4 Stunden, besser über Nacht, quellen lassen.

Den Backofen auf 200 °C vorheizen. Eine Tarte-Form mit losem Boden (24 cm Durchmesser) ausbuttern.

Zucker, gemahlene Mandeln und Butter in einer Schüssel verrühren. Die Eier einzeln unterrühren, dann die Rumrosinen und die gewürfelten kandierten Früchte.

Den Mürbeteig auf einer gemehlten Arbeitsfläche ausrollen, in die Backform legen – ohne ihn auseinanderzuziehen – und behutsam in die Form drücken. Mehrmals mit einer Gabel einstechen.

Die Füllung darauf verteilen und glatt streichen. Die Pinienkerne daraufstreuen und leicht festdrücken. 35–40 Minuten backen. Abkühlen lassen und aus der Form nehmen.

Verteilen Sie die Pinienkerne gleichmäßig auf der Füllung und drücken Sie sie vorsichtig mit den Fingerspitzen oder einer Gabel fest.

Panisse
Kichererbsenschnitten

Dieses Armeleutegericht aus Kichererbsenmehl ist ein Beispiel für die alte, bodenständige Küche der Provence. Panisse »macht wenig her«, schmeckt aber köstlich.

Für 6-8 Personen

Zubereitung und Kochzeit
 45 Minuten, dazu
 3 Stunden zum Ruhenlassen
Ausbackzeit 3-4 Minuten
 pro Portion
1 EL Olivenöl
grobes Meersalz
Butter zum Einfetten
250 g Kichererbsenmehl

Zum Backen
50 g Butter
6 EL Erdnussöl
feines Meersalz und frisch
 gemahlener schwarzer Pfeffer

500 ml Wasser, Olivenöl und einen gehäuften Teelöffel grobes Meersalz in einem Topf aufkochen. Inzwischen eine Kastenform von 16–18 cm Länge ausbuttern.

Das Kichererbsenmehl in einen großen Topf sieben, 500 ml Wasser zugeben und gut verrühren.

Das kochende Öl-Salz-Wasser zum Kichererbsenmehl gießen und mit einem Schneebesen gründlich verrühren. Bei mittlerer Temperatur erhitzen und weiterrühren, bis die Masse eindickt. Anstelle des Schneebesens einen Holzkochlöffel nehmen und den Teig noch 10 Minuten unter ständigem Rühren erhitzen, bis er eine puddingartige Konsistenz hat.

Den Teig in die gebutterte Form füllen, mit einem feuchten Geschirrtuch bedecken und mindestens 3 Stunden oder über Nacht abkühlen und fest werden lassen.

Den festen Teig stürzen und in 1 cm dicke Scheiben schneiden.

Butter und Öl in einer großen, beschichteten Pfanne erhitzen. Die Panisse-Scheiben bei mittlerer Temperatur auf jeder Seite in etwa 2 Minuten goldbraun braten. Kräftig mit Salz und Pfeffer würzen und frisch aus der Pfanne servieren.

»Panisse schmeckt herrlich zu übriggebliebenem Daube. Mit geriebenem Gruyère bestreut, ist sie ein guter kleiner Imbiss, mit einem knoblauchduftenden Salat ein leichtes Mittagessen.«

Socca
Kichererbsenplätzchen

Überall in Nizza kann man diese kleinen Kichererbsenplätzchen an Straßenständen kaufen. Sie sehen unscheinbar aus, machen aber süchtig.

Das Kichererbsenmehl mit einer Prise Salz, Pfeffer, Kreuzkümmel, Koriander und Thymian würzen.

Ca. 250 ml Wasser in eine Schüssel gießen und das Olivenöl zufügen. Unter ständigem Rühren das gewürzte Kichererbsenmehl hineinsieben, bis ein glatter Teig entsteht. Den Teig bei Zimmertemperatur mindestens 1 Stunde ruhen lassen.

Den Backofen auf 230 °C vorheizen. Ein oder zwei beschichtete Backbleche großzügig mit Öl bestreichen und den Teig etwa 5 mm dick darauf streichen.

25–30 Minuten backen, bis der Teig goldbraun und knusprig ist.

Etwas abkühlen lassen, dann den Teig vom Blech nehmen. In Stücke schneiden, mit nativem Olivenöl extra beträufeln und nach Geschmack mit Pfeffer würzen. Heiß servieren.

Variation

Sie können den Teig auch in einer Bratpfanne oder einer Crêpepfanne backen. Einfach mit einem großen Löffel Teigkleckse in die geölte Pfanne geben, durch Schwenken etwas verteilen und 3 Minuten braten. Wenden und auf der anderen Seite 2 Minuten braten. Diese Methode dauert etwas länger, aber die Plätzchen werden feiner und dünner, etwa wie dickere Galettes.

Für 6 Personen

Zubereitung 15 Minuten, dazu mindestens 1 Stunde Ruhezeit
Backzeit 25-30 Minuten
125 g Kichererbsenmehl
feines Meersalz und frisch gemahlener schwarzer Pfeffer
½ TL gemahlener Kreuzkümmel
½ TL gemahlener Koriander
½ TL getrockneter Thymian
3 EL Olivenöl, dazu etwas Öl zum Einfetten
Olivenöl extra vierge zum Beträufeln

Petits gâteaux aux pignons

Plätzchen mit Pinienkernen

Die kleinen goldbraunen Halbmonde sind einfach zu backen und schmecken nach mehr. Gemahlene Mandeln sorgen für die Konsistenz und das feine Aroma, die Pinienkerne steuern einen Hauch Luxus bei.

Ergibt 16 Stück

Zubereitung 20 Minuten
Backzeit 8-10 Minuten
125 g Zucker
25 g Mehl
75 g gemahlene Mandeln
1 großes Eiweiß
Butter oder Öl zum Einfetten
1 großes Ei
100 g Pinienkerne

25 g Zucker mit 2 EL Wasser in einen Topf mit schwerem Boden geben. Bei mittlerer Temperatur unter ständigem Rühren erhitzen, bis der Zucker aufgelöst ist. Aufkochen und 2 Minuten köcheln lassen. Den Topf vom Herd nehmen und beiseite stellen.

Mehl in eine Schüssel sieben und mit den gemahlenen Mandeln mischen. Den restlichen Zucker unterrühren. Das Eiweiß zufügen und alles zu einem glatten, weichen Teig vermengen.

Den Backofen auf 200 °C vorheizen. Ein oder zwei Backbleche mit Backpapier auslegen und großzügig mit Butter oder Öl einfetten.

Den Teig halbieren, jede Hälfte in 8 gleiche Portionen teilen. Aus jeder Teigportion ein halbmondförmiges Plätzchen formen.

Das ganze Ei verquirlen. Pinienkerne auf einen Teller geben. Die Plätzchen zuerst in Ei, dann in Pinienkernen wälzen. Auf die vorbereiteten Bleche legen und in 8–10 Minuten goldbraun backen.

Die Plätzchen aus dem Ofen nehmen, einige Minuten abkühlen lassen und mit dem Sirup bepinseln. Vor dem Servieren ganz abkühlen lassen. In einer luftdichten Dose halten sich die Plätzchen etwa eine Woche lang.

Petits sablés à la lavande
Lavendelkekse

Getrocknete Lavendelblüten scheinen eher in den Wäscheschrank zu gehören als in die Speisekammer, dabei passt ihr prägnantes, holzig-süßes Aroma zu einer ganzen Reihe von Gerichten. Würzen Sie mit ihnen zum Beispiel (wie hier) Kekse, Apfelkompott, Bratäpfel oder pochierte Birnen und Quitten.

Ergibt 16-18 Stück

Zubereitung 20 Minuten,
dazu Zeit zum Abkühlen
Backzeit 12 Minuten
100 g Butter, dazu etwas Butter
  zum Einfetten
50 g Zucker
125 g Mehl, dazu etwas Mehl zum
  Bestauben
1 EL Speisestärke
1 EL gemahlene Mandeln
1 TL Orangenblütenwasser
2 gehäufte TL getrocknete Lavendelblüten
1 kleines Ei
1 Eidotter

Butter und Zucker mit einem Elektroquirl hell-schaumig schlagen. Zwischendurch mehrmals die Masse mit einem Spatel von der Schüsselwand zusammenschaben.

Mehl und Speisestärke dazusieben, dann gemahlene Mandeln, Orangenblütenwasser, Lavendelblüten und das ganze Ei zufügen. Mehrmals kurz durchmixen, bis der Teig zusammenhält.

Den Teig aus der Schüssel nehmen und mit Mehl bestauben. In Frischhaltefolie wickeln und für 20 Minuten in den Kühlschrank legen.

Backofen auf 190 °C vorheizen. Ein Backblech leicht mit Butter einfetten. Die Arbeitsfläche und ein Rollholz mit Mehl bepudern. Den Teig auf die gemehlte Fläche geben und dünn ausrollen. Runde Plätzchen mit 6 cm Durchmesser ausstechen und auf das Backblech setzen.

Den Eidotter in einer Tasse mit 2 EL Wasser vermischen. Die Kekse damit dünn bestreichen, dann in 12 Minuten hellbraun backen.

Im abgeschalteten Ofen 5 Minuten ruhen lassen, erst dann das Blech herausnehmen. 15 Minuten abkühlen lassen. Die Kekse auf ein Küchengitter gleiten und vor dem Servieren ganz auskühlen lassen. In einer luftdichten Dose halten sie sich etwa eine Woche lang.

»Lavendelblüten kann man, wie Vanilleschoten, auch gut zum Parfümieren von Puderzucker verwenden. Weil sie sich später nur schwer vom Zucker trennen lassen, füllt man sie in ein Mullsäckchen, ehe man sie zum Zucker gibt.«

Madeleines au miel à la lavande
Madeleines mit Lavendelhonig

Lavendelhonig gibt diesem traditionellen kleinen Gebäck sein besonderes, echt provenzalisches Aroma. Perfekt sind sie, ganz frisch gebacken, zum Tee. Man kann sie aber in einer luftdicht schließenden Dose an einem trockenen Platz einige Tage aufbewahren.

Backofen auf 220 °C vorheizen. Madeleine-Formen großzügig ausbuttern.

Das Mehl durchsieben und mit Salz vermischen. Butter in einem kleinen Topf zerlassen.

Eier in eine Schüssel schlagen. Zucker und Honig zufügen und alles mit dem Elektroquirl in 5 Minuten hell-schaumig aufschlagen.

Mehl und Zitronenschale behutsam unterziehen, dann die zerlassene Butter.

In jede Vertiefung der Madeleine-Förmchen einen gehäuften Teelöffel Teig geben. In 7–8 Minuten goldbraun backen.

Aus dem Ofen nehmen und sofort zum Abkühlen auf ein Küchengitter stürzen. Vor dem Servieren mit Puderzucker bestauben.

Ergibt 24-30 Stück

Zubereitung 20 Minuten
Backzeit 15 Minuten
100 g Butter, dazu etwas Butter zum Einfetten
100 g Mehl
½ TL Salz
3 Eier
50 g Zucker
50 g Lavendelhonig
abgeriebene Schale von 1 unbehandelten Zitrone
Puderzucker zum Bestreuen

Schlagen Sie die Eier mit Zucker und Honig schaumig auf, ziehen Sie dann Mehl und zerlassene Butter unter. Der Teig soll dick-cremig vom Löffel in die Förmchen tropfen.

Freitag: Rezepte: Backen

Italien ist nahe

Bis zum Bau der Eisenbahn war die Provence vom übrigen Frankreich abgeschnitten. Große Gebiete, besonders Nizza und sein Hinterland, gehörten bis 1860 zum italienischen Königreich Piemont-Sardinien. Auch in der provenzalischen Küche ist der italienische Einfluss unübersehbar.

Die kulinarische Tradition der Provence könnte man als mediterran-französisch beschreiben, aber die Aromen und Zubereitungsweisen der italienischen Regionen Piemont und Ligurien sind nie fern. Sehr beliebt sind Pasta-Gerichte, Reis und Gnocchi. Köstlich gefüllte Ravioli reicht man wie in Italien als Vorspeise oder leichtes Hauptgericht. Ansonsten isst man Nudeln und Reis in der Provence eher als Beilage und nicht als separaten Gang. Für viele Menschen gehört zum Daube, dem ur-provenzalischen Fleischgericht, unbedingt eine Portion Makkaroni oder Bandnudeln. Die traditionelle provenzalische Fougasse ist ein enger Verwandter der italienischen Focaccia.

Basilikum, Knoblauch, Fenchel, Olivenöl und Zitrone sind Aromen, die man auf beiden Seiten der Grenze schätzt. Pistou entspricht dem ligurischen Klassiker Pesto, enthält aber keine Pinienkerne. Kräftige Gemüse- und Bohnensuppen wie die Soupe au pistou haben viel mit italienischer Minestrone gemein. Tomaten, rote Paprika, Zucchini und Auberginen sind Grundzutaten vieler Gerichte, in Nizza ebenso wie in Genua.

»Es ist kaum verwunderlich, dass die Küchen der Provence und Italiens so viel gemeinsam haben. Immerhin sind sie Töchter einer Mutter: *la même mère – la Mer Méditerranée.*«

Pissaladière
Zwiebel-Oliven-Tarte

Diese klassische Tarte mit Zwiebeln und Oliven ist eine provenzalische Version der Pizza. Wie ihre italienischen Verwandten kann sie köstlich oder scheußlich schmecken. Man vermeide halbgare Zwiebeln oder extrem salzige Sardellen! Das Geheimnis sind butterzart geschmorte Zwiebeln und erstklassige Sardellen.

Für 8 Personen

Zubereitung 40 Minuten, dazu 2 Stunden Ruhezeit für den Teig
Koch- und Backzeit 1¾ Stunden
350 g salziger Mürbeteig (S. 213)
Butter zum Einfetten

Für den Belag

4 EL Olivenöl, dazu Öl zum Beträufeln
1,25 kg große Zwiebeln, in dünne Scheiben geschnitten
4 frische Salbeiblätter, in Streifen geschnitten
3 Knoblauchzehen, zerdrückt
feines Meersalz und frisch gemahlener schwarzer Pfeffer
12 Sardellenfilets in Öl, abgetropft
ca. 20 kleine schwarze Oliven, entkernt
einige Stängel frischer Thymian (nach Belieben)

Zuerst den Teig zubereiten. Eine Tarte-Form mit losem Boden (30 cm Durchmesser) ausbuttern. Die Arbeitsfläche mit Mehl bestreuen und den Teig dünn ausrollen. In die Form legen und vorsichtig hineindrücken. Mehrmals mit einer Gabel einstechen. Zugedeckt an einen kühlen Platz stellen.

Das Öl in einer großen Pfanne erhitzen. Zwiebeln und Salbei zufügen und zugedeckt bei geringer Hitze glasig dünsten, aber nicht bräunen. Gelegentlich umrühren. Nach 15 Minuten den Knoblauch zufügen. Mit wenig Salz und reichlich Pfeffer würzen. Umrühren und zugedeckt weiterdünsten. Die Zwiebeln immer wieder umrühren, aber die Temperatur nicht erhöhen.

Den Backofen auf 200 °C vorheizen. Den Teig mit Pergamentpapier bedecken und trockene Bohnenkerne daraufstreuen. 15–20 Minuten backen. Abkühlen lassen, dann Bohnen und Papier abnehmen. Den Ofen nicht abschalten.

Inzwischen schmoren die Zwiebeln bei niedriger Temperatur unter gelegentlichem Rühren, bis sie ganz weich sind. Das dauert insgesamt mindestens 1½ Stunden.

Die Zwiebeln auf dem Teig verteilen, darüber die Sardellenfilets und Oliven. Mit Olivenöl beträufeln und 15 Minuten backen. Heiß, warm oder lauwarm verzehren. Wer mag, bestreut die Pissaladière noch mit etwas Salbei oder Thymian.

Dünsten Sie die Zwiebeln so sanft wie möglich – nur wenn man ihnen viel Zeit lässt, bei geringster Hitze zu schmoren, können sie ihr schmelzend-süßes Aroma entfalten.

Pâte à raviolis fraîche
Ravioli-Teig

Dieser Teig ist die Grundlage für selbstgemachte Ravioli, Cannelloni und breite Bandnudeln.

Für etwa 500 g

Zubereitung 20 Minuten,
 dazu 2 Stunden Ruhezeit
400 g Mehl
4 Eier

Mehl auf die Arbeitsfläche sieben und in die Mitte eine Vertiefung drücken. Die Eier in einer Schüssel leicht aufschlagen und in die Vertiefung gießen.

Mit den Fingern einer Hand die Eier langsam mit dem Mehl vermischen. Mit einem Teigschaber weiteres Mehl auf die Eier schieben.

Alles zu einem glatten Teig verarbeiten. Mit der Zeit wird mehr Kraft zum Kneten notwendig. Den Teig 8–10 Minuten kneten, bis er glatt und geschmeidig ist.

Ein Geschirrtuch mit Mehl bestreuen. Den Teig zur Kugel formen und in das gemehlte Tuch wickeln. 2 Stunden kühl stellen (nicht in den Kühlschrank) und ruhen lassen.

Cannelloni

Den Teig in 4 Portionen teilen. Jede Portion 1–2 mm dünn ausrollen und in 4 Rechtecke von etwa 10 × 7,5 cm Größe schneiden. Auf einem Geschirrtuch 2–3 Stunden trocknen lassen.

Bandnudeln

Den Teig in 6 Portionen teilen. Jede Portion zu einem Rechteck von 10 × 30 cm Größe und 1–2 mm Dicke ausrollen. Die Rechtecke nebeneinander 30 Minuten ruhen lassen. Mit einem scharfen Küchenmesser in 5 mm breite Streifen schneiden. Vor der Zubereitung mindestens 2 Stunden trocknen lassen.

»Es ist nicht notwendig, den Teig zu salzen. Aber sparen Sie nicht an Salz im Wasser, in dem Sie die Nudeln kochen.«

Raviolis maison
Ravioli nach Art des Hauses

Selbstgemachte Ravioli sind nicht so regelmäßig geformt wie gekaufte, aber das wird die Begeisterung Ihrer Gäste nicht mindern. Wer die Ravioli nicht sofort auftischt, kann sie kalt stellen und innerhalb von 24 Stunden zubereiten.

Den Spinat waschen, tropfnass bei mittlerer Hitze zusammenfallen lassen (siehe S. 281) und hacken. Das Hackfleisch in einer große Pfanne mit Öl unter häufigem Rühren braun braten. Zwiebeln und Knoblauch zufügen und bei geringerer Hitze 10 Minuten unter häufigem Rühren braten. Dann Spinat 10 Minuten mitschmoren. Die Pfanne vom Herd nehmen, das gegarte Rindfleisch und die Eier zufügen und gut verrühren. Kräftig würzen. Die Masse abkühlen lassen.

Nudelteig und Füllung in je drei Portionen aufteilen. Eine Portion Teig zu einem Streifen von ca. 7,5 cm Breite ausrollen. Entlang einer Längsseite mit ca. 3 cm Abstand von der Kante kleine Häufchen Füllung setzen, zwischen ihnen ca. 5 cm Platz lassen. Teig über die Füllung schlagen, am Rand und zwischen den Häufchen fest zusammendrücken. Mit einem Schneiderad die Ravioli voneinander trennen und auf ein großes, mit einem Geschirrtuch ausgelegtes Tablett legen. Die restlichen Portionen Nudelteig und Füllung ebenso verarbeiten. Die Ravioli in einem kühlen Raum oder im Kühlschrank 2–3 Stunden ruhen lassen, erst dann kochen.

In einem großen Topf Wasser mit reichlich Salz (pro Liter 3 TL) aufkochen. Jeweils ein Dutzend Ravioli 5–8 Minuten köcheln lassen. Garprobe machen. Ravioli aus dem Wasser nehmen, abtropfen lassen und in eine vorgewärmte Schüssel geben. Zudecken und warm stellen, während die restlichen Ravioli gegart werden.

Inzwischen die Tomaten- oder Daube-Sauce erhitzen. Die Sauce über die Ravioli geben, mit geriebenem Käse bestreuen und sofort servieren.

Für 6–8 Personen

Zubereitung 30 Minuten, dazu Zeit für die Teigherstellung
Kochzeit 15 Minuten
Pâte à raviolis fraîche (S. 230)
Mehl zur Verarbeitung

Für die Füllung
500 g Spinat
4 EL Erdnussöl
400 g Kalbshackfleisch
2 Zwiebeln, fein gewürfelt
3 Knoblauchzehen, zerdrückt
125 g gegartes Rindfleisch oder Reste einer Daube (S. 192), durch den Wolf gedreht
2 Eier
feines Meersalz und frisch gemahlener schwarzer Pfeffer

Zum Servieren
Sauce tomate classique (S. 125) oder 500 ml Sauce von einem Daube
100 g gereifter Gruyère, gerieben

Falten Sie die freie Hälfte des Teigstreifens über die Füllung. Drücken Sie den Teig zusammen, um die Füllung fest einzuschließen, und teilen Sie die Ravioli mit einem Schneiderad.

Freitag: Rezepte: Italienisches

Gnocchi aux épinards
Gnocchi mit Spinat

Selbst wenn Sie keine Übung in der Herstellung von Nudelteig haben, werden Ihnen diese leckeren Spinatgnocchi leicht von der Hand gehen.

Für 6 Personen

Vorbereitung 30 Minuten,
  dazu 1 Stunde Ruhezeit
Zubereitung 15 Minuten
1 kg Spinat
25 g Butter
grobes Meersalz
3 Eidotter
100 g gereifter Gruyère, gerieben
½ TL geriebene Muskatnuss
350 g Mehl, dazu etwas Mehl zur
  Verarbeitung
feines Meersalz und frisch
  gemahlener schwarzer Pfeffer

Zum Servieren
Sardellenbutter (siehe Steak au
  beurre d'anchois, S. 187) oder
  warmes Coulis de tomates
  (S. 124)

Den Spinat waschen. Tropfnass mit der Butter und einer Prise Meersalz bei mittlerer Temperatur in einem Topf erhitzen, bis er zusammenfällt. In einen Durchschlag geben. Abkühlen lassen, bis man ihn anfassen kann, dann so viel Flüssigkeit wie möglich ausdrücken. Den Spinat fein hacken.

In einer Schüssel Spinat, Eidotter, Gruyère und Muskatnuss vermengen. Das Mehl dazusieben und gründlich unterrühren. Kräftig würzen, zudecken und mindestens 1 Stunde kalt stellen.

Eine Arbeitsfläche mit Mehl bestreuen. Aus dem Spinatteig walnussgroße, ovale Klößchen formen und in Mehl wälzen. Wenn nötig, auf ein gemehltes Tablett legen und bis zur weiteren Verarbeitung kalt stellen.

In einem großen Topf Salzwasser aufkochen. Die Gnocchi in das köchelnde Wasser geben und etwa 7 Minuten ziehen lassen. Wenn sie gar sind, schwimmen sie an der Oberfläche. In einem Durchschlag gut abtropfen lassen.

Die Gnocchi in einer vorgewärmten flachen Schüssel mit geschmolzener Sardellenbutter oder Tomatensauce mischen und sofort servieren.

»Für frische Nudeln gilt nur eins – sie müssen wirklich frisch sein. Es lohnt sich nur, sie selbst herzustellen, wenn sie am selben Tag verzehrt werden. Diese Gnocchi sind in wenigen Minuten gemacht und schmecken köstlich.«

Riz à l'étouffée

Gedämpfter Reis

Auf Provenzalisch heißt dieses Gericht *à l'estoufado*, was »gedämpft« bedeutet. Es ähnelt dem Risotto, aber man muss während des Kochens nicht ganz so scharf aufpassen. Der Reis mit Erbsen und Zwiebeln schmeckt auch als Vorspeise oder Beilage.

In einer Pfanne 1 EL Olivenöl erhitzen und die Zwiebel bei mittlerer Temperatur glasig-hellbraun dünsten. Aus der Pfanne nehmen und beiseite stellen. Die Pfanne bleibt auf dem Herd.

Während die Zwiebel brät, die Reismenge abmessen. Sie brauchen doppelt so viel Brühe. Die abgemessene Brühe in einem Topf eben zum Kochen bringen. Restliche Brühe aufbewahren.

Das restliche Olivenöl in der Pfanne erhitzen. Reis zufügen und bei mittlerer Temperatur in 2–3 Minuten glasig dünsten. Heiße Brühe und Safran zugeben und einmal umrühren. Die Temperatur reduzieren, den Deckel auflegen und 10 Minuten köcheln lassen. Währenddessen nicht umrühren.

Inzwischen die restliche Brühe in den Topf geben und erhitzen, falls gegen Ende der Garzeit noch Flüssigkeit zum Reis gegeben werden muss.

Die Zwiebeln zum Reis geben und ohne umzurühren offen 5 Minuten köcheln lassen. Die Erbsen hinzufügen. Wenn der Reis schon trocken aussieht, aber noch zu fest ist, etwas heiße Brühe oder Wasser zugeben. Weitere 3–4 Minuten kochen, bis der Reis gar, aber noch bissfest ist.

Vom Herd nehmen. Den Reis mit einer Gabel auflockern und abschmecken. In eine Servierschüssel geben, Butter und Petersilie unterrühren und gleich servieren.

Für 4 Personen

Zubereitung 10 Minuten
Kochzeit 20 Minuten
3 EL Olivenöl
1 große Zwiebel, fein gewürfelt
250 g Camargue- oder anderer
  Langkornreis
ca. 600 ml Hühner- oder Gemüsebrühe
1 Prise Safranfäden
125 g frische Erbsen
feines Meersalz und frisch
  gemahlener schwarzer Pfeffer
15 g Butter
1 EL glatte Petersilie, fein gehackt

Abendmenü

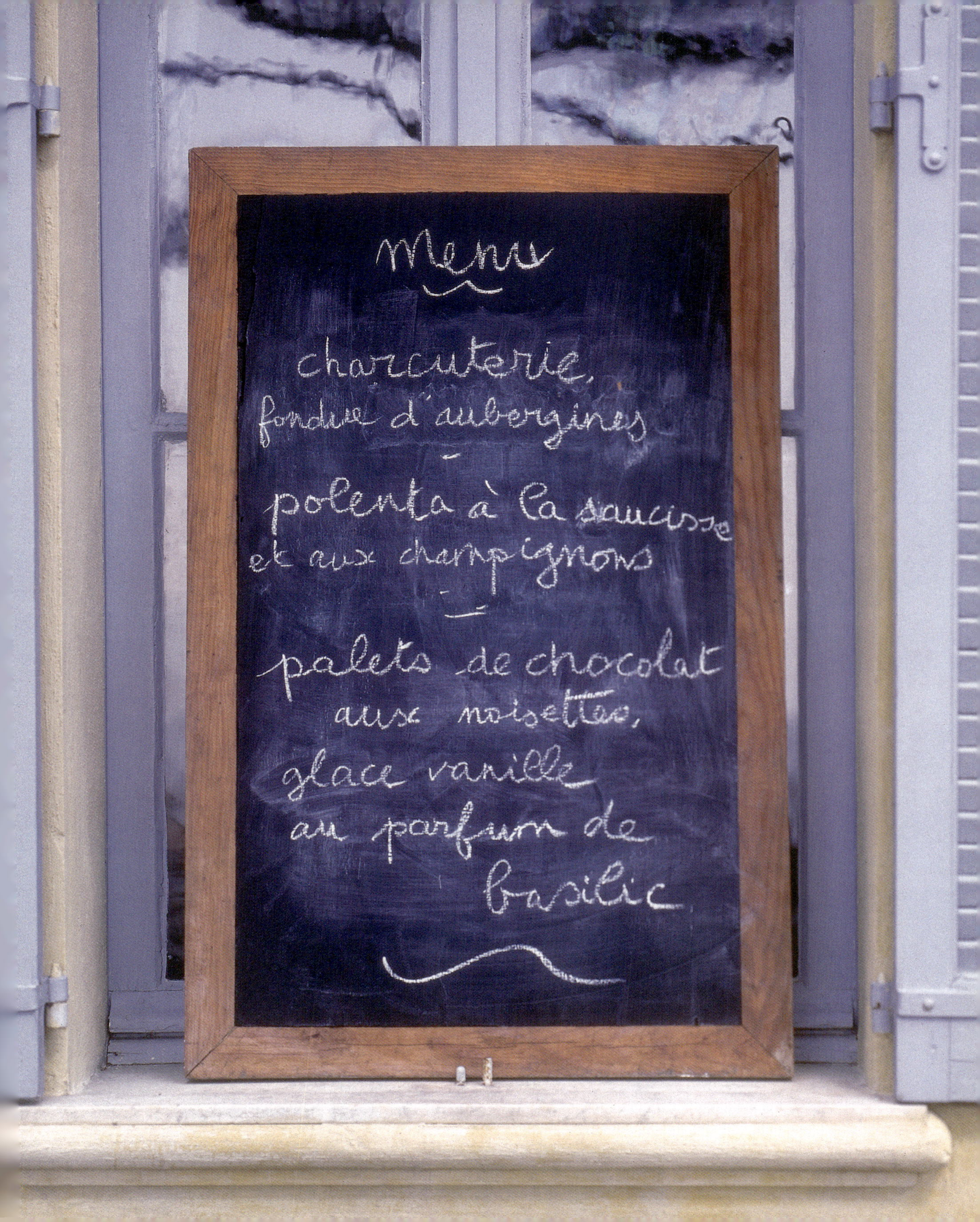

Menus

charcuterie,
fondue d'aubergines
–

polenta à la saucisse
et aux champignons
–

palets de chocolat
aux noisettes,
glace vanille
au parfum de
basilic

Charcuterie

Charcuterie nennt man den Laden eines Metzgers, der Schweinefleisch verarbeitet, und ebenso sein Angebot. Heute betätigen sich viele Metzger auch als *traiteur*, außer diversem Aufschnitt bieten sie auch selbstgemachte Pasteten, Salate, Saucen und Tagesgerichte zum Mitnehmen an. Eine Auswahl fertig gekaufter Delikatessen ist eine einfach bewerkstelligte, aber vorzügliche Eröffnung eines provenzalischen Abends.

Socca, luftgetrocknetes Rindfleisch (Bild links oben), ist eine Spezialität der malerischen Kleinstadt Entrevaux am Fuß der Alpen, etwa 40 Autominuten von Nizza entfernt. Es ist die provenzalische Version der italienischen *bresaola* und des Bündner Fleischs. Man serviert es hauchdünn geschnitten und mit etwas Olivenöl beträufelt, gelegentlich mit schwarzen Oliven.

Die Provence ist nicht unbedingt berühmt für ihr Schweinefleisch. Doch auf dem Land pflegt man noch die Tradition, im Winter Schweine zu schlachten und Salami herzustellen, die um Ostern nach der Fastenzeit zum Genuss bereit ist. Die einheimischen *saucissons* (Bild links unten) sind kräftig mit Kräutern und Gewürzen aromatisiert. Wer kein superscharfes Messer oder eine gute Schneidemaschine hat, sollte sie dünn aufgeschnitten kaufen. Man serviert sie zu dünnen Brotstangen, die auf der provenzalischen Seite der Grenze *gressins* heißen.

Figatelli, das sind geräucherte und getrocknete Leberwürste (unten rechts), sind ein weiteres aromatisches Traditionsprodukt.

Knusprige Radieschen, Auberginenpüree (S. 62), frisch zubereitete grüne oder schwarze Tapenade (S. 117) und schwarze Oliven passen perfekt zur *charcuterie*.

»Denken Sie an Antipasti, Tapas oder Mezze ... Nicht weil der Koch faul ist, wird *charcuterie* aufgetischt – so wie man gutes Brot und frische Croissants kauft, anstatt die halbe Nacht am Backofen zu verbringen. Wofür gibt es Experten, die ihr Handwerk verstehen?«

Polenta

Lesen Sie die Zubereitungshinweise auf der Polenta-Packung genau. Manche Produkte sind mit Dampf vorbehandelt und garen sehr schnell. »Instant«-Polenta mag bequem sein, lässt in Geschmack und Konsistenz aber zu wünschen übrig. Fertig gegarte und erkaltete Polenta kann man in Scheiben schneiden und grillen – hervorragend zu provenzalischen Würstchen (siehe nächstes Rezept).

In einem großen Topf 1 Liter Wasser mit Olivenöl und Meersalz aufkochen. Den Maisgrieß unter ständigem Rühren mit einem Holzlöffel einrieseln lassen.

Bei mittlerer Temperatur 40 Minuten unter ständigem Rühren köcheln lassen, bis die Masse dick ist wie Grießbrei. Die genaue Kochzeit hängt von dem Produkt ab, das Sie verwenden. Gegebenenfalls die Packungshinweise beachten.

Vom Herd nehmen, etwas abkühlen lassen. Den Brei auf die Mitte eines Geschirrtuchs häufen.

Die Ecken hochschlagen, die Polenta einwickeln und zu einem runden Kuchen von 20 cm Durchmesser formen. 20 Minuten abkühlen und erstarren lassen. Aus dem Tuch wickeln und in Scheiben schneiden.

Variation

Sie können die Polenta auch in einer leicht mit Öl ausgestrichenen Kasten- oder Springform erstarren lassen. Vor dem Schneiden in jedem Fall abkühlen lassen.

Für 4 Personen

Zubereitung 10 Minuten,
Kochzeit 40 Minuten, dazu
 20 Minuten Ruhezeit
2 EL Olivenöl
2 TL grobes Meersalz
250 g Polenta (Maisgrieß)

»Polenta ist nicht nur eine leckere, nicht alltägliche Beilage. Sie eignet sich auch als Boden für würzige Beläge und als Alternative zu Croûtons aus Brot.«

Polenta à la saucisses et aux champignons

Polenta mit Würstchen und Pilzen

Gegrillte Polenta mit geriebenem Käse ist eine prima Beilage zu würzigen Würsten und Pilzen. So ein Gericht wärmt an Winterabenden herrlich auf.

Für 4 Personen

Zubereitung 15 Minuten
Kochzeit 30 Minuten
Polenta (S. 241), abgekühlt und erstarrt
2 EL Olivenöl, dazu Öl zum Einfetten
75 g gereifter Gruyère, gerieben
4 herzhaft gewürzte Würstchen
300 g braune Champignons
25 g Butter
feines Meersalz und frisch gemahlener schwarzer Pfeffer
Blätter von 4 Stängeln glatte Petersilie, gehackt
2 Knoblauchzehen, zerdrückt

Die Polenta in 1 cm dicke Scheiben schneiden, größere Scheiben halbieren. Die Scheiben auf ein geöltes Backblech legen und mit geriebenem Käse bestreuen. Beiseite stellen. Den Grill vorheizen.

Die Würste in einer Grillpfanne bei mittlerer Hitze 15–20 Minuten braten. Zwischendurch mehrmals umdrehen.

Die Pilze mit Küchenpapier abwischen und in dicke Scheiben schneiden. Butter und Öl in einer großen, beschichteten Pfanne erhitzen. Die Pilze zugeben, würzen und bei mittlerer Temperatur etwa 3 Minuten unter häufigem Rühren braten. Petersilie und Knoblauch einrühren. Die Temperatur etwas erhöhen und weitere 2 Minuten dünsten. Abschmecken und vom Herd nehmen.

Die Polentascheiben goldbraun grillen.

Die Pilze in die Mitte einer großen Servierplatte geben, die Würste darauf anrichten. Ringsherum Polentascheiben legen und sofort servieren.

Unter dem Grill bekommt die weiche Polenta eine leckere Kruste. Legt man das Backblech mit Alufolie aus, lässt es sich leichter säubern.

Glace vanille au parfum de basilic
Vanilleeis mit Basilikum-Aroma

Vanilleeis ist ein Klassiker, den man einmal selbst herstellen sollte. Durch den frischen Geschmack und die leicht kristalline Struktur unterscheidet es sich von gekauftem Eis. Frisches Basilikum gibt diesem Rezept die ungewöhnliche, pfeffrige Note.

Für 4 Personen

Zubereitung und Kochzeit
 40 Minuten, dazu Zeit zum
 Abkühlen und Gefrieren
300 ml Vollmilch
3 Vanilleschoten
4 Eidotter
100 g Zucker
150 g kalte Crème fraîche
1 EL frisches Basilikum, fein
 gehackt

Zum Servieren
kleine Stängel frisches Basilikum
Himbeeren (nach Belieben)

Milch und aufgeschlitzte Vanilleschoten in einem Schmortopf bei mittlerer Hitze aufkochen lassen. Sobald die Milch zu steigen beginnt, Temperatur reduzieren und einige Minuten köcheln lassen. Den Topf vom Herd nehmen und etwas abkühlen lassen.

In einer großen Schüssel die Eidotter mit dem Zucker 3–5 Minuten hell-schaumig schlagen. Die Vanilleschoten aus der Milch nehmen. Die warme Milch in kleinen Portionen unter ständigem kräftigem Schlagen mit dem Schneebesen zu den Eidottern gießen.

Die Mischung wieder in den Topf geben und bei mittlerer Hitze heiß werden lassen, dabei mit einem Holzlöffel ständig rühren. Die Creme dickt allmählich ein, bald kann sie den Löffel mit einem dicken Film überziehen. Sie darf aber nicht kochen, sonst gerinnt sie. Vorsichtshalber den Topf immer wieder vom Feuer nehmen. Ist die Creme dick, ganz vom Herd nehmen.

Durch ein Haarsieb in eine Schüssel passieren und ganz abkühlen lassen. Dabei immer wieder umrühren.

Die sehr kalte Crème fraîche steif schlagen und unter die Creme ziehen. Das Basilikum unterrühren. Die Masse in eine Eismaschine füllen und gemäß Herstelleranweisung durchkühlen. In eine Plastikbox umfüllen und bis zum Servieren im Gefrierfach aufbewahren.

10 Minuten vor dem Servieren das Eis aus dem Tiefkühlfach nehmen (bei kühlen Temperaturen etwas früher). In Portionsschälchen oder -gläser füllen. Mit Basilikumstängeln garnieren und nach Wunsch mit Himbeeren servieren.

Variation

Wer keine Eismaschine besitzt, kann die Masse auch in einer Plastikdose einfrieren. Nach etwa 45 Minuten aus dem Eisfach nehmen und im Mixer oder mit einem Pürierstab kräftig durchmixen, wieder einfrieren. Den Vorgang nach 45 Minuten wiederholen. Dann das Eis ganz durchkühlen lassen.

Glace à la vanille Vanilleeis

Für einfaches Vanilleeis lässt man einfach das Basilikum weg und verwendet
Vanilleschoten bester Qualität. Die Schoten aufschlitzen und das Mark in die Milch
schaben, auch die Schoten selbst in der Milch ziehen lassen.

Glace au miel Honigeis

Anstelle von Zucker flüssigen Blütenhonig zugeben. Besonders gut schmecken
Lavendel- oder Akazienhonig.

Glace aux raisins secs Rosineneis

In einem kleinen Topf 3 EL Sultaninen mit 1–2 EL Rum bei niedriger Temperatur
2 Minuten ziehen lassen. Vom Herd nehmen und abkühlen lassen. Die kalten Sultaninen kurz vor dem Einfrieren unter die Vanille-Eismasse (siehe oben) heben.

»Das Reizvolle an selbstgemachtem Eis ist
die unglaubliche Frische. Man sollte es
spätestens 48 Stunden nach dem Einfrieren
servieren.«

Palets de chocolat aux noisettes
Schoko-Nuss-Plätzchen

Diese Plätzchen aus Schokolade und Haselnüssen ist der Traum jedes Schokoladensüchtigen. Das Rezept reicht für 20 große Plätzchen, viel mehr, als man für 4 Personen als Knabberei zum Eis braucht. Gut, dass man die Plätzchen bis zu 5 Tage in einer luftdichten Dose an einem kühlen Platz aufbewahren kann.

Die gehackten Haselnüsse ohne Fett in einer beschichteten Pfanne bei mittlerer Temperatur 2 Minuten rösten. Vom Herd nehmen und beiseite stellen.

Schokolade in einem Bain-marie oder in einer Schüssel über (nicht in!) einem Topf mit köchelndem Wasser schmelzen. Vom Herd nehmen. Unter ständigem Rühren das Öl zur Schokolade geben. 5 Minuten schlagen, dabei zwischendurch die Schokolade wieder über das heiße Wasser hängen, damit sie flüssig bleibt.

Die Schokolade vom Herd nehmen. Die gerösteten Haselnüsse zugeben und mit einem Holzlöffel sorgfältig unterrühren.

Die Arbeitsfläche mit einem Stück Backpapier bedecken. Walnussgroße Häufchen der Schokoladenmasse auf das Papier setzen und mit einer Gabel zu Kreisen von 7–8 mm Durchmesser und 3 mm Dicke flach drücken.

Die Masse zügig verarbeiten. Das Wasserbad heiß halten. Wenn die Schokoladenmasse zu fest wird, einige Sekunden darüberhängen, damit sie wieder geschmeidig wird.

Die Plätzchen abkühlen und erstarren lassen. In einer luftdicht schließenden Dose kann man sie an einem kühlen Platz etwa 5 Tage aufbewahren.

Ergibt 20 Plätzchen

Zubereitung 15 Minuten, dazu Zeit zum Kühlen und Erstarren

100 g Haselnüsse, gehackt
250 g beste Bitterschokolade
2 TL Erdnussöl

Die zähe Schokoladenmasse mit einer Gabel vom Löffel schieben. Dann die Gabel umdrehen und die Plätzchen flach drücken.

Freitag: Abendmenü: Dessert 247

Samstag

Profis wie Gui und seine Kollegen gehen ganz früh auf den Fischmarkt. Dann können sie sich aus dem Fang des Tages das Beste aussuchen. Lernen Sie, woran man frischen Fisch erkennt und wie man mit Miesmuscheln umgeht. Natürlich dürfen auch die Rezepte für die herrlichen Klassiker der provenzalischen Fischküche nicht fehlen.

Au marché aux poissons

Dass man in der Provence die schönsten Fische und Meeresfrüchte in faszinierender Auswahl bekommt, verwundert nicht angesichts der langen Küste dieser Region: In einem weiten Schwung erstreckt sie sich vom Rhônedelta westlich von Marseille bis zur italienischen Grenze im Osten. Seit je verlassen die Fischer mit ihren kleinen Booten tief in der Nacht ihren Hafen, um in Küstennähe die Netze auszuwerfen. Nur am Montag kann man keinen Fischmarkt besuchen, denn sonntags bleiben die Fischer zu Hause. Einst bekam man am Freitag, an dem Katholiken kein Fleisch essen dürfen, den besten Fisch. Heute warten jedoch viele Märkte am Wochenende mit dem verlockendsten Angebot auf, wenn die Bereitschaft zum Geldausgeben größer ist.

Von der Überfischung der Meere blieb auch die Provence nicht verschont. Die Preise für Fisch sind wie überall in die Höhe geschnellt, fangfrische Früchte des Meeres zum Luxus avanciert. Besonders stark dezimiert sind die Bestände im Osten, wo die Küste dicht bebaut und die Umweltverschmutzung größer ist.

Frische – das A und O

Verarbeiten Sie nur Fisch von bester Qualität, sonst ist das Misslingen vorprogrammiert. Fisch und Meeresfrüchte verderben viel schneller als Fleisch und Geflügel. Kaufen Sie daher nur absolut frische Ware.

Auswählen Woran erkennt man, ob Fisch wirklich frisch ist? Ein erstes Kriterium ist seine sachgemäße Lagerung auf reichlich Eis. Selbst wenn er früh am Tag in den lokalen Gewässern gefischt wurde, muss er die ganze Zeit gut gekühlt werden.

Sehen und fühlen Die Augen müssen ganz klar und prall aussehen, mit dunkler Pupille und durchsichtiger Hornhaut. Wenn Sie mit den Fingern auf die Längsseite drücken, sollte sich der Fisch weich, aber nicht wabbelig anfühlen; die leichte Delle, die Ihre Fingerspitze hinterlassen hat, sollte sich schnell zurückbilden.

Genau prüfen

Ein Blick unter die Kiemendeckel gibt ebenfalls Aufschluss über die Qualität des Fisches. Die Kiemen müssen leuchtend rot und prall aussehen. Ein dunkles, schmutziges Aussehen deutet hingegen auf überalterte Ware hin.

Riechen

Lassen Sie sich von Ihrem gesunden Menschenverstand leiten. Frischer Fisch, ordentlich auf Eis ausgelegt, macht allein schon mit seinem sauberen, feuchten Glanz Appetit. Kaufen Sie niemals Fisch, der fischig, muffig oder gar nach Ammoniak riecht.

»Fisch darf nicht fischeln, sondern muss einen dezenten, klaren Duft verströmen. Wenn Sie den Geruch nur im geringsten unangenehm finden, Finger weg!«

Samstag: Au marché aux poissons

Faszinierende Unterschiede
Nach wie vor leben im Mittelmeer viele verschiedene Fischarten. Manche sind selbst Franzosen aus anderen Teilen des Landes nicht vertraut, und von einem Hafen zum anderen, ja sogar von Markt zu Markt, können sie anders heißen.

Frische hat ihren Preis
Fische und Meeresfrüchte erster Güte finden schnell Abnehmer – auch zu hohen Preisen. Daher sollte man möglichst schon gegen acht, spätestens aber bis neun Uhr auf dem Markt sein – und eventuelle Sparpläne über Bord werfen.
▽

△
Saisonale Delikatessen
Einige Spezialitäten gibt es nur an bestimmten Orten und dann auch nur für kurze Zeit. Zu ihnen gehören die silbrig schimmernden, ganz jungen und winzigen Sardellen unter dem Namen *poutine*. Man bekommt sie in bestimmten Küstenabschnitten im zeitigen Frühjahr, und zwar nur für etwa zwei Wochen. Sie schmecken köstlich auf dickem Röstbrot mit Knoblauch.

Lokaler Fang

Ein wesentlicher Reiz beim Fischkauf an der Küste der Provence besteht darin, dass man vorher nicht weiß, was einen an diesem Tag erwartet. Wird es Meer- oder Goldbrassen *(dorade)* geben, vielleicht auch Wolfsbarsch *(loup de mer)* oder Rotbarben *(rouget)*? Ganz gleich, was das Angebot umfasst, halten Sie auf jeden Fall Ausschau nach der Angabe *pêche locale*, also »aus heimischem Gewässer«.

Aromazutaten gratis

Oft bekommt man beim Fischkauf auf dem Markt Petersilie für die Zubereitung gratis dazu. Manche Fischhändler verkaufen auch Zitronen. Nur Knoblauch bieten sie nicht an, weil sie davon ausgehen, dass man diese Grundwürze der Provence-Küche ohnehin vorrätig hat.

»Die Provence lädt zu kulinarischen Entdeckungen ein, vor allem beim Fisch. Seien Sie mutig: Nützen Sie das Angebot, probieren Sie neue Rezepte aus.«

Samstag: Au marché aux poissons

Miesmuscheln vorbereiten

Frisch gekaufte Fische und Meeresfrüchte sollte man nie einfach in ihrer Verpackung verstauen. Miesmuscheln zu Hause gleich gut waschen und in einer Schüssel, mit einem feuchten Tuch bedeckt, unten in den Kühlschrank stellen. Bis zu 24 Stunden lassen sie sich so lagern. Ganz frisch kann man sie wie Austern auch roh genießen.

Waschen Die Miesmuscheln aus ihrem Beutel nehmen und immer eine Handvoll über einem Durchschlag unter fließendem kaltem Wasser gründlich reinigen. Schmutzige Schalen gut abbürsten.

Entbarten Den sogenannten Bart – die Fäden, mit denen die Muscheln auf dem Untergrund Halt finden – ausreißen. Muscheln, die nach dem Waschen auch nur halb geöffnet sind, sind wahrscheinlich tot. Zur Probe die Schalen mit den Fingern leicht zusammendrücken. Falls sie sich nicht schließen, die Muschel wegwerfen.

Fumet de moules
Fond von Miesmuscheln

Der Fond, der sich beim Kochen von Muscheln ergibt - eine Mixtur aus Wein, aromatischen Zutaten und dem in den Muscheln enthaltenen Saft -, bildet eine köstliche Grundlage für viele Rezepte mit Meeresfrüchten. Ein berühmtes Beispiel sind die Moules marinières (nächstes Rezept).

Ergibt etwa 350 ml

**Zubereitung und Kochzeit
20 Minuten**

2,5 kg frische Miesmuscheln
6 Stängel getrocknetes Fenchelgrün (ca. 10 cm lang)
2 Lorbeerblätter
5 cm getrocknete Orangenschale
(S. 328)
6 große oder 12 kleine Schalotten,
gewürfelt
250 ml trockener Weißwein
frisch gemahlener schwarzer
Pfeffer

Die Muscheln waschen und entbarten (siehe S. 257). Mit Fenchelstängeln, Lorbeerblättern, Orangenschale und Schalotten in einen großen Topf geben und mit dem Wein übergießen.

Auf großer Hitze aufkochen und zugedeckt 5–6 Minuten köcheln lassen, bis sich die Muscheln geöffnet haben. Den geschlossenen Topf mehrere Male rütteln, um die Muscheln durchzumischen.

Den Topf vom Herd nehmen. Muscheln mit einem Schaumlöffel herausnehmen. Wenn sie nicht gleich weiterverarbeitet werden, mit 2–3 EL durchgeseihtem Muschelfond beträufeln, um sie feucht zu halten; abkühlen lassen und in den Kühlschrank stellen – so kann man sie bis zu 24 Stunden aufbewahren.

Den Fond einige Minuten abkühlen lassen und durch ein Spitzsieb oder ein mit einem Mulltuch ausgelegtes Sieb in einen Topf gießen (oder, wenn er nicht gleich verwendet wird, in eine Schüssel). Im Kühlschrank hält er sich bis zu 48 Stunden. Vor der Verwendung aufkochen und abschmecken.

Fumet de clovisses   Fond von Venusmuscheln

Venus- oder Teppichmuscheln *(clovisses, praires, palourdes)* mindestens zweimal sehr gründlich in kaltem Wasser waschen. Mit den Aromaten und dem Wein ohne Deckel 7–8 Minuten kochen lassen, bis sich die Schalen öffnen, dabei häufig durchmischen. Mit einem Schaumlöffel aus dem Topf heben und in einem Durchschlag über einer Schüssel abtropfen und abkühlen lassen, bis man sie anfassen kann. Den Fond durch ein mit einem Mulltuch ausgelegtes Sieb gießen (den Bodensatz im Topf lassen). Zugedeckt hält er sich im Kühlschrank bis zu 48 Stunden. Vor der Verwendung zum Kochen bringen und abschmecken. Fond von Venusmuscheln ist eine vorzügliche Garflüssigkeit für Reis, zu dem man dann die ausgelösten Muscheln gibt (siehe Pilaf de moules au safran, S. 266). Alternativ das Muschelfleisch in den Schalenhälften grillen. Dafür je 2 Stück in eine Schale setzen und mit Kräuterbutter (S. 132–133) bestreichen.

Moules marinières de Provence
Miesmuscheln nach Seemannsart

Reichlich Fenchel, Knoblauch, Schalotten und Petersilie verleihen diesem Klassiker der Provence eine betörende Aromafülle. Traditionalisten halten daran fest, dass Sahne nicht hineingehört, aber ich finde, dass sie das Gericht schön abrundet.

Für 4–5 Personen

Zubereitung 15 Minuten, dazu Zeit zum Garen der Muscheln
Kochzeit 15 Minuten

2,5 kg Miesmuscheln
ca. 350 ml Fumet de moules
50 g Butter
3 große Schalotten, fein gewürfelt
4 Knoblauchzehen, fein gehackt
Blätter von 4 Stängeln frische glatte Petersilie
2 Stängel getrocknetes Fenchelgrün (ca. 10 cm lang), in Stücke gebrochen
250 ml trockener Weißwein
200 g Sahne
frisch gemahlener schwarzer Pfeffer
1 TL Weinessig

Muscheln und Fumet nach der Anleitung auf S. 258 zubereiten.

Die Butter in einem Schmortopf oder einer Pfanne bei mäßiger Hitze zerlassen. Schalotten zufügen und auf etwas geringerer Hitze in 2–3 Minuten weich dünsten, dabei mehrmals rühren. Knoblauch, Petersilie und Fenchelstängel zugeben und für 30 Sekunden unter Rühren mitschmoren.

Die Temperatur wieder etwas erhöhen. Wein zugießen. Sobald er aufkocht, 250 ml Fumet zufügen. Alles 3–4 Minuten sanft köcheln lassen. Sahne sowie Pfeffer nach Geschmack einrühren. Erneut zum Köcheln bringen.

Vom Herd nehmen, die Fenchelstängel entfernen. Jetzt ist der beste Moment, um die Sauce abzuschmecken. Falls sie zu salzig ist, noch etwas Sahne zufügen; sollte sie fade schmecken, weiteren Miesmuschelfond einrühren. Bis zum Servieren beiseite stellen.

Etwa 5 Minuten vor dem Essen die Muscheln mit all dem in den Schalen enthaltenen Saft in einen großen Schmortopf füllen. Bei mäßiger Hitze aufsetzen, mit der Sauce übergießen und aufwärmen, dabei einige Male durchmischen. In der letzten Minute den Essig zufügen. Sofort entweder direkt im Topf oder in einer Terrine servieren.

Dünsten Sie die Aromazutaten in Butter an, bevor Sie Weißwein und Muschelfond dazugießen. Die Sauce mit Sahne vollenden.

Moules au pastis
Miesmuscheln mit Pastis

Miesmuscheln mit einer Pastis-Tomaten-Sauce, gewürzt mit etwas Koriander, sind eine perfekte Vorspeise. Zusammen mit gekochten und mit etwas Olivenöl zerdrückten Kartoffeln ergeben sie auch ein Hauptgericht. Wenn Sie mögen, können Sie die oberen Schalenhälften entfernen, bevor Sie die Muscheln in die Sauce geben.

Für 4-5 Personen

Zubereitung 20 Minuten,
 dazu Zeit zum Garen der
 Muscheln
Kochzeit 15 Minuten
2,5 kg Miesmuscheln
ca. 350 ml Fumet de moules
2 Tomaten
50 g Butter
1 große oder 3 kleine Schalotten,
 fein gewürfelt
4 Knoblauchzehen, fein gehackt
2 TL Koriandersamen
6 EL Pastis
frisch gemahlener schwarzer
 Pfeffer
Blätter von 3–4 Stängeln
 Koriandergrün

Muscheln und Fumet nach der Anleitung auf S. 258 zubereiten.

Tomaten blanchieren und enthäuten (siehe S. 90), von den Samen befreien und fein würfeln.

In einem Schmortopf oder einer Pfanne die Butter bei mäßiger Hitze zerlassen. Bei etwas geringerer Hitze Schalotten und Knoblauch mit Koriandersamen 2–3 Minuten andünsten, dabei gelegentlich rühren. Die Tomaten untermischen, Pastis dazugeben und 30 Sekunden unter Rühren mitschmoren.

Die Temperatur erhöhen. Den Muschelfond hinzugießen, erhitzen und 5 Minuten simmern lassen. Die Sauce mit Pfeffer abschmecken.

Die Muscheln mit all dem Saft zufügen und bei mäßiger Temperatur durchmischen, bis sie ganz heiß sind. Mit Koriandergrün bestreuen und gleich servieren.

Variation

Ersetzen Sie den Pastis durch 100 ml Noilly Prat.

>»Für einen köstlichen Hauptgang ergänzen Sie das Gericht mit gekochten mehligen Kartoffeln: pellen, mit Olivenöl grob zerdrücken und in die Teller geben, bevor Sie die Muscheln mit ihrer aromatischen Sauce darauf anrichten.«

Salade Antibes
Salat mit Miesmuscheln und Garnelen

Diesen sommerlichen Salat mit Garnelen, Miesmuscheln und Kartoffeln kann man gut als Hauptgericht servieren oder auch als Vorspeise – in dem Fall reicht er für 6-8 Personen. Alle seine Bestandteile lassen sich im Voraus zubereiten, dann muss man den Salat vor dem Essen nur noch schnell anrichten.

Die Muscheln waschen und entbarten (siehe S. 257). In einem verschlossenen großen Topf bei großer Hitze 3–5 Minuten dünsten, bis sie sich öffnen. In einem Durchschlag über einer Schüssel einige Minuten abtropfen lassen. Sobald man sie anfassen kann, das Fleisch auslösen und in eine Schüssel geben. Den Muschelsaft durch ein mit einem Mulltuch ausgelegtes Sieb gießen. Etwas davon über die Muscheln träufeln, um sie feucht zu halten.

Die ungeschälten Kartoffeln weich kochen, abgießen, pellen und in dicke Scheiben schneiden. In einer Schüssel mit 2 Esslöffeln Muschelsaft und dem Fenchel vermischen.

Während die Kartoffeln garen, die Tomaten in dünne Scheiben schneiden, in einen Durchschlag geben, mit etwas Salz bestreuen und abtropfen lassen. Die Garnelenschwänze auslösen und schälen; die Schwanzfächer nicht entfernen. Den Salat in Blätter teilen; waschen, abtropfen lassen und trocken schleudern.

Für die Salatsauce Knoblauch und Petersilie fein hacken. In einer kleinen Schüssel mit der Sardelle, Senf und Schalotte mit einer Gabel gründlich zerdrücken. Öl und Essig kräftig einrühren, mit Salz und Pfeffer abschmecken. Falls noch Muschelsaft übrig ist, nach Belieben ebenfalls in die Sauce mischen.

Tomatenscheiben in eine große, flache Salatschüssel füllen, Kartoffeln mit dem Fenchel zufügen. Salatblätter in mundgerechte Stücke zerpflücken und darübergeben. Das Ganze mit der Hälfte der Salatsauce beträufeln und behutsam durchmischen. Die Muscheln darauf verteilen. Eier schälen, längs vierteln und zwischen die anderen Zutaten schieben. Zuletzt die Garnelen darauf anrichten und die Oliven über den Salat streuen. Mit der restlichen Sauce beträufeln. Den Schnittlauch direkt über dem Salat mit einer Schere in Röllchen schneiden, dann noch etwas Pfeffer darübermahlen. Den Salat gleich servieren.

Für 4 Personen

Zubereitung und Kochzeit
 45 Minuten

1 kg frische Miesmuscheln

4 mittelgroße bis große neue
 Kartoffeln

½ kleine Fenchelknolle, in feine
 Streifen geschnitten

3 mittelgroße bis große reife
 Tomaten

feines Meersalz und frisch
 gemahlener schwarzer Pfeffer

8 gekochte Riesengarnelen
 (Tiger prawns)

1 kleiner Kopf Romana-Salat

4 Eier, hart gekocht

2 EL kleine schwarze Oliven,
 entsteint

1 kleine Handvoll frischer Schnittlauch

Für die Salatsauce

1 Knoblauchzehe

Blätter von 1 Stängel frische glatte
 Petersilie

1 in Öl eingelegtes Sardellenfilet,
 abgetropft

1 TL Dijon-Senf

1 kleine Schalotte, fein gewürfelt

6 EL Olivenöl

1 EL Rotweinessig

Pilaf de moules au safran
Miesmuscheln auf Safranreis

Der orientalische Pilaw, halb Paella und halb Risotto, ist leicht zuzubereiten – schon eine kleine Weile im Voraus. Sobald der Reis *al dente* ist, lose mit Folie bedecken und warm stellen. Vor dem Essen den Reis behutsam aufwärmen, dabei etwas heiße Brühe zugeben. Zuletzt die Safranbutter und die übrigen Zutaten zufügen.

Für 6 Personen

Zubereitung und Kochzeit
1 Stunde

Für die Safranbutter
1 Briefchen Safranfäden
50 g weiche Butter

2 kg frische Miesmuscheln
500 ml trockener Weißwein
3 EL Olivenöl
3 große oder 6 kleine Schalotten,
 sehr fein gewürfelt
Blätter von 6 Stängeln frische
 glatte Petersilie, fein gehackt
3 Knoblauchzehen, sehr fein
 gehackt
300 g Camargue- oder anderer
 Langkornreis
feines Meersalz und frisch
 gemahlener schwarzer Pfeffer
fein abgeriebene Schale von
 1 kleinen unbehandelten Zitrone

Zunächst die Safranfäden mit 3 Esslöffel heißem Wasser übergießen und 5 Minuten einweichen. Mit einer Gabel gleichmäßig unter die Butter mischen.

Muscheln waschen und entbarten (siehe S. 257). Mit dem Wein in einen großen Topf geben. Zugedeckt auf großer Hitze 5–6 Minuten dünsten, bis sich die Schalen geöffnet haben; während des Garens den Topf geschlossen halten und mehrmals rütteln. Vom Herd nehmen.

Die Muscheln mit einem Schaumlöffel in eine Schüssel geben; noch geschlossene Exemplare aussortieren. Den Fond einige Minuten abgekühlen lassen und durch ein mit einem Mulltuch ausgelegtes Sieb in einen Topf gießen. 500 ml kochendes Wasser zufügen. Die Muschelbrühe warm halten.

Das Öl in einer Paellapfanne oder einem Schmortopf erhitzen und die Schalotten bei geringer Hitze in 2–3 Minuten weich dünsten, dabei öfters rühren. Von der Petersilie 2 Esslöffel beiseite stellen, den Rest mit dem Knoblauch in die Pfanne geben und 30 Sekunden unter Rühren mitdünsten. Den Reis einstreuen und 2–3 Minuten rühren, bis er gleichmäßig glänzt und leicht glasig aussieht.

Die Hälfte der heißen Brühe hinzugießen; umrühren und erhitzen. Etwa 10 Minuten simmern lassen, dabei ab und zu rühren. Erneut 1 Schöpflöffel Brühe zufügen und 8–10 Minuten köcheln lassen, bis der Reis gar, aber im Kern noch bissfest ist. Bei Bedarf weiter Brühe zufügen und den Reis köcheln lassen, bis er die richtige Konsistenz besitzt. (Was von der Brühe übrig bleibt, kann man 1 Tag im Kühlschrank aufbewahren oder einfrieren.)

Auf kleinster Hitze die Safranbutter unter den Reis ziehen. Die Muscheln darauf verteilen und leicht hineindrücken. Mit Alufolie bedecken und das Gericht erwärmen, bis die Muscheln wieder heiß sind. Abschmecken, mit Zitronenschale und restlicher Petersilie bestreuen.

Variation
Mit den Muscheln auch 250 g gekochte und geschälte Garnelen zufügen.

Soupe de poissons
Feine Fischsuppe mit Safran

Diese von mediterranen Düften überströmende Fischsuppe braucht eigentlich keine Begleitung, außer vielleicht geröstetes Brot mit Knoblauch. Trotzdem passen auch etwas geriebener Gruyère und eine scharf-würzige Rouille (S. 118) gut dazu.

Zwiebeln und Lauch in einem großen, schweren Topf im Olivenöl bei mäßiger Hitze weich und goldgelb dünsten.

Fischfleisch und Meeresfrüchte waschen. In den Topf geben und kurz durchrühren. Fenchelstängel, Tomaten, Knoblauch, Petersilie, Lorbeerblätter, Orangenschale und Tomatenmark untermischen. Alles 8–10 Minuten garen, bis das Fischfleisch auseinanderzufallen beginnt. 2,5 l heißes Wasser zugießen, leicht salzen und pfeffern. Bei geringer Hitze 20 Minuten köcheln lassen.

Vom Herd nehmen und etwas abkühlen lassen, dabei immer wieder rühren und die weichen Fischstücke mit dem Rücken eines Holzlöffels zerdrücken. Fenchel, Orangenschale und Lorbeerblätter aus dem Topf fischen. Die Suppe nach Belieben mit einem Mixstab grob pürieren. Durch ein Spitz- oder Haarsieb in einen neuen Topf passieren und bei mäßiger Temperatur wieder zum Köcheln bringen.

Eine Tasse von der Suppe abnehmen und die Safranfäden darin ziehen lassen, bis sie weich sind. In die Suppe einrühren, abschmecken. In Schalen geben und mit dem gerösteten Knoblauchbrot servieren.

Variation
Mit Nudeln lässt sich die Suppe gehaltvoller machen – eine in der Provence gängige Methode. 60 g Spaghetti in 2 cm lange Stücke brechen und nach dem Durchpassieren zugeben. 10 Minuten köcheln lassen, zuletzt den Safran einrühren.

Für 6 Personen

Zubereitung 20 Minuten
Kochzeit 1 Stunde
4 Zwiebeln, fein gewürfelt
2 Lauchstangen, gewürfelt
5 EL Olivenöl
1,5–2 kg Fischfleisch, in Stücke geschnitten, und Meeresfrüchte
4 Stängel getrockneter Fenchel (etwa 5 cm lang)
4 reife Tomaten, geviertelt
9 Knoblauchzehen, zerdrückt
5 Stängel frische glatte Petersilie
3 Lorbeerblätter
15 cm getrocknete Orangenschale (S. 328)
1 EL Tomatenmark
feines Meersalz und frisch gemahlener schwarzer Pfeffer
eine Prise Safranfäden

Zum Servieren
geröstetes Brot mit Knoblauch

Damit diese Suppe so richtig gut schmeckt, braucht man eine gute Auswahl frischer Fische. Safran gibt ihr eine schöne Farbe.

Samstag: Rezepte: Fisch und Meeresfrüchte 269

Soupe de moules au fenouil
Miesmuschelsuppe mit Fenchel

Bei diesem typisch provenzalischen Rezept gehen Miesmuscheln und Gemüse in einer aromatischen Brühe eine harmonische Verbindung ein.

Für 4 Personen

Zubereitung und Kochzeit
 1 Stunde

1 kg frische Miesmuscheln
500 ml trockener Weißwein
4 reife Tomaten
3 EL Olivenöl
1 Lauchstange, gewürfelt
1 Stängel frische glatte Petersilie
1 Zweig frischer Thymian
Lorbeerblatt
¼ kleine Fenchelknolle, gewürfelt
5 cm getrocknete Orangenschale
 (S. 328)
feines Meersalz und frisch
 gemahlener schwarzer Pfeffer
1 große mehlige Kartoffel,
 geschält und gewürfelt
1 Prise Safranfäden

Die Muscheln waschen und entbarten (siehe S. 257), in einen großen Topf geben und den Wein dazugießen. Zugedeckt bei großer Hitze 5–6 Minuten garen, bis sie sich öffnen; währenddessen den Topf geschlossen halten und mehrmals rütteln. Vom Herd nehmen.

Die Muscheln durch ein mit einem Mulltuch ausgelegtes Sieb in eine Schüssel abgießen. Wenn man sie anfassen kann, aus den Schalen lösen; noch geschlossene Exemplare wegwerfen. Muscheln und Muschelfond beiseite stellen.

Die Tomaten blanchieren und enthäuten (siehe S. 90); die Samen entfernen und das Fruchtfleisch fein würfeln. In einem großen Schmortopf das Öl bei mäßiger Temperatur erhitzen. Tomaten, Lauch, Petersilie, Thymian, Lorbeerblatt, Fenchel und Orangenschale zufügen, salzen und pfeffern. Unter häufigem Rühren weich dünsten.

Den Muschelfond und 500 ml kochendes Wasser dazugießen. Sobald das Ganze köchelt, die Kartoffelwürfel zugeben und garen, bis sie weich sind.

Vom Herd nehmen und etwas abkühlen lassen; Kräuter und Orangenschale entfernen. Die Kartoffelwürfel zerdrücken, sodass die Suppe sämig wird.

Eine Tasse von der Suppe abnehmen und die Safranfäden darin einweichen, in die Suppe rühren. Abschmecken und die Muscheln untermischen. Die Suppe nochmals sanft erwärmen, bis die Muscheln heiß sind. Gleich servieren.

Variation
Nachdem Sie die Kartoffeln zerdrückt haben, 2 Esslöffel in kurze Stücke gebrochene Spaghetti oder 2 Esslöffel Rundkornreis (Risottoreis) zur Suppe geben. 10–12 Minuten köcheln lassen, dann den Safran und die Muscheln einrühren.

Langoustines à la poêle
Kaisergranate aus der Pfanne

Um diesen Delikatessen des Meeres bei Tisch erfolgreich zu Leibe zu rücken. brauchen Sie Ihre Finger, einen Nussknacker und Metallspieße. Anstelle der Kaisergranate eignen sich ebenso Krebse oder Riesengarnelen. Lebende Tiere bis zur Zubereitung im Kühlschrank aufbewahren.

Um die Kaisergranate zu töten, jeweils 3–4 Stück mit dem Kopf voran in einen großen Topf mit sprudelnd kochendem Wasser werfen. Nach 2 Minuten herausnehmen.

In einer großen Pfanne die Hälfte des Öls und der Butter erhitzen. Die Kaisergranate darin bei großer Hitze 3 Minuten braten, dabei mehrmals vorsichtig wenden.

Mit Weinbrand übergießen und flambieren. Wenn die Flammen erloschen sind, die Granate aus der Pfanne nehmen und warm stellen (sie müssen nicht heiß gegessen werden).

Das restliche Öl in die Pfanne gießen. Frühlingszwiebeln und Knoblauch 1 Minute darin bei mäßiger Temperatur unter häufigem Rühren anschwitzen; salzen und pfeffern. Den Wein zugießen und bei etwas größerer Hitze 3–5 Minuten leicht einkochen lassen.

Inzwischen die Kaisergranate auslösen. Man kann dies auch dem Gast bzw. den Gästen überlassen, aber dann dürfen die erforderlichen Werkzeuge (siehe oben) sowie Fingerschalen und Servietten nicht fehlen.

Die Pfanne vom Herd nehmen. Petersilie und restliche Butter unter die Sauce ziehen, noch einmal abschmecken. Heiß mit den warmen Kaisergranaten servieren.

Für 2 Personen als Hauptgericht oder 4 Personen als Vorspeise

Zubereitung 10 Minuten
Kochzeit 20 Minuten

4 EL Olivenöl
50 g Butter
8–12 größere lebende Kaisergranate (Scampi)
4 EL Weinbrand
2 große Frühlingszwiebeln, fein gewürfelt bzw. geschnitten
3 Knoblauchzehen, zerdrückt
feines Meersalz und frisch gemahlener schwarzer Pfeffer
125 ml trockener Weißwein
2 EL frische glatte Petersilie, fein gehackt

»Die Panzer der Kaisergranate ergeben einen wunderbar aromatischen, leichten Fond – ideal zum Garen von Reis und Pasta oder zum Abrunden von Suppen und Saucen. Mit heißem Wasser bedecken und 10 Minuten köcheln lassen. Abkühlen lassen und durchseihen.«

Bouillabaisse
Provenzalische Fischsuppe

Die Bouillabaisse ist der große Rivale der Soupe de poissons als »die« Fisch-suppe der Provence. Eher ein Ragout als eine Suppe, war sie ursprünglich eine bescheidene Resteverwertung der Fischer: Hinein kam, was vom Fang des Tages nicht verkauft worden war. Sie sollte unbedingt einen Fisch mit kräftigem Aroma, etwa Drachenkopf (*rascasse*), und möglichst ein Stück gut gewässerten Klippfisch enthalten.

Für 4-6 Personen

Zubereitung 20 Minuten,
  dazu Zeit zum Marinieren
Kochzeit 20 Minuten
500 g frische Miesmuscheln
gut 1,25 kg gemischtes Fischfleisch
4 Tomaten
6 EL Olivenöl
1 große Zwiebel, fein gewürfelt
2 Schalotten, fein gewürfelt
feines Meersalz und frisch
  gemahlener schwarzer Pfeffer
Cayennepfeffer
1/2 kleine Fenchelknolle, fein
  gewürfelt
2 TL Fenchelsamen
4 Knoblauchzehen, zerdrückt
5 Stängel frische glatte Petersilie
4 Zweige frischer Thymian
1 Lorbeerblatt
10 cm getrocknete Orangenschale
  (S. 328)
1 Briefchen Safranfäden
300 ml trockener Weißwein
600 ml Fumet de moules (S. 258)
1 EL frische glatte Petersilie zum
  Garnieren
6 kleine bis mittelgroße Kartoffeln,
  geschält und gekocht
Aïoli (S. 131)
ein Baguette in Scheiben, leicht
  geröstet und mit Knoblauch
  eingerieben

Die Muscheln waschen und entbarten (siehe S. 257). Fischfilets in 5 cm große Stücke schneiden. Tomaten blanchieren und enthäuten (siehe S. 90); die Samen entfernen, das Fruchtfleisch fein würfeln.

In einem großen Topf 2 Esslöffel Öl erhitzen. Zwiebeln, Schalotten und Tomaten zufügen; mit etwas Salz, Pfeffer und Cayennepfeffer würzen. Bei mäßiger Hitze unter gelegentlichem Rühren 5–6 Minuten garen. Fenchel, Fenchelsamen, Knob-lauch, Petersilie, Thymian, Lorbeerblatt, Orangenschale und die Hälfte des Safrans untermischen. Auf kleiner Stufe 5 Minuten simmern lassen, dabei gelegentlich rühren. Vom Herd nehmen, 5 Minuten abkühlen lassen. Die Kräuterzweige und die Orangenschale entfernen.

Die Muscheln zufügen, dann den Fisch. Mit 4 Esslöffeln Öl beträufeln und den restlichen Safran darüberstreuen. Kurz behutsam durchmischen und zugedeckt an einem kühlen Ort mindestens 1 Stunde ziehen lassen.

Etwa 30 Minuten vor dem Essen Wein, Fumet de moules (Muschelfond) und so viel kaltes Wasser in den Topf gießen, dass der Fisch und die Muscheln bedeckt sind. Leicht salzen und pfeffern. Bei mäßiger Temperatur erhitzen, auf etwas geringerer Hitze 6–8 Minuten simmern lassen, bis der Fisch zu zerfallen beginnt.

Fisch und Muscheln mit einem Schaumlöffel in eine vorgewärmte flache Servier-schüssel heben; noch geschlossene Muscheln dabei aussortieren. Die Suppe durch ein feines Sieb in eine vorgewärmte Terrine gießen. Einige Esslöffel davon über den Fisch und die Muscheln träufeln. Die Suppe mit der gehackten Petersilie bestreuen.

Vorgewärmte Suppenteller und Schalen für die Abfälle auf den Tisch stellen. In jedem Teller eine gekochte Kartoffel mit einer Gabel zerdrücken und mit etwas Aïoli bestreichen. Fisch und Muscheln daraufgeben und Suppe darüberschöp-fen. Außer einem Löffel erweisen sich die Finger und auch Röstbrot als hilfreiche Werkzeuge beim Genuss einer Bouillabaisse.

Loup de mer au fenouil
Wolfsbarsch mit Fenchel

Ein herrlicher Klassiker der Provence-Küche. Servieren Sie dazu Tomates provençale (S.67) und die Kartoffeln, die es auch zu Dorade au vin blanc (S.276) gibt, oder Kartoffelpüree mit Knoblauch (S.195).

Für 4 Personen

Zubereitung 10 Minuten
Kochzeit 30 Minuten
1 Wolfsbarsch, ca. 1,25 kg
feines Meersalz und frisch
    gemahlener schwarzer Pfeffer
1 unbehandelte Zitrone
1 unbehandelte Orange
2 getrocknete Fenchelstängel
    (ca. 10 cm lang)
4 EL Olivenöl
2 TL gemahlene Fenchelsamen
50 g Butter

Den Fisch ausnehmen, gründlich waschen und mit einem Tuch oder Küchenpapier trocken tupfen. Innen salzen und pfeffern. Aus Zitrone und Orange je 4 dünne Scheiben schneiden; mit den Fenchelstängeln in den Fisch geben. Außen ebenfalls salzen und pfeffern. Das Olivenöl mit gemahlenem Fenchel verrühren; den Fisch gleichmäßig damit bestreichen.

Den Fisch von beiden Seiten je etwa 10 Minuten grillen (oder bei 220 °C im Ofen backen), nach 7–8 Minuten die erste Garprobe machen: Die Haut sollte knusprig sein und das Fleisch beim Einstechen mit einer Gabel ganz leicht auseinanderfallen. Vor dem Wenden die Oberseite mit dem Würzöl bestreichen, danach auch die zweite Seite.

Beim Braten im Ofen, das insgesamt etwa 20 Minuten dauert, den Fisch nach 12 Minuten herausnehmen, wenden und erneut mit Öl bestreichen. Für 6–8 Minuten zurück in den Ofen schieben, dann den Gabeltest machen: Falls das Fleisch noch nicht zerfällt, bei verminderter Hitze noch 3–5 Minuten braten.

Ob beim Grillen oder Braten im Ofen, man muss immer wieder den Gargrad prüfen. Schon ein paar Minuten hin oder her können darüber entscheiden, ob der Fisch wirklich gelingt.

Inzwischen restliche Zitrone und Orange auspressen. Butter mit dem Saft in einem kleinen Topf erhitzen, bis sie schmilzt. Mit Salz und Pfeffer würzen und 2 Esslöffel heißes Wasser einrühren.

Fenchelstängel und Früchtescheiben aus dem Fisch nehmen. Mit der Zitrus-Butter-Sauce gleich servieren. Die knusprige Haut lässt sich mit einer Gabel leicht abheben, auch alle Gräten lassen sich mühelos entfernen.

Rougets à la tapenade
Gebratene Rotbarben mit Tapenade

Rotbarben besitzen ein delikates Fleisch von feinem Geschmack. Sie sind in Minutenschnelle gar und sollten sparsam gewürzt werden. Gut passt Tapenade, aber ebenso könnte man eine Würzbutter nehmen, etwa Beurre persillé oder Beurre d'anchois (S. 132). Nach demselben Rezept gelingen auch ganze Sardinen, Filets vom Wolfsbarsch oder ein ganzer kleiner Wolfsbarsch vorzüglich.

Die Fischfilets waschen und trocken tupfen. Olivenöl in zwei beschichteten Pfannen erhitzen. Filets auf der Hautseite mit der Tapenade bestreichen und mit dieser Seite nach unten in die Pfannen legen. Bei mäßiger Temperatur 1 Minute braten, dann behutsam wenden und weitere 1–2 Minuten braten, bis das Fleisch fest wird.

Sofort vom Herd nehmen. Mit Pfeffer würzen und unverzüglich servieren. Dazu die Zitronenviertel reichen.

Für 4 Personen

Zubereitung 10 Minuten
Kochzeit 5 Minuten

4 Rotbarben, geschuppt und
  filetiert
4 EL Olivenöl
4 TL Tapenade verte (S. 117)
frisch gemahlener schwarzer
  Pfeffer
1 Zitrone, längs geviertelt

»Das Braten in der Pfanne kann ich für Fischfilets oder auch für ganze, kleine bis mittelgroße Mittelmeerfische empfehlen. Diese Garmethode ist sanft und lässt sich auch feiner steuern als das Braten im Ofen oder Grillen über Holzkohle.«

Dorade au vin blanc
Goldbrasse mit Weißwein aus dem Ofen

Dorade – oder Goldbrasse – gehört zu den begehrtesten Mittelmeerfischen. Hier wird sie mit einer Fülle aromatischer Zutaten in Weißwein im Ofen gebraten.

Für 4 Personen

Zubereitung 20 Minuten
Kochzeit 1 Stunde

4 EL Olivenöl, dazu Öl zum Einfetten
2 große Schalotten, gewürfelt
2 Tomaten, in Scheiben
6 Knoblauchzehen, in Scheiben
6 Stängel frische glatte Petersilie
4 getrocknete Fenchelstängel (ca. 10 cm lang)
2 Lorbeerblätter
1 unbehandelte Zitrone, in dünne Scheiben geschnitten
12 schwarze Pfefferkörner
2 Goldbrassen (je ca. 800 g)
250 ml trockener Weißwein
feines Meersalz und frisch gemahlener schwarzer Pfeffer
50 g gekühlte Butter, gewürfelt
ca. 500 g festkochende Kartoffeln, geschält und gewürfelt
Zitronenspalten zum Servieren

Den Backofen auf 200 °C vorheizen. Eine Gratinform, in der die Fische mit allen Zutaten gut Platz haben, mit Öl ausstreichen. Die Hälfte der Schalotten, Tomaten- und Knoblauchscheiben, Petersilie, Fenchelstängel, Lorbeerblätter, Zitronenscheiben und Pfefferkörner in die Form geben. Fische darauflegen, mit einigen Zitronenscheiben füllen und mit dem Rest der aromatischen Zutaten bedecken. Wein mit 250 ml Wasser verrühren und zugießen. Salzen und pfeffern, mit den Butterwürfeln bestreuen und für etwa 50 Minuten in den Ofen schieben.

Wenn die Fische etwa 10 Minuten im Ofen sind, die Kartoffeln in einer zweiten, ebenfalls mit Öl ausgestrichenen Form verteilen. Salzen und pfeffern, mit Öl beträufeln. Lose mit Alufolie bedecken; in den Ofen geben. Nach etwa 20 Minuten die Kartoffeln durchrühren und weiter garen.

Nach weiteren 15–20 Minuten beide Formen aus dem Ofen nehmen – die Fische müssen, wenn man sie mit einer Gabel einsticht, leicht zerfallen und die Kartoffeln weich sein. Die aromatischen Zutaten, außer die Tomaten- und Zitronenscheiben, von den Fischen streifen. Fische auf eine vorgewärmte Platte heben, die Kartoffeln ringsum verteilen. Warm stellen.

Den restlichen Inhalt der Form mit dem Fond in einen Topf füllen. Aufkochen und 3 Minuten köcheln lassen. Durch ein Spitz- oder Haarsieb in eine vorgewärmte Saucière abseihen, dabei die festen Bestandteile kräftig ausdrücken. Die Sauce abschmecken, etwas davon über die Fische träufeln. Mit Zitronenspalten servieren.

Getrockneter Fenchel, Knoblauch, Lorbeerblätter und Zitrone verleihen diesem delikaten Gericht eine typisch provenzalische Note.

Brandade de morue
Klippfischpüree

Klippfisch ist gesalzener und getrockneter Kabeljau – eine traditionelle Spezialität. Trotz ausgiebigen Wässerns behält er stets etwas von seiner salzigen Strenge. Dieses Püree, auf Croûtons (siehe Rouille, S. 118) als Vorspeise serviert, bietet eine gute Möglichkeit, um ihn kennenzulernen.

Für 4 Personen

Zubereitung und Kochzeit
   45 Minuten, dazu Zeit
   zum Wässern
800 g Klippfisch
3 Knoblauchzehen, zerdrückt
frisch gemahlener schwarzer
   Pfeffer
200 ml Olivenöl, dazu 2 EL Öl
   zum Verfeinern
175 ml Milch
1 mehlige Kartoffel, gekocht,
   gepellt und zerdrückt (nach
   Belieben)
3–4 EL Sahne (nach Belieben)
Saft von ½ Zitrone
Zum Servieren
geröstetes Knoblauchbrot (S. 46)

Den Klippfisch gründlich waschen. In einer großen Schüssel in kaltes Wasser legen, etwa 3 Stunden ziehen lassen. Herausnehmen und abtropfen lassen, das Wasser durch frisches ersetzen und den Fisch weitere 3 Stunden weichen lassen. Auf diese Weise fortfahren – es kann bis zu 30 Stunden dauern, bis der Fisch ausreichend gequollen ist und überschüssiges Salz abgegeben hat.

Den Klippfisch ein letztes Mal waschen und in einem Topf mit frischem kaltem Wasser bedecken. Bei mäßiger Temperatur erhitzen und bei etwas geringerer Hitze 6–8 Minuten sanft garen, bis sich der Fisch mühelos mit einer Gabel zerpflücken lässt.

Aus dem Topf nehmen und gut abtropfen lassen. Sobald man ihn anfassen kann, häuten und möglichst alle Gräten entfernen. Den Fisch in einer Schüssel mit einer Gabel fein zerpflücken und mit dem Knoblauch vermengen. Pfeffern.

Den Topf ausspülen und etwa ein Drittel des Olivenöls darin bei kleiner Hitze erwärmen. In einem zweiten Topf die Milch langsam erwärmen. Den Topf mit dem Olivenöl vom Herd nehmen. Fisch zugeben und mit einer großen Gabel oder einem Holzlöffel schlagen und rühren, bis das Öl gut untergermischt ist.

Auf kleiner Stufe wieder aufsetzen und weiter kräftig rühren. Langsam das restliche Öl und die warme Milch zugießen, dabei unablässig energisch rühren und schlagen. Wenn Öl und Milch eingearbeitet sind, sollte die Masse fast weiß sein und eine cremige, leicht zähe Konsistenz aufweisen. Falls sie zu flüssig ist oder Sie einen milderen Geschmack wünschen, nach und nach die zerdrückte Kartoffel unterrühren. Während der gesamten Zubereitung die Hitze niedrig halten.

Das Püree mit Zitronensaft und nach Geschmack mit weiteren 2 Esslöffeln Olivenöl sowie der Sahne aromatisieren. Großzügig pfeffern. Sehr heiß mit dem Knoblauchbrot servieren.

Thon à la provençale
Thunfisch mit Tomaten und Kräutern

Ein schnelles und unkompliziertes Hauptgericht. Man kann die Tomaten einige Stunden früher zubereiten und muss sie dann nur kurz aufwärmen, während der Fisch gart. Dazu passt gut Kartoffelpüree mit Knoblauch (S.195).

Die Tomaten in dicke Scheiben schneiden; einen Teil der Samen entfernen. Leicht salzen und in einem Durchschlag 30 Minuten abtropfen lassen.

In einem Schmortopf 3 Esslöffel Öl erhitzen. Die Tomaten aus dem Durchschlag heben, dabei überschüssigen Saft abschütteln. Im Öl mit Frühlingszwiebeln, Knoblauch, Thymian, der Hälfte des Basilikums und Pfeffer nach Geschmack bei mäßiger Temperatur in etwa 8 Minuten weich dünsten, dabei mehrmals rühren. Die Oliven untermischen. Vom Herd nehmen.

Den Thunfisch leicht salzen und pfeffern, mit dem restlichen Öl bestreichen.

Eine beschichtete Grillpfanne oder Bratpfanne kräftig erhitzen. Die Fischsteaks darin je nach Dicke 2–3 Minuten braten. Wenden und weiter braten, bis das Fleisch sein glasiges Aussehen verliert. Sofort vom Herd ziehen.

Inzwischen die Tomaten erwärmen und auf Teller verteilen. Die Steaks darauf anrichten, mit restlichem Basilikum bestreuen und etwas Pfeffer darübermahlen. Gleich servieren und die Zitronenspalten dazu reichen.

Für 4 Personen

Zubereitung 10 Minuten,
  dazu Zeit zum Abtropfen
Kochzeit 20 Minuten
400 g mittelgroße bis große
  reife Tomaten
feines Meersalz und frisch
  gemahlener schwarzer Pfeffer
5 EL Olivenöl
2 Frühlingszwiebeln, gehackt
2 Knoblauchzehen, zerdrückt
1 TL frische Thymianblättchen
2 TL frisches Basilikum, gehackt
6 schwarze Oliven, entsteint und
  gehackt
4 Thunfischsteaks (je 150–175 g)
Zitronenspalten zum Servieren

»Ein gutes Rezept für alle, denen vor der Zubereitung von Fischsteaks oder -filets bange ist. Wenn man die Tomaten vorher zubereitet, kann man sich auf den Fisch konzentrieren, während er in ein paar Minuten gart. Bei magerem oder zartem Fisch zuerst etwas Butter oder Öl in die Pfanne geben.«

Farce aux épinards
Spinatfüllung

Obwohl Spinat angeblich kühle, feuchte Witterung bevorzugt, gedeiht er auch in der Provence – er taucht dort in zahlreichen Rezepten auf. Mit etwas Unterstützung durch Knoblauch und Muskatnuss ergibt er eine feine, leichte Füllung. Äußerst beliebt ist sie für Sardinen (S. 282), sie wird aber auch sonst gern verwendet, besonders in Kombination mit Hähnchen, Schweinefleisch und Eierspeisen.

Den Spinat waschen, tropfnass in einen Schmortopf geben und mit einer Prise grobem Salz bestreuen. Bei mäßiger Hitze unter Rühren zusammenfallen lassen. In einem Durchschlag abtropfen und etwas abkühlen lassen. Wenn man ihn anfassen kann, gut ausdrücken und fein hacken.

In einem kleinen Topf die Milch zum Kochen bringen. Vom Herd nehmen, salzen und pfeffern. Butter in einer Pfanne bei mäßiger Temperatur zerlassen und den gehackten Spinat zufügen. Knoblauch und Petersilie gut unterrühren, das Ganze 1 Minute garen.

Langsam und unter ständigem Rühren die heiße Milch dazugießen. Den Spinat mit Muskatnuss sowie Salz und Pfeffer würzen. Etwa 5 Minuten köcheln lassen, bis die Mischung etwas trockener ist.

Vom Herd nehmen und vor der Verwendung abkühlen lassen.

Ergibt etwa 250 g

Zubereitung 15 Minuten
Kochzeit 15 Minuten
750 g junge Spinatblätter
grobes Meersalz
4 EL Milch
feines Meersalz und frisch
   gemahlener schwarzer Pfeffer
25 g Butter
2 Knoblauchzehen, zerdrückt
Blätter von 3 Stängeln frische
   glatte Petersilie, fein gehackt
2 Msp. frisch geriebene
   Muskatnuss

Omelette aux épinards   Spinatomelett

Eine Abwandlung des Omelette aux cébettes (S. 139): Die Frühlingszwiebeln werden durch 100 g Spinatfüllung ersetzt.

Gigotines farcies aux épinards
Hähnchenkeulen mit Spinatfüllung

Den Backofen auf 190 °C vorheizen. 1 Scheibe luftgetrockneten Schinken fein würfeln und unter 250 g Spinatfüllung mischen. In 4 ausgelöste Hähnchenkeulen füllen; mit Zahnstochern fest verschließen. In einer Schmorpfanne Butter zerlassen, die gefüllten Hähnchenkeulen hineinlegen, mit Salz und Pfeffer würzen und mit 3 Esslöffeln Noilly Prat oder einem anderen trockenen Wermut beträufeln. Im Ofen 40–45 Minuten braten, bis sie gar sind.

Sardines farcies aux épinards
Sardinen mit Spinatfüllung

Wenn dieses Gericht auf den Speisekarten provenzalischer Restaurants auftaucht, ist der Frühling endgültig da. Verwenden Sie kleine Sardinen, und lassen Sie sie auf keinen Fall zu lange im Ofen. Sicherheitshalber nach 13-15 Minuten den Garzustand prüfen und gegebenenfalls nochmals kurz in den Ofen schieben.

Backofen auf 200 °C vorheizen. Einen *tian* oder eine andere ofenfeste Keramikform mit Butter ausstreichen.

Die Sardinen unter fließendem kaltem Wasser säubern. Die Köpfe mit einer Schere abtrennen. Mit den Fingern oder einem Messer die Bauchhöhle öffnen und die Innereien sowie das Rückgrat mit allen Gräten herauslösen.

Die Fische aufklappen und mit der Hautseite nach unten nebeneinander auf die Arbeitsfläche legen. Je 1 gehäuften Teelöffel Spinatfüllung auf den Sardinen verstreichen und die Fische vom Kopf- zum Schwanzende hin aufrollen.

Etwa zwei Drittel der restlichen Spinatfüllung in der vorbereiteten Form verteilen. Die Sardinenröllchen daraufsetzen und mit der restlichen Spinatfüllung bedecken. Den Gruyère und die Butterwürfel darüber verteilen.

Das Gericht 15–20 Minuten im Ofen garen. Heiß in der Form servieren.

Für 4 Personen

Zubereitung 30 Minuten
Kochzeit 20 Minuten

25 g Butter, gewürfelt, dazu weiche Butter für die Form
12 frische Sardinen (insgesamt ca. 600 g)
Farce aux épinards (S. 281)
30 g gereifter Gruyère, gerieben
feines Meersalz und frisch gemahlener schwarzer Pfeffer (nach Belieben)

Die Sardinen säubern, ausnehmen und entgräten. Wie ein Buch aufklappen und mit der Füllung bestreichen.

Samstag: Rezepte: Fisch und Meeresfrüchte

Maquereaux grillés aux herbes
Gegrillte Makrelen mit Kräutern

Um Makrelen auf die hier beschriebene Art nur mit ein paar Kräutern zu grillen, müssen sie absolut frisch sein. Kleine Exemplare kann man bei einem zwanglosen Essen einfach in die Hand nehmen.

Für 4 Personen

Zubereitung 15 Minuten
Kochzeit 10 Minuten
8 kleine Makrelen
feines Meersalz und frisch gemahlener schwarzer Pfeffer
4 EL Olivenöl
3 kleine Zweige frischer Thymian
8 kleine Stängel frische glatte Petersilie
8 kleine Zweige frisches Fenchelgrün oder Dill
1 Zitrone, längs geviertelt

Den Holzkohlen- oder Elektrogrill vorheizen.

Die Fische ausnehmen, gründlich waschen und mit einem Tuch oder Küchenpapier trocken tupfen. Innen salzen und pfeffern.

Nebeneinander auf eine Platte legen. Auf beiden Seiten einige Male schräg bis auf das Fleisch einschneiden. Außen salzen und mit dem Olivenöl beträufeln; die Kräuter auf den Fischen verteilen.

Von jeder Seite 3–5 Minuten (je nach Größe) grillen. Nochmals nach Geschmack salzen und pfeffern und mit den Zitronenvierteln servieren

Sardines grillés à l'estragon
Gegrillte Sardinen mit Estragon

Ein Dutzend frische kleine Sardinen ausnehmen, waschen und mit einem Tuch oder Küchenpapier trocken tupfen. 3 Esslöffel Olivenöl mit 2 Teelöffeln fein gehacktem frischem Estragon verrühren. Die Fische innen und außen salzen und pfeffern, auf einer Platte mit dem Kräuteröl beträufeln und darin wenden. Unter dem Elektrogrill oder über Holzkohle 2 Minuten von jeder Seite braten, jedoch nicht zu lange. 4 dicke Scheiben *pain de campagne* (Landbrot) rösten, mit einer durchgeschnittenen Knoblauchzehe einreiben und mit gesalzener Butter bestreichen. Die Sardinen auf dem Brot anrichten, pfeffern und servieren.

Die Fische auf beiden Seiten mehrmals schräg einschneiden. Vor dem Garen würzen und dann mit Kräutern belegen.

Abendmenü

Menu

tarte à la
tomate

encornets
à l'américaine

riz pilaf

meringues
aux pignons

Tarte à la tomate
Tomaten-Tarte

Diese elegante, traditionelle Tarte ist nicht allzu schwierig zu machen, erfordert allerdings etwas Zeit. Wenn nötig, nehmen Sie eine Fertigteigmischung, aber die feine, herzhafte Füllung sollte sorgfältig zubereitet werden.

Backofen auf 180 °C vorheizen. Eine 30 cm große Tarte-Form mit losem Boden mit Butter ausstreichen.

Den Teig auf einer gemehlten Arbeitsfläche dünn ausrollen und die Form damit auslegen, dabei den Teig nicht ziehen. Gleichmäßig mit einer Gabel einstechen, mit Backpapier bedecken, mit trockenen Bohnenkernen füllen und 15 Minuten backen. Aus dem Ofen nehmen und abkühlen lassen.

Tomaten blanchieren und enthäuten (siehe S. 90). In Scheiben schneiden, mit Salz bestreuen und in einem Durchschlag abtropfen lassen.

Für die Füllung in einer Pfanne die Zwiebeln mit dem Speck im Öl bei mäßiger Temperatur in 15 Minuten weich und goldbraun braten, dabei häufig rühren. Zucker, Knoblauch, Dosentomaten und Tomatenmark zufügen. Unter gelegentlichem Rühren 10 Minuten einköcheln lassen. Die Pfanne vom Herd nehmen und die Mischung etwas abkühlen lassen.

Die Ofentemperatur auf 200 °C erhöhen. In einer Schüssel die Eier leicht verquirlen. Salzen und pfeffern, Oregano oder Majoran zufügen. Unter die Tomatenmischung in der Pfanne rühren.

Das Ganze auf dem Teigboden verteilen, die abgetropften Tomatenscheiben gleichmäßig darauf anordnen. Mit Thymian und geriebenem Käse bestreuen. Die Tarte 30 Minuten im Ofen backen. Herausnehmen und vor dem Servieren noch 3–5 Minuten abkühlen lassen.

Schmoren Sie die Füllung langsam, bis sie ganz weich und trocken ist. Erst wenn die überschüssige Flüssigkeit verdampft ist, werden die Eier untergemischt.

Für 6 Personen

Zubereitung 40 Minuten, dazu Zeit für die Teigherstellung
Kochzeit 30 Minuten

Butter für die Form
350 g salzige Pâte brisée (S. 213)
6–8 große reife Tomaten
2 TL frische Thymianblättchen
60 g gereifter Gruyère, gerieben

Für die Füllung

500 g Zwiebeln, fein gewürfelt
150 g geräucherter Bauchspeck, gewürfelt
1½ EL Erdnussöl
1 knapper TL Zucker
3 Knoblauchzehen, zerdrückt
400 g geschälte Tomaten (Dose), ohne Saft
2 EL Tomatenmark
2 Eier
Salz und Pfeffer
2 TL getrockneter Oregano oder Majoran

Samstag: Abendmenü: Vorspeise

Encornets à l'américaine
Kalmare in klassischer Meeresfrüchtesauce

Ein üppiges Gericht, das man für ein Essen mit Gästen gut im Voraus zubereiten kann. Vor dem Servieren nur kurz aufwärmen und mit dem Safran vollenden.

Für 6 Personen

Zubereitung 20 Minuten
Kochzeit 1½ Stunden

2 kg kleine bis mittelgroße Kalmare (Calamari)
4 EL Olivenöl
2 Zwiebeln, fein gewürfelt
feines Meersalz und frisch gemahlener schwarzer Pfeffer
4 EL Weinbrand
500 ml Weißwein
4 getrocknete Fenchelstängel (ca. 10 cm lang)
2 Lorbeerblätter
15 g Butter
100 g gekochter Schinken, fein gewürfelt
3 Knoblauchzehen, zerdrückt
3 Stängel frische glatte Petersilie, fein gehackt
1 kleine scharfe Chilischote, ohne Samen, gehackt
6 Tomaten, fein gewürfelt
1 EL Tomatenmark
1 kräftige Prise Safranfäden

Von den Kalmaren die Köpfe abschneiden; die Arme abtrennen und beiseite legen. Die Innereien mit dem langen Knochen herausziehen. Die Körper waschen und häuten. Aufschneiden und in Streifen von 1 cm Breite und 6 cm Länge schneiden, trocken tupfen. Das Öl in einem großen Schmortopf erhitzen. Die Kalmarstreifen und -arme zugedeckt bei mäßiger Hitze 20 Minuten braten, dabei gelegentlich rühren. Zwiebeln 5 Minuten mitschmoren, bis sie weich und goldgelb sind. Salzen und pfeffern.

Den Weinbrand erwärmen und die Kalmare damit flambieren. Wenn die Flammen erloschen sind, Wein zufügen. Zugedeckt 15 Minuten schmoren, dann 500 ml Wasser sowie Fenchelstängel und Lorbeerblätter dazugeben. Bei schräg aufgelegtem Deckel auf mäßiger Hitze 10–15 Minuten köcheln lassen, ab und zu umrühren.

Inzwischen in einer Pfanne die Butter zerlassen. Schinken, Knoblauch, Petersilie, Chili, Tomaten und Tomatenmark zufügen. Umrühren und 10 Minuten köcheln lassen.

Den Topf vom Herd nehmen. Kalmare, Fenchelstängel und Lorbeerblätter herausnehmen und beiseite stellen. Den übrigen Topfinhalt mit der Schinkenmischung im Mixer glatt pürieren, durch ein feines Sieb in eine Schüssel streichen.

Kalmare, Fenchelstängel und Lorbeerblätter zurück in den Topf geben. Die Sauce unterrühren. Auf kleiner Stufe etwa 20 Minuten köcheln lassen; ab und zu rühren und aufpassen, dass das Ganze nicht zu trocken wird.

Kurz vor dem Servieren den Safran in 2 Esslöffeln warmem Wasser einweichen. Fenchelstängel und Lorbeerblätter aus dem Topf nehmen. Das Safranwasser einrühren und das Gericht nochmals abschmecken. Heiß servieren.

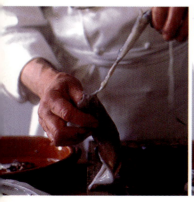

Den transparenten Knochen und die Eingeweide aus den Kalmaren herausziehen, dann die äußere Haut abziehen oder abschaben.

290 Samstag: Abendmenü: Hauptgericht

Riz pilaf
Pilawreis

Wenn man Langkornreis erst in Butter mit gehackter Schalotte kurz brät und dann im geschlossenen Topf vor sich hinköcheln lässt, gerät er ohne großen Aufwand perfekt: schön körnig und dennoch weich genug. Eine exzellente Beilage zu Meeresfrüchten mit üppiger, herzhafter Sauce wie Encornets à l'américaine (S.290), aber ebenso zu hellem Fleisch oder geschmortem Gemüse.

Für 6 Personen

Zubereitung 10 Minuten
Kochzeit 25 Minuten
75 g Butter
4 kleine Schalotten, fein gewürfelt
300 g Camargue- oder anderer
  Langkornreis
ca. 750 ml Gemüsebrühe oder
  Wasser (nach Bedarf)
feines Meersalz und frisch
  gemahlener schwarzer Pfeffer

In einem Schmortopf die Hälfte der Butter zerlassen. Darin die Schalotten auf kleiner Hitze in 5 Minuten weich dünsten, dabei häufig rühren.

Den Reis in einer Tasse abmessen – man braucht exakt die doppelte Menge Brühe oder Wasser. Die restliche Flüssigkeit wird verwendet, um bei Bedarf etwas nachzugießen.

Den Reis zu den Schalotten geben und 2 Minuten rühren, bis die Körner gleichmäßig vom Fett überzogen sind und glasig schimmern. Leicht salzen.

Die abgemessene Menge Brühe oder Wasser zugießen. Einmal umrühren, einen Deckel auflegen und den Reis bei mäßiger Temperatur 20 Minuten garen; dabei gelegentlich prüfen, wie weit er ist. Wenn er trocken wirkt, aber noch hart ist, etwas Brühe oder Wasser zufügen und noch einige Minuten köcheln lassen, bis der Reis eben weich, aber körnig und locker ist – er darf nicht matschig zusammenkleben.

Die restliche Butter würfeln. Den Reis vom Herd nehmen, auflockern und mit Salz und Pfeffer abschmecken. In eine vorgewärmte Servierschüssel füllen und die Butter unterziehen. Bald servieren.

Couscous aux raisins
Couscous mit Sultaninen

In den Küchen der Provence hat der Couscous, ein mittelgrober Hartweizengrieß und nordafrikanisches Grundnahrungsmittel, eine zweite Heimat gefunden. Servieren Sie ihn doch einmal statt Reis zu Meeresfrüchten. Mit Sultaninen angereichert und herrlich locker, passt er besonders gut zu Tintenfisch. Und er schmeckt dezent genug, um einer aromatischen Sauce keine Konkurrenz zu machen.

Brühe oder Wasser zum Kochen bringen. Das Öl in einen Schmortopf geben und bei mittlerer Temperatur erhitzen. Den Couscous einrühren, bis die Körnchen gleichmäßig von Fett überzogen sind. So viel kochende Brühe oder heißes Wasser dazugießen, wie auf der Couscous-Packung angegeben ist. Leicht salzen und pfeffern. Umrühren, dann einen Deckel auflegen und die Temperatur reduzieren. Den Couscous 6–8 Minuten garen, bis er die Brühe aufgesogen hat, dabei gelegentlich rühren (oder gegebenenfalls nach der Packungsanweisung zubereiten).

Inzwischen die Butter in einer kleinen Pfanne bei mäßiger Temperatur zerlassen. Die Sultaninen zufügen und 2–3 Minuten darin braten. Vom Herd nehmen.

Den Couscous vom Herd nehmen und die Butter-Sultaninen-Mischung mit einer Gabel unterziehen. Zugedeckt 5–10 Minuten ruhen lassen. Kurz vor dem Servieren den Couscous mit einer Gabel auflockern und nochmals abschmecken.

Variation

Ersetzen Sie den Couscous durch Bulgur (Weizenschrot), den Sie auf dieselbe Weise zubereiten.

Für 6 Personen

Zubereitung 5 Minuten,
  dazu Zeit zum Ruhen
Kochzeit 20 Minuten
500 ml Gemüsebrühe oder Wasser
  (nach Bedarf)
3 EL Olivenöl
350 g vorgegarter Couscous
feines Meersalz und frisch
  gemahlener schwarzer Pfeffer
25 g Butter
3 EL Sultaninen

»Couscous und Pilawreis sind hervorragende Beilagen zu Fisch ebenso wie zu Huhn und Lamm.«

Meringues aux pignons
Baiser mit Pinienkernen

Schon für sich sind diese Meringen exquisit, noch besser schmecken sie mit einem Frucht-Coulis (S. 136) und aufgeschlagener Crème fraîche. Pinienkerne sind das provenzalische Tüpfelchen auf dem i, doch kann man ebenso geröstete Mandelblättchen oder gehackte Pistazien verwenden.

Backofen auf 100–120 °C vorheizen.

Die Eiweiße mit 1½ Esslöffel Zucker und Zitronensaft schlagen, bis sich weiche Spitzen bilden. Noch 1 Esslöffel Zucker darunterschlagen. Wenn das Eiweiß so steif ist, dass Spitzen stehen bleiben, nach und nach den restlichen Zucker mit dem Schneebesen einarbeiten, bis eine feste, glänzende Masse entstanden ist.

Den Puderzucker sieben und mit einem Metalllöffel unter die Baisermasse ziehen.

Ein Blech mit Backpapier auslegen. Die Baisermasse esslöffelweise in Abständen von etwa 3 cm daraufsetzen. Mit Pinienkernen bestreuen.

Die Baisers 1¾ Stunden backen. Im abgeschalteten Ofen auskühlen lassen.

Mit Coulis und aufgeschlagener Crème fraîche servieren.

Für 6 Personen

Zubereitung 20 Minuten
Kochzeit 1¾ Stunden
3 Eiweiß
100 g Zucker
½ TL Zitronensaft
100 g Puderzucker
100 g Pinienkerne

Zum Servieren
Aprikosen-Coulis (S. 136)
gekühlte Crème fraîche

Zwischen den Eiweißhäufchen reichlich Abstand lassen. Großzügig Pinienkerne darüberstreuen, aber nicht in die Baisermasse hineindrücken.

Samstag: Abendmenü: Dessert

Sonntag

Echt französisch

endet auch ein provenzalisches Essen mit *fromages et fruits*, mit Käse und Früchten. Entdecken Sie, was sich aus Früchten zaubern lässt. Besuchen Sie eine Molkerei, die in handwerklicher Tradition Ziegenkäse herstellt, und sagen Sie der Provence *au revoir* mit einem wirklich lukullischen Abendmenü.

Le marché aux fruits

Vom zeitigen Frühjahr bis in den Spätherbst locken die Märkte der Provence mit einem ständig wechselnden Angebot an Früchten aus der Region. Frisch gepflückt, bieten sie den vollendeten Genuss.

Melonen sind in der Provence von Mai bis Oktober auf dem Markt. In den Sommermonaten sind sie besonders aromatisch – und auch am preiswertesten.

Ob man weiße oder gelbe Pfirsiche – *pêches blanches* oder *jaunes* – bevorzugt, ist Geschmackssache. Achten Sie darauf, dass sie nicht importiert sind. Die Früchte sollen sich fest, aber nicht hart anfühlen und zart duften. Da sie leicht Druckstellen bekommen, behutsam behandeln.

So verlockend sich süße, vollreife Weintrauben auf dem Marktstand präsentieren mögen, man sollte nie zuviel davon kaufen. Ein schönes, stattliches Exemplar sieht ansprechender aus als zwei, drei kleinere. In kaltem Wasser waschen, Wasser vorsichtig abschütteln und in einem Durchschlag abtropfen lassen. Trauben möglichst mit Raumtemperatur servieren. Die Beeren von halb »abgegessenen« Trauben verwenden Sie am besten in einem Obstsalat.

Frische Früchte

Die kleinen Obstplantagen der Provence profitieren von einer langen Erntesaison. Besonders köstlich sind die früh reifenden einheimischen Früchte wie Erdbeeren und Aprikosen.

Die meisten Orangen und Mandarinen, die man auf den Märkten der Provence sieht, kommen aus Nordafrika und Südspanien. Ohne Aufwand, dennoch sorgfältig präsentiert, sind sie einfach unwiderstehlich. Wählen Sie möglichst Früchte, an denen noch ein Blattstiel sitzt.

Wenn Aprikosen Saison haben, sollte man sie möglichst in verschiedenen Reifestadien kaufen (dasselbe gilt z.B. für Melonen, Pfirsiche und Birnen). Die reifsten Exemplare verwenden Sie gleich bei der nächsten Mahlzeit, die anderen können Sie einige Tage an einem kühlen Ort (nicht im Kühlschrank!) lagern.

Beeren verderben schnell, das liegt in ihrer Natur. Man sollte sie kühl lagern und noch am gleichen Tag servieren. Bei heißem Wetter kann man Himbeeren, Blaubeeren und Rote oder Schwarze Johannisbeeren auch im Kühlschrank aufbewahren, das Aroma von Erdbeeren leidet allerdings unter Eiseskälte. Waschen Sie Beeren nur, wenn absolut notwendig, und dann auch ganz behutsam.

Canapés de figues au fromage de brebis
Überbackenes Baguette mit Feigen und Schafsfrischkäse

Frische Feigen und sahniger Frischkäse von Schafs- oder Ziegenmilch auf knusprigem Baguette, ergänzt durch aromatischen Honig – ein echt provenzalischer Genuss und ein perfektes spätes Frühstück. Sie können diesen Leckerbissen noch mit frisch gemahlenem schwarzem Pfeffer abrunden.

Für 6 Personen

Zubereitung 10 Minuten
Kochzeit 15 Minuten

1 frisches Baguette
8 reife Feigen
250 g Schafsfrischkäse
6–8 EL Rosmarin- oder Lavendelhonig

Den Grill vorheizen. Das Baguette schräg in lange Scheiben schneiden. Nebeneinander auf ein Backblech legen und auf beiden Seiten unter dem Grill leicht rösten.

Die Feigen senkrecht in Scheiben schneiden und auf den Baguettescheiben arrangieren. Den Käse darauf verteilen und leicht andrücken.

Für 3–4 Minuten unter den Grill schieben, bis der Käse leicht gebräunt ist und Blasen wirft.

Mit Honig beträufeln und gleich servieren.

Schneiden Sie die Feigen in gleichmäßige Scheiben. Auf das Baguette legen und Käse daraufsetzen. Je kleiner die Käsestücke, desto schneller bildet sich eine feine, gleichmäßige Kruste.

Birnen vorbereiten

Wenn eine Birne auf Druck leicht nachgibt und intensiv duftet, ist sie zum Essen perfekt. Für einen Kuchen wie den Tatin de poires (S. 306) oder um sie für ein Dessert zu pochieren, sind Birnen in diesem Reifestadium dagegen nicht mehr geeignet. Wählen Sie

Schälen Die Birnen sorgfältig schälen, dabei die Messerklinge parallel zur Schale führen. Ein gerades oder gebogenes Messer ist besser geeignet als ein Schälmesser. Die Früchte längs halbieren und das Kerngehäuse entfernen.

Pochieren Die Birnenhälften nebeneinander in einen großen Topf oder eine Schmorpfanne legen. Mit heißem Wasser oder leichtem Sirup bedecken und 2–3 Minuten köcheln lassen, bis sie eben gar sind. Zur Probe mit einer Messerspitze einstechen (Für einen leichten Sirup 6 Esslöffel Zucker mit 400 ml Wasser erhitzen und 5 Minuten simmern lassen.)

dafür makellose Früchte, die zwar nicht mehr steinhart, aber doch noch ziemlich fest sind. Wenn Sie Fächerbirnen mit luftgetrocknetem Schinken servieren wollen, suchen Sie Exemplare aus, deren Reifegrad genau in der Mitte liegt: nicht zu hart und nicht zu weich.

Abtropfen lassen
Die Birnen mit einem Schaumlöffel herausheben. Abtropfen lassen, kalt abbrausen und wieder abtropfen lassen. Auf ein Küchentuch oder eine doppelte Lage Küchenpapier geben, das die Restfeuchtigkeit aufsaugt. Mit der Schnittfläche nach unten auf eine Arbeitsfläche legen und längs in dünne Scheiben schneiden, die am oberen Ende noch zusammenhängen.

Auffächern
Behutsam mit der flachen Hand auf die Birnenhälften drücken, um sie aufzufächern. Falls Sie die Birnen nicht gleich weiterverarbeiten, mit Zitronensaft beträufeln, damit sie nicht oxidieren und sich dunkel verfärben.

Tatin de poires
Birnenkuchen

Dieser karamellisierte gestürzte Birnenkuchen ist eine provenzalische Variante der Tarte Tatin, des klassischen Apfelkuchens aus dem Nordwesten Frankreichs. Er gelingt auch gut mit Pfirsichen, Nektarinen, Pflaumen oder Aprikosen.

Für 6–8 Personen

Zubereitung 50 Minuten
Backzeit etwa 50 Minuten

4 reife, aber noch feste Birnen (z. B. Williams Christ, Abate)
4 EL Rosmarin- oder Lavendelhonig

Für den Teig

150 g Butter, dazu weiche Butter zum Einfetten
2 große Eier
200 g flüssiger Honig
200 g Mehl
2 TL Backpulver

Backofen auf 180 °C vorheizen. Eine runde Kuchenform mit Rand (24 cm Durchmesser) – eine Springform ist nicht geeignet – mit Butter ausstreichen.

Die Birnen schälen, pochieren und auffächern (siehe S. 304–305).

In einem kleinen, schweren Topf den Honig aufkochen und bei mäßiger Hitze köcheln lassen, bis er etwas dunkler wird und karamellisiert. Gleichmäßig in die vorbereitete Form gießen und die Birnen mit der Rundung nach unten darauflegen.

Für den Teig die Butter zu einer weichen Creme rühren. Eier mit Honig mit einem Elektroquirl in etwa 10 Minuten hell und dick aufschlagen. Mehl mit Backpulver durchsieben und gründlich untermischen. Zuletzt die weiche Butter unterrühren.

Teig auf den Birnen verteilen. Die Form auf eine harte Unterlage aufstoßen, damit sich alles setzt. Den Kuchen etwa 50 Minuten backen. Er ist gar, wenn ein in der Mitte hineingestochenes Messer sauber wieder herauskommt. Abkühlen lassen.

Wenn man die Form anfassen kann, eine größere Platte auf sie legen und das Ganze mit Schwung umdrehen. Die Form abnehmen. Den Kuchen nach Belieben warm oder völlig ausgekühlt servieren.

Gießen Sie den kochenden Honigkaramell als Unterlage für die Birnen gleichmäßig in die Form. Er bildet eine goldene Schicht, die den fertigen, gestürzten Kuchen überzieht.

Glace à la fraise
Erdbeereis

Dieses Erdbeereis ist nicht übermäßig süß und schmeckt herrlich frisch und fruchtig. Im Unterschied zu fertig gekauftem Eis, das Konservierungsmittel und Stabilisatoren enthält, sollte hausgemachtes Eis innerhalb von ein paar Tagen gegessen werden.

Für 6 Personen

Zubereitung 15 Minuten,
  dazu Zeit zum Abkühlen
  und Gefrieren
Kochzeit 5 Minuten
600 g frische oder aufgetaute
  Erdbeeren
8 EL Zucker
1 EL Orangensaft
400 g gekühlte Crème fraîche

Zum Servieren
100 g frische Erdbeeren
Lavendelkekse (S. 222)
  (nach Belieben)

Von frischen Erdbeeren den Stielansatz entfernen. Die Früchte mit Zucker und Orangensaft in einen Topf geben, rasch unter ständigem Rühren zum Kochen bringen. Dann bei mäßiger Temperatur 2 Minuten köcheln lassen und die Früchte zerdrücken. Etwas abkühlen lassen.

Das Erdbeermus durch ein feines Sieb in eine große Schüssel streichen. Dabei mit dem Löffelrücken kräftig drücken, um möglichst viel Fruchtfleisch zu gewinnen. Zwischendurch und zum Schluss das an der Siebunterseite haftende Mus abschaben. Abkühlen lassen.

In einer zweiten Schüssel die Crème fraîche steif schlagen und 1 gehäuften Esslöffel unter das Erdbeermus ziehen. Nun immer nur einige Löffel Crème fraîche auf einmal unterheben, dabei den Spatel mit leichten Bewegungen vom Schüsselboden nach oben führen. Die fertige Mischung in die Eismaschine geben und frieren lassen. In einen geeigneten Behälter füllen und ins Gefrierfach stellen.

Etwa 10 Minuten vor dem Servieren (bei sehr niedriger Umgebungstemperatur etwas früher) herausholen. In Schalen oder Gläsern anrichten. Dazu frische Erdbeeren und nach Belieben Lavendelkekse reichen.

Variationen
Für die Herstellung ohne Eismaschine die Mischung in einen geeigneten Behälter gießen und ins Gefrierfach stellen. Nach etwa 45 Minuten in der Küchenmaschine oder mit einem Pürierstab einige Sekunden durchmixen; wieder ins Gefrierfach stellen. Nach 45 Minuten erneut durchmixen. Danach die Eiscreme ganz durchfrieren lassen.

Auf gleiche Weise und mit denselben Mengen Früchte können Sie Himbeereis (mit 10 Esslöffeln Zucker) und Pfirsich- oder Aprikoseneis (mit 6 Esslöffeln Zucker) herstellen.

A la fromagerie

Die Käsesorten einer Gegend spiegeln immer deren Klima, Bodenbeschaffenheit und Flora wider. Als Region, die sich weder durch ein gemäßigtes Klima noch durch saftige, weitläufige Weiden auszeichnet, bringt die Provence vornehmlich Käse aus Ziegen- und Schafsmilch hervor, während in anderen Teilen Frankreichs der aufwendiger hergestellte Käse aus Kuhmilch das Angebot dominiert.

Die Käsereien der Provence sind in der Regel klein und verarbeiten nur eine Milchsorte. Typischerweise stellen handwerklich arbeitende Betriebe nur zwei Sorten Käse her: einen kleineren für den raschen Verzehr und einen größeren, der reifen soll.

Während Schafe flacheres Gelände und Kühe fettes Weideland bevorzugen, kommen in der kargen Berglandschaft der Provence - mit ihrem spärlichen Angebot an aromatischen Sträuchern - Ziegen bestens zurecht. So robust sie auch anmuten, behagt ihnen Regen und Wind aber nicht und schon gar nicht die strenge winterliche Kälte in höheren Lagen. Daher werden die Ziegen von November bis April im Stall gehalten.

Nette Gesellen

Auch wenn sie als zickig gelten: Ziegen sind im Grunde recht umgänglich. Die ab und zu mit Kopfstößen ausgefochtenen Machtkämpfe sind kein echtes Problem, solange die Tiere genug Platz haben. Auch muss die Tränke so angelegt sein, dass ein dominantes Tier den anderen nicht den Zugang versperren kann.

Melken

Genau wie Milchkühe werden Ziegen zweimal täglich gemolken – morgens und am späten Nachmittag. Fast könnte man meinen, sie liebten diese Prozedur, und eine jede weiß, wo ihr Platz dabei ist.
▽

△
Die Herden

Mindestens fünf Jahre lang geben Ziegen Milch. Einmal jährlich, nämlich wenn sie Nachwuchs – meist zwei Kitze – bekommen haben, und auch schon kurz davor, fallen sie für 1½–2 Monate als Milchlieferanten aus. Nur die weiblichen Zicklein bleiben in der Herde, die Zahl der Böcke beschränkt sich auf zwei oder drei.

Ziegenmilch   Frische Ziegenmilch besitzt einen sehr angenehmen, reinen Geschmack mit einer leichten Stroh-Note. Bei ihr sind im Vergleich zu Kuhmilch die Fettkügelchen kleiner, weshalb diese Milch wie auch die aus ihr hergestellten Käse leichter verdaulich sind.
▽

△
Käseherstellung   Die Milch wird innerhalb weniger Stunden nach dem Melken verarbeitet. Nach Zusatz eines Gerinnungsmittels wird sie dick, dann trennen sich Gallerte und Molke – die festen und flüssigen Bestandteile – allmählich voneinander. Um 100 g Käse herzustellen, sind über 3 l Ziegenmilch nötig.

»Ziegen sind sehr sensible Wesen, ein wenig wie Kinder. Sie mögen es, wenn etwas los ist, aber sie hassen es, angetrieben zu werden, vor allem, wenn es zum Melken geht.«

Sonntag: A la fromagerie   313

Drei Reifestufen

Der frische Ziegenkäse aus bäuerlicher Herstellung trocknet allmählich und entwickelt eine natürliche Rinde. Bei sorgfältiger Behandlung verändert er im Lauf der weiteren Reifung seine Geschmacksmerkmale.

△

Jung Der Teig ist sehr weich, ein wenig krümelig und sehr feucht. Sein mildes Aroma lässt den typischen Ziegenkäsegeschmack kaum ahnen. Nach etwa 10–14 Tagen zeigt sich auf dem rahmweißen, fast rindenlosen Laib ein feiner, flaumiger Schimmelbelag.

△

Mittelalt Der Käse ist durch Feuchtigkeitsverlust etwas geschrumpft. Er entwickelt eine dünne Rinde mit vereinzelten blauen Schimmelpartien. Sein Teig ist fester geworden, man erkennt eindeutig den Geschmack der Ziegenmilch.

△

Alt Der Laib ist noch kleiner geworden, die inzwischen dickere Rinde ist fast schrumpelig, und der blaue Schimmel hat sich ausgebreitet. Die Textur ist jetzt sehr fest, mitunter fast splittrig, der Geschmack angenehm pikant und leicht nussig.

»Lassen Sie sich von einer schimmeligen oder krustigen Rinde nicht abschrecken. Man kann sie einfach abkratzen oder wegschneiden, bevor man den herrlich reifen Käse genießt.«

Traditioneller Tomme

Aus den Bergen der Provence kommt dieser Käse, der mindestens 3 Monate reift und bis zu 10 Monate gelagert werden kann. Tomme ist ein halbfester bis fester Schnittkäse und schmeckt voller und runder als Frischkäse.

Voller Geschmack
Tomme wird in verschieden großen Laiben angeboten. Sie sind eckig oder (meistens) rund, hoch oder flach. Die von einem Schimmelrasen überzogene, fleckige Rinde (man isst sie nicht mit) umschließt einen festen, leicht elastischen Teig mit nussigem Geschmack.

Reichlich Milch
Gewöhnlich wird Tomme aus Kuhmilch hergestellt, aber es gibt auch Versionen aus Schafs- oder Ziegenmilch. Pro Kilogramm dieses Käses werden 10 l Milch verarbeitet – ein äußerst nahrhafter Genuss also.

Sonntag: A la fromagerie

Pêches au jambon cru et au fenouil
Pfirsiche mit rohem Schinken und Fenchel

Mit luftgetrocknetem Schinken ergeben Pfirsiche und Fenchel, in Spalten geschnitten, ein köstliches salzig-süßes Trio. Mit gutem, knusprigem Brot ein herrliches schnelles Essen im Sommer.

Für 4 Personen

Zubereitung 15 Minuten

4 reife Pfirsiche
1 kleine Fenchelknolle
12 dünne Scheiben luftgetrockneter Schinken
Olivenöl *vierge extra* zum
   Beträufeln
frisch gemahlener schwarzer
   Pfeffer

Die Pfirsiche in kochendem Wasser 2–3 Minuten blanchieren. Mit einem Schaum-löffel herausheben. Prüfen, ob sich die Haut leicht abziehen lässt, andernfalls nochmals für 1 Minute ins kochende Wasser geben. Kalt abbrausen, abtropfen lassen und enthäuten. Die Früchte halbieren, die Steine entfernen, jede Hälfte längs nochmals halbieren.

Den Fenchel längs vierteln. Den Strunk herausschneiden und jedes Viertel längs in zwei oder drei Spalten schneiden.

Die Pfirsichviertel und Fenchelspalten mit dem Schinken auf einer Platte anrichten. Mit bestem Olivenöl beträufeln und großzügig Pfeffer darübermahlen.

Variationen
Ersetzen Sie die Pfirsiche durch Nektarinen, reife Melone oder Birnen. Die Nekta-rinen müssen im Gegensatz zu den Pfirsichen nicht enthäutet werden; gründliches Waschen genügt. Das Schälen von Birnen können Sie, wenn sie es wünschen, Ihren Gästen überlassen. All diese Obstsorten verbinden sich sowohl mit dem Schinken wie mit dem Fenchel vorzüglich.

»Fleischlos glücklich werden Sie mit Roquefort und reifem Gruyère, die ebenfalls gut zu Früchten und Fenchel passen.«

Plateau de fromage

Für eine Käseplatte ein Sortiment zusammenzustellen, macht einfach Spaß. Bedenken Sie, was Sie bei dem Essen sonst noch servieren werden, und behalten Sie die Kosten im Auge (guter Käse hat immer seinen Preis). Natürlich sollten Sie auch die Spezialitäten der Region berücksichtigen. Bei einem Einkauf in der Provence wäre es schade, einen sicher köstlichen reifen Camembert, Brie oder Roquefort auszuwählen und die lokalen Käsesorten zu ignorieren, die, da oft nur in kleinen Mengen erzeugt, außerhalb ihrer Heimat meist gar nicht zu bekommen sind. Auf diesen Seiten sehen Sie (von links nach rechts): einen sehr reifen Ziegenkäse, einen mit Holzasche überzogenen Schafskäse, einen Käse aus Schafs- und Ziegenmilch sowie einen Tomme aus Schafsmilch.

Interessant ist eine Kombination von Ziegen- und Schafskäsen. So bildet ein schon etwas festerer, nicht mehr ganz junger Ziegenfrischkäse mit Ascheüberzug einen schönen Kontrast zu einem pikanten, weichen, gut gereiften Schafskäse. Viele Käsesorten der Provence sind mit Kräutern und Blättern aromatisiert und dekoriert. Manche basieren auf einer ausgewogenen Mischung von Ziegen- und Schafsmilch. Tomme de brebis (aus Schafsmilch) dürfte mit seiner nussigen, mildaromatischen Art fast jedem zusagen.

Wieviele Käsesorten auswählen? Da gibt es keine feste Regel. Traditionell serviert man aber nur einen Käse oder aber mindestens drei verschiedene.

Ein junger Ziegenkäse aus der Provence ist hervorragend mit Honig oder mit frischen Feigen, Pfirsichen oder Aprikosen zu kombinieren. Zu mittelalten Varianten passen Trauben oder Kirschen oder einfach frisches Brot. Alten Ziegenkäse sollte man pur genießen – vielleicht zu einem Glas Rosé oder Weißwein.

Pêches au vin rosé
Weiße Pfirsiche in Rosé

Pfirsiche in einem Bad von Rosé mit einem Hauch Orangenblütenwasser – ein wundervoll beschwingtes Dessert. Auch Nektarinen und Birnen eignen sich gut für diese Art der Zubereitung. Letztere können vorher geschält und müssen 5–6 Minuten gedünstet werden, Nektarinen braucht man nicht vorher zu schälen.

Für 4 Personen

Zubereitung und Kochzeit
  15 Minuten, dazu Zeit zum
  Kühlen
4 weiße Pfirsiche
3 EL Zucker
1 EL Orangenblütenwasser
500 ml Rosé
einige Blätter frisches Basilikum
  oder Minze zum Garnieren

Die Pfirsiche in kochendem Wasser 2–3 Minuten blanchieren. Mit einem Schaumlöffel herausheben. Prüfen, ob sich die Haut leicht abziehen lässt, andernfalls nochmals für 1 Minute ins kochende Wasser geben. Kalt abbrausen, abtropfen lassen und enthäuten.

Die Früchte halbieren und die Steine entfernen, danach die Hälften wieder zusammenfügen und gut zusammendrücken. Je 1 Frucht in ein Dessertglas oder eine Dessertschale legen. Mit Zucker bestreuen und das Orangenblütenwasser darüberträufeln.

Mit so viel gekühltem Rosé aufgießen, dass die Früchte komplett bedeckt sind. Bis zum Servieren, mindestens aber 1 Stunde kalt stellen.

Vor dem Servieren jeden Pfirsich mit ein, zwei Basilikum- oder Minzeblättern garnieren.

Pêches au sirop d'orange
Pfirsiche mit Orangensirup

Für eine alkoholfreie Version dieses Desserts können Sie den Rosé durch einen leichten Orangensirup ersetzen. In einem Topf 400 ml Wasser mit 6 Esslöffeln Zucker, 2 Esslöffeln Orangenblütenwasser und je 1 Esslöffel abgeriebener Zitronen- und Orangenschale (von unbehandelten Früchten) aufkochen und 5 Minuten köcheln lassen. Vom Herd nehmen, abkühlen lassen, durch ein feines Sieb gießen und kalt stellen. Den gut gekühlten Sirup über die Früchte gießen.

Gelée de coings
Quittengelee

Besonders gut schmeckt dieses feinherbe Gelee zu Schweinefleisch. Aber auch zu Käse, etwa Tomme de brebis oder einem anderen reifen Schafsmilchkäse, sollten Sie es einmal probieren.

Die Quitten schälen, klein würfeln und mit Pfeffer und Lorbeerblättern in einen Schmortopf geben. Mit kochendem Wasser bedecken, aufkochen und etwa 45 Minuten köcheln lassen, bis die Quitten ganz weich sind. Vom Herd nehmen, etwas abkühlen lassen und abseihen.

Ein großes Sieb in eine Schüssel hängen. Ein Mulltuch in heißes Wasser tauchen und auswringen, das Sieb damit auslegen und die Quitten hineingeben. Die Früchte mindestens 12 Stunden lang abtropfen lassen.

Die Rückstände im Sieb wegwerfen. Den abgetropften Saft abmessen: Für 250 ml brauchen Sie 175 g Zucker und 2 Esslöffel Orangensaft.

Den Quittensaft mit Zucker und Orangensaft in einem Topf auf kleiner Stufe zum Köcheln bringen; dabei rühren, bis sich der Zucker gelöst hat. Auf etwas kräftigerer Hitze zum Kochen bringen und, ohne zu rühren, 10 Minuten sprudelnd kochen lassen. Abschäumen, vom Herd nehmen und etwas abkühlen lassen.

Inzwischen zwei Marmeladengläser (für ca. 300 g Inhalt) für 5 Minuten in kochendes Wasser tauchen, herausnehmen und kopfüber auf ein sauberes Tuch stellen.

Das Gelee in die sterilisierten Gläser füllen. Verschließen und nach dem Abkühlen in den Kühlschrank stellen. Innerhalb von 2 Monaten verbrauchen.

Variation
Ganze Quitten 50–60 Minuten in leichtem Zuckersirup (siehe linke Seite) pochieren, bis sie weich sind. Abgießen und abschrecken. Sie müssen nicht geschält werden und können halbiert zu Fleisch- und Geflügelgerichten gereicht werden. Eingefroren halten sie sich bis zu 3 Monate.

> »Nutzen Sie im Spätherbst die Quittensaison. Leider ist sie allzu schnell vorbei.«

Für 450–500 g Gelee

Zubereitung 30 Minuten,
  dazu Zeit zum Abtropfen
Kochzeit 1 Stunde
750 g Quitten
5 schwarze Pfefferkörner
3 Lorbeerblätter
Zucker
Orangensaft

Salade aux fruits cuits
Gemischtes Kompott

Ob solo, ob mit schlichtem sahnigem Joghurt oder Glace vanille au parfum de basilic (S.244) – dieses Kompott ist immer ein Genuss.

Pfirsiche und Birnen in einen Topf mit kochendem Wasser geben. Pfirsiche nach 2–3 Minuten, Birnen nach 5–6 Minuten mit einem Schaumlöffel herausheben. Die Früchte gleich unter kaltem Wasser abschrecken, abtropfen lassen und enthäuten. Halbieren und Stein bzw. Kerngehäuse entfernen, anschließend die Hälften nochmals längs durchschneiden.

Die Zitrone in 8 Scheiben schneiden. Mit 750 ml Wasser und Zucker aufkochen und bei mittlerer Hitze 5 Minuten köcheln lassen. Inzwischen die Pflaumen und Aprikosen halbieren und den Stein herauslösen.

Die Pfirsichviertel in den Sirup geben und, sobald er wieder köchelt, auch die Birnen zufügen. Nach erneutem Aufköcheln die Aprikosen und schließlich, wenn die Flüssigkeit wieder leise sprudelt, die Pflaumen hineingeben. Alles noch 5 Minuten köcheln lassen.

Vom Herd nehmen und einige Minuten abkühlen lassen. Die Früchte mit einem Schaumlöffel aus dem Topf heben. In einer flachen Servierschüssel abkühlen lassen.

Inzwischen den Sirup bei starker Hitze um ein Drittel einkochen. Abkühlen lassen. Die Zitronenscheiben herausfischen und den Sirup über die Früchte träufeln. Das Kompott bis zum Servieren kalt stellen. Mit Minze oder Basilikum garnieren.

Für 6 Personen

Zubereitung 15 Minuten,
 dazu Zeit zum Abkühlen
Kochzeit 30 Minuten
4 Pfirsiche
3 Birnen
1 unbehandelte Zitrone
200 g Zucker
6 Pflaumen
6 Aprikosen
einige kleine frische Minze- oder
 Basilikumstängel zum Garnieren

Für die Zitronenscheiben, die den Sirup aromatisieren, eine unbehandelte Frucht verwenden. Vor der Verarbeitung heiß waschen.

Sonntag: Rezepte: Früchte 325

Oreillettes
»Öhrchen«

Genießen Sie diese kleinen süßen Krapfen am besten ganz frisch, zu einer Tasse Kaffee oder heißer Schokolade.

Ergibt 10–12 Stück

Zubereitung 30 Minuten, dazu Zeit zum Ruhen
Kochzeit 15 Minuten
100 g Butter
500 g Mehl, dazu Mehl zum Bestauben
1 TL Backpulver
abgeriebene Schale von
 1 unbehandelten Zitrone und
 2 unbehandelten Orangen
Saft von 1 Orange
4 Eigelb
2 gehäufte EL Zucker
½ TL Salz
3 EL Milch
1 EL Rum
ca. 1 l neutrales Öl zum Ausbacken
Puderzucker

Butter in einem kleinen Topf zerlassen. Durchgesiebtes Mehl, Backpulver und den Zitrusfrucht-Abrieb in einer großen Schüssel vermengen.

In die Mitte eine Mulde drücken. Orangensaft, Eigelbe, zerlassene Butter, Zucker, Salz, Milch und Rum hineingeben. Die Zutaten in der Mulde mit den Fingerspitzen vermischen, dann nach und nach das Mehl einarbeiten und alles zu einem gleichmäßigen Teig verkneten.

Zu einer Kugel formen, mit Mehl bestauben und in ein sauberes Tuch einschlagen. An einem kühlen Ort 4–6 Stunden oder über Nacht ruhen lassen.

Die Arbeitsfläche mit Mehl bestreuen und den Teig etwa 2 mm dick ausrollen. Mit einem Teigrad 3 × 15 cm große Rechtecke und jedes in 2 oder 3 längliche Dreiecke schneiden. In die Mitte der Dreiecke einen Schlitz schneiden und die schmale Spitze des Dreiecks durch den Schlitz ziehen.

Einen großen Topf etwa 5 cm hoch mit Öl füllen und erhitzen, bis es leise sprudelt. Die Teigstücke vorsichtig hineingeben. Bei mittlerer Hitze in 1–2 Minuten goldgelb ausbacken. Nach 1 Minute prüfen, ob sie gleichmäßig bräunen; bei Bedarf mit einer langen Gabel wenden.

Die Krapfen mit einem Schaumlöffel aus dem Öl nehmen und auf einem Küchentuch oder einer doppelten Lage Küchenpapier abtropfen lassen. Etwas abkühlen lassen und gesiebten Puderzucker darüberstauben, hübsch anrichten und servieren.

Schneiden Sie den ausgerollten Teig in schmale Dreiecke. Zieht man die lange Spitze durch einen Schlitz in der Mitte, entstehen hübsche Schleifen, die »Öhrcher«.

Orangenschale trocknen

Getrocknete Streifen von Orangenschale aromatisieren in der Provence-Küche Daubes, Fischeintöpfe und vieles mehr. Wann immer ein Rezept abgeriebene oder getrocknete Schale von Orangen oder anderen Zitrusfrüchten verlangt, nehmen Sie dafür unbedingt unbehandelte

Ansetzen Die Orange fest in die Hand nehmen. Zunächst mit einem Messer einen »Deckel« abschneiden. Dann ein Messer mit gerader oder gebogener Klinge oder auch ein Schälmesser – was Ihnen am besten in der Hand liegt – ganz flach ansetzen, um die Schale in einem dünnen Streifen abzulösen.

Schälen Versuchen Sie, von der weißen Schicht, die sich zwischen Schale und Fruchtfleisch befindet, möglichst wenig mitzunehmen. Lassen Sie einen dicken Mantel um das Fruchtfleisch stehen. Führen Sie das Messer sorgfältig zwischen Schale und der weißen Schicht, mit der anderen Hand drehen Sie die Frucht weiter.

Früchte. Denn die Wachsschicht, mit der Zitrusfrüchte normalerweise versehen sind, enthält chemische Konservierungsmittel und kann auch mit heißem Wasser nicht entfernt werden. Die Früchte in jedem Fall aber vor der Verwendung in heißem Wasser waschen. Danach abtropfen lassen und abtrocknen.

Nicht absetzen Je länger die abgelösten Schalenstreifen sind, desto besser lassen sie sich anschließend trocknen. Die Frucht langsam drehen, während Sie sie spiralförmig abschälen.

Trocknen Die Schalenstreifen an einem trockenen, warmen Ort aufhängen – im Idealfall in Herdnähe, wo sie von der abgestrahlten Wärme profitieren. Nach 2–3 Tagen sind sie ausreichend gedörrt, um sie in einem Schraubglas oder anderen luftdicht verschließbaren Gefäß bis zu 3 Wochen zu lagern. In ein Glas mit Puderzucker gegeben, verleihen sie diesem ein köstliches Aroma.

Confiture d'oranges
Orangenmarmelade

Diese herb-frische und verlockend leuchtende Orangenmarmelade ist einfach herzustellen. Nehmen Sie unbedingt unbehandelte Früchte. Eine oder zwei Orangen kann man durch eine Zitrone und/oder eine Grapefruit ersetzen, nur müssen Sie das angegebene Gesamtgewicht einhalten.

Ergibt 4 Gläser

Zubereitung 15 Minuten,
 dazu 1 Nacht zum Abkühlen
Kochzeit 2½ Stunden

1 kg unbehandelte Orangen
1 kg Gelierzucker oder normaler
  Zucker
Saft von 1 Orange

Die Orangen heiß waschen und mit 1,25 l Wasser in einen Topf geben. Aufkochen und zugedeckt bei mäßiger Temperatur 2 Stunden köcheln. Vom Herd nehmen und über Nacht im verschlossenen Topf abkühlen lassen.

Die Früchte mit einem Schaumlöffel aus dem Topf heben. Halbieren und das Fruchtfleisch mit der weißen Haut herauskratzen. Die Schalen beiseite legen, das Fruchtfleisch mit der weißen Haut zu der Flüssigkeit im Topf geben.

Zum Kochen bringen und etwa 5 Minuten lebhaft sprudeln lassen, um die Flüssigkeit auf etwa 700 ml zu reduzieren. Durch ein feines Sieb in eine Schüssel gießen; die Rückstände im Sieb wegwerfen.

Die Orangenschalen in feine Streifen schneiden; mit der Flüssigkeit wieder in den ausgewaschenen Topf geben. Zucker und Orangensaft zufügen.

Auf großer Hitze zum Kochen bringen und unter Rühren sprudelnd kochen lassen, bis sich der Zucker gelöst hat. Danach ohne Rühren weiter kochen lassen. Bei Verwendung von Gelierzucker geliert die Marmelade nach etwa 4 Minuten; mit normalem Zucker braucht sie etwa 20 Minuten. Zur Probe 1 Teelöffel Marmelade auf einen kleinen Teller klecksen, für 1 Minute ins Gefrierfach geben und dann mit der Fingerspitze behutsam eindrücken. Bildet sich die Delle gleich zurück, hat die Marmelade die richtige Konsistenz. Ist sie noch zu flüssig, weitere 2–3 Minuten kochen und die Gelierprobe wiederholen.

Während die Marmelade kocht, vier Schraubgläser (für etwa 250 g Inhalt) sterilisieren: 5 Minuten in kochendes Wasser tauchen und kopfüber auf einem sauberen Tuch abtropfen lassen.

Die Marmelade mit einem Schöpflöffel in die sterilisierten Gläser füllen und verschließen. An einem kühlen Platz hält sie sich 3–4 Monate. Nach dem Öffnen im Kühlschrank aufbewahren.

Écorces d'orange confites
Kandierte Orangenstreifen

Kandierte Orangenstreifen runden nicht nur süße Zubereitungen reizvoll ab. Gut machen sie sich etwa in einem Rindfleisch-Daube oder einem Estouffade de porc (S.172). Und gebratene Ente gewinnt mit ihnen eine überaus köstliche Note – umso mehr, wenn man den Bratensatz mit dem Saft der Orange ablöscht.

Zucker mit 200 ml Wasser in einem Topf bei mäßiger Temperatur erhitzen, dabei rühren, bis er sich aufgelöst hat. Den Sirup 3 Minuten köcheln lassen.

Inzwischen von der Orange die Schale fein abschälen und in sehr feine, streichholzlange Streifen schneiden. Zum Sirup geben und 15–30 Minuten köcheln lassen. Mit einem Schaumlöffel herausnehmen und in einem Sieb gut abtropfen lassen.

In einer dicht schließenden Dose halten sich die kandierten Orangenstreifen 3 Tage, eingefroren bis zu 1 Monat.

Für 4-6 Personen als
  Garnitur oder Würze

Zubereitung und Kochzeit
  30 Minuten
5 EL Zucker
1 große unbehandelte Orange

Salade d'oranges
Orangensalat

Ein schönes Winterdessert und ein wohltuendes Kontrastprogramm nach einem deftigen Essen. Reichen Sie dazu Madeleines (S.225), Oreillettes (S.326) oder Petits gâteaux aux pignons (S.220).

Die Orangen schälen, dabei auch die weiße Haut sorgfältig entfernen. Quer in Scheiben schneiden, in einer flachen Schüssel mit dem Weinbrand beträufeln und an einem kühlen Platz etwa 1 Stunde marinieren.

Für den Sirup den Zucker mit 400 ml Wasser und dem Orangenabrieb in einem Topf bei mäßiger Temperatur erhitzen und dabei rühren, bis er sich gelöst hat. 3 Minuten köcheln lassen.

Vom Herd nehmen und das Orangenblütenwasser einrühren. Abkühlen lassen.

Den kalten Sirup über die Orangen träufeln und behutsam untermischen. Den Salat gekühlt servieren.

Für 4-5 Personen

Zubereitung 20 Minuten,
  dazu Zeit zum Marinieren
Kochzeit 20 Minuten
4 Orangen
4 EL Weinbrand
Für den Sirup
6 gehäufte EL Zucker
1 EL fein abgeriebene Schale
  einer unbehandelten Orange
2 EL Orangenblütenwasser

Sonntag: Rezepte: Früchte   331

Abendmenü

Menu

pommes d'amour
au chèvre chaud

canard farci
à la mode de
Provence

tarte à l'orange

Pommes d'amour au chèvre chaud
Tomaten mit heißem Ziegenkäse

Als elegante Vorspeise kommen die gefüllten Tomaten mit zitroniger Buttersauce ebenso gut an wie als leichtes Hauptgericht. Statt des kleinen Salats würden zur Ergänzung auch Basilikumblätter, schwarze Oliven oder Radieschen genügen.

Von den Tomaten oben einen Deckel abschneiden; die Früchte außerdem, falls nötig, unten glatt schneiden, sodass sie sicher stehen. Mit einem Löffel das wässrige Innere, Samen und Trennwände entfernen. Die Tomaten mit etwas Salz ausstreuen und in einem Durchschlag kopfüber abtropfen lassen.

Den Zitronensaft mit 3 Esslöffeln Wasser in einem Topf aufkochen. Salzen und pfeffern, dann die Hälfte der Butter mit einem Schneebesen unterschlagen. Wieder aufkochen und dabei ständig weiter schlagen. Bohnenkraut in den Topf geben. Vom Herd nehmen und zugedeckt 10–15 Minuten ziehen lassen.

Die Zitronen-Butter-Mischung durch ein Sieb in den Mixbecher passieren (das Kraut wegwerfen). Die restliche Butter würfeln, dazugeben und 1 Minute mixen. Die würzige Buttersauce in einer Schüssel aus Metall oder Porzellan über köchelndem Wasser warm halten.

Den Backofen auf 220 °C vorheizen.

Mit einer Gabel 3 Ziegenkäse zerdrücken und leicht pfeffern, in die Tomaten füllen. Die übrigen Käse in je 2 Scheiben schneiden; auf die Tomaten legen. Tomaten auf ein Backblech setzen. Auf der oberen Schiene des Ofens 5–6 Minuten gratinieren, bis der Käse Farbe annimmt.

Tomaten mit dem Mesclun citronnette auf Tellern anrichten. Mit der Buttersauce umgießen und nach Belieben die Deckel wieder aufsetzen. Gleich servieren.

Für 6 Personen

Zubereitung 20 Minuten
Kochzeit 35 Minuten

6 reife Strauchtomaten
feines Meersalz und frisch gemahlener schwarzer Pfeffer
Saft von 1 Zitrone
200 g Butter
1 kleiner Bund frisches Bohnenkraut oder Thymian
6 kleine Ziegenfrischkäse

Zum Servieren
Mesclun citronnette (S. 89)

Aromatisieren Sie die Zitronen-Butter-Mischung mit Bohnenkraut oder Thymian. Bis zur Verwendung halten Sie die Sauce über dem Wasserbad warm.

Sonntag: Abendmenü: Vorspeise

Farce aux figues et aux anchois
Feigen-Sardellen-Farce

Süße Feigen und salzige Sardellen ergeben, unterstützt durch diverse Kräuter, eine intensiv aromatische Mischung, die zu allerlei Fleisch und Geflügel passt. Füllen Sie mit ihr eine ausgelöste Lammschulter oder -keule, einen Rinderrollbraten oder Schweinekoteletts. Ihre Fruchtigkeit harmoniert auch perfekt mit gebratener Ente (nächstes Rezept), und mit ihrem saftig-süßen Charakter bildet sie eine hervorragende Balance zum mageren, leicht trockenen Fleisch von Fasan, Rebhuhn oder Kaninchen.

Füllmasse für 1 große Ente

**Zubereitung und Kochzeit
    etwa 1 Stunde**

8 dicke getrocknete Feigen
5 in Öl oder Salz eingelegte
    Sardellenfilets, abgetropft bzw.
    gewässert
5 EL Olivenöl
2 Lauchstangen, fein gewürfelt
5 Wacholderbeeren
1 EL frische Thymianblättchen
feines Meersalz und frisch
    gemahlener schwarzer Pfeffer
1 Ei

Die Feigen klein würfeln, die Sardellen fein hacken.

In einem Schmortopf 3 Esslöffel Öl bei mäßiger Temperatur erhitzen und die Feigen darin kurz dünsten, bis sie weich sind, dabei mehrmals rühren. Mit dem Schaumlöffel in eine Schüssel geben und abkühlen lassen.

Restliches Öl in den Topf gießen, erhitzen und den Lauch 1 Minute anbraten. Mit 2 Esslöffeln Wasser beträufeln und 5 Minuten schmoren, bis er weich ist. Sardellen, Wacholderbeeren und Thymian untermischen. Weitere 10–15 Minuten unter häufigem Rühren dünsten, 5–10 Minuten abkühlen lassen.

Die Sardellenmischung zu den Feigen geben. Sparsam salzen (die Sardellen enthalten reichlich Salz), großzügig pfeffern und das Ei unterziehen.

Wenn Sie die Farce nicht gleich verarbeiten, abkühlen lassen und mit Frischhaltefolie bedeckt bis zu 24 Stunden im Kühlschrank aufbewahren. Eingefroren hält sie sich 1 Monat.

Variationen
Statt getrockneter Feigen kann man 6 frische, eben reife, feste Feigen verwenden. Vor dem Kleinschneiden die Stiele entfernen.

Wenn Sie die Farce für Geflügel verwenden, die Leber (sofern vorhanden) gründlich waschen, mit Küchenpapier trocken tupfen und parieren. Fein hacken und zusammen mit den Sardellen untermengen.

Canard farci à la mode de Provence

Gefüllte Ente auf provenzalische Art

Mit süß-salzigen, fruchtbetonten Mischungen werden in der mediterranen Küche häufig Geflügel und Festtagsbraten gefüllt. Besonders gut schmecken zu dieser Ente mit Feigen-Sardellen-Farce die Carottes à la crème d'olives vertes von Seite 76.

Für 6 Personen

Zubereitung 10 Minuten, dazu 30 Minuten zum Abkühlen
Kochzeit etwa 1¾ Stunden

Farce aux figues et aux anchois (S. 336)
1 große Ente (möglichst mit der Leber)
feines Meersalz und frisch gemahlener schwarzer Pfeffer

Die Feigen-Sardellen-Farce mit einem Löffel in die Ente füllen, aber nicht zu voll stopfen. Die Öffnung mit zerknülltem Pergamentpapier verschließen. Die Ente mit Salz und Pfeffer bestreuen, beides in die Haut einreiben. Zugedeckt für mindestens 30 Minuten in den Kühlschrank stellen.

Den Backofen auf 220 °C vorheizen.

Die Ente in einen Bräter setzen. 300 ml Wasser dazugießen. Lose mit Alufolie bedecken und 50 Minuten im Ofen garen. Die Temperatur auf 180 °C reduzieren, Folie abnehmen und die Ente weitere 30 Minuten braten, bis sie richtig gar ist. Zur Probe einen Spieß an der dicksten Stelle der Keule einstechen: Es muss klarer Fleischsaft austreten. Bei Bedarf die Ente noch etwas länger braten und erneut die Garprobe machen.

Den Bräter aus dem Ofen nehmen. Die Ente wieder lose mit Alufolie bedecken und an einem warmen Platz 5–10 Minuten ruhen lassen. Vor dem Servieren das Papier entfernen.

Zusammengeknülltes Pergamentpapier verhindert, dass die Füllung beim Braten aus der Ente austritt.

Tartes à l'orange
Orangen-Tartes

Mit den hübschen kleinen Tartes, die übrigens genauso gut mit Zitronen gelingen, klingt ein besonderes Essen köstlich aus.

Für 6 Personen

Zubereitung 30 Minuten, dazu Zeit für die Teigzubereitung
Kochzeit 50 Minuten
400 g Pâte brisée (S. 213)
weiche Butter für die Formen

Für die Füllung
abgeriebene Schale und Saft von 2 unbehandelten Orangen
2 Eier
2 Eigelb
200 g Crème double
150 g Zucker

Zum Belegen
1 kleine Orange, in dünne Scheiben geschnitten
5 EL Zucker

Backofen auf 180 °C vorheizen. Sechs kleine Tarteformen mit gewelltem Rand und losem Boden mit Butter ausstreichen.

Den Teig auf einer gemehlten Arbeitsfläche dünn ausrollen und die Formen damit auskleiden (den Teig vorsichtig hineindrücken, aber nicht ziehen). Überstehenden Teig abschneiden. Mehrmals mit einer Gabel einstechen und 10 Minuten backen. Aus dem Ofen nehmen und abkühlen lassen.

Backofentemperatur auf 200 °C erhöhen. Für die Füllung Orangenabrieb und -saft, Eier und Eigelbe in einer Schüssel mit einem Schneebesen leicht schaumig schlagen. Crème double und Zucker energisch unterschlagen. Die Mischung in die Teigböden füllen. 18–20 Minuten backen, bis sie eben fest ist.

Inzwischen für den Belag den Zucker mit 200 ml Wasser bei mäßiger Temperatur erhitzen und rühren, bis er sich aufgelöst hat. 3 Minuten sommern lassen. Orangenscheiben darin 15 Minuten köcheln. Herausheben und auf einem Rost abtropfen lassen. Die Tarteletts jeweils mit 1 Orangenscheibe belegen und bald servieren.

Variation

Für eine große Tarte (ebenfalls für 6 Personen) eine 30 cm große Form mit losem Boden mit Teig auskleiden. Mit einer Gabel mehrfach einstechen, mit Backpapier bedecken, getrocknete Bohnenkerne daraufgeben und 15 Minuten backen. Bohnen und Papier herausnehmen, Füllung hineingeben und 30–40 Minuten backen, bis sie eben fest ist; zuletzt mit den Orangenscheiben belegen.

Die Orangen auspressen, dann die ganzen Eier und Eigelbe mit einem Schneebesen unterschlagen, bis die Mischung leicht schaumig ist.

Glossar

agneau Lamm

ail Knoblauch. **gousse d'ail** Knoblauchzehe

aïoli Knoblauchmayonnaise. Auch als **ailloli** und **beurre de Provence** bezeichnet. Ein **aïoli complet** oder **aïoli garni** ist ein Gericht aus verschiedenen Gemüsen (und häufig auch Klippfisch) mit aïoli.

allumettes wörtlich »Streichhölzer«: Streichholzkartoffeln (sehr dünne Pommes frites) oder Blätterteigstangen

amuse-bouche wörtlich »etwas, das den Mund erfreut«: kleiner Appetithappen vor der Vorspeise

anchois Sardelle

anchoïade pikante Sardellenpaste mit Olivenöl und Knoblauch

ancienne (à l') auf alte Art

anis ein Würzkraut und ein damit aromatisierter Likör (Pastis)

aromates Aromaten, d.h. alles, was ein Gericht würzt

artichaut Artischocke. Der fleischige Boden der Blüten heißt **fond d'artichaut** das Herz junger Artischocken, die noch kein Heu ausgebildet haben, **cœur**.

asperge(s) Spargel. **pointe d'asperges** Spargelspitze

barigoule Wildpilz ähnlich dem Mairitterling. Gerichte mit dem Zusatz »à la barigoule« enthalten Schinken und Pilze.

bâton wörtlich »Stab, Stange«: ein dünnes Baguette

beignets in Fett gebackene Krapfen, süß oder salzig

beurre Butter. **beurre doux** ist ungesalzen, **beurre demi-sel** leicht gesalzen

beurre composé wörtlich »zusammengesetzte Butter«: Würzbutter mit Kräutern, Sardellen, Zitronenschale etc.

beurre noisette Nussbutter, d.h. zerlassene, gebräunte Butter

bœuf Rind

boulangère, à la wörtlich »nach Art der Bäckerin«: im Ofen, oft mit einem Kartoffelbett, zubereitet

boulangerie Bäckerei

bouquet garni Bündel aus Suppengemüse und Kräutern

brandade knoblauchgewürztes Püree aus Klippfisch, Sahne und (manchmal) Kartoffeln

brebis Schaf

brouillé durcheinandergerührt. Eine **brouillade** ist ein Rühreigericht.

cabillaud Kabeljau

caille Wachtel

canard, caneton Ente

cardon Karde, Kardone. Ähnelt im Aussehen dem Staudensellerie und geschmacklich der Artischocke.

cébette Frühlingszwiebel

céleri Staudensellerie. **céleri-rave** ist Knollensellerie.

cèpe Steinpilz

champignon Pilz (allgemein)

charcuterie auf Schweinefleisch und Produkte aus diesem spezialisierte Metzgerei. Auch eine Vorspeise aus Wurst und Schinken.

chaud(e) heiß, warm

chèvre Ziege. Auch aus Ziegenmilch hergestellter Käse.

chocolat Schokolade. **chocolat au lait** Milchschokolade

clovisse Venusmuschel

cœur de bœuf Fleischtomate

coing Quitte

confit(es) Eingemachtes, süß oder herzhaft: v. a. in Zuckersirup, Alkohol oder Essig eingelegte Früchte oder Gemüse; im eigenen Fett eingelegtes Enten-, Gans- oder Schweinefleisch

corail korallen- bis orangeroter Rogen von Hummer, Jakobsmuschel, Seeigel und anderen Meeresfrüchten

côtes, cotelettes Koteletts

coulis sehr flüssiges Püree, meist aus Früchten

crème Sahne, auch Bezeichnung für dickflüssige Saucen/Suppen und Süßspeisen. **crème fleurette** entspricht der Schlagsahne, **crème fouettée** ist geschlagene Sahne.

croûtons goldbraun gebratene Brotwürfel als Suppeneinlage oder geröstete kleine Brotscheiben

crudités rohes Gemüse, als Vorspeise serviert

cuit gekocht. **bien cuit** bedeutet bei Fleisch »durchgebraten«, bei Brot »gut durchgebacken«.

daube typisches Gericht der Provence: Fleisch – meist vom Rind – wird in Rotwein geschmort.

daubière bauchiges Kochgefäß aus glasiertem Ton, in dem der **daube** traditionell zubereitet wird.

échalote Schalotte

écorce Schale von Früchten, insbesondere Orangen

écumoire Schaumlöffel

encornet Kalmar

épinards Spinat

estouffade provenzalische Bezeichnung für Fleisch, das mit Wein, Kräutern und Gemüse ganz langsam geschmort wird. Solche Gerichte tragen auch den Zusatz **à l'estoufado**.

étouffée mit wenig oder ohne jede zusätzliche Flüssigkeit in einem fest verschlossenen Topf gegart (siehe **estouffade**)

farci(es) gefüllt. Eine Füllung heißt **farce**.

fenouil Fenchel, sowohl die Knolle als auch das Kraut. Fenchelsamen heißen **graines de fenouil**.

feuilleté(e) mit Blätterteig (**pâte feuilletée**) zubereitet

fèves Dicke Bohnen

figue Feige

fondu(e) geschmolzen. In der französischen Küche Bezeichnung für Gemüse, das langsam zu Mus zerkocht wurde.

frais/fraîche frisch, kühl

fraise Erdbeere. Walderdbeeren heißen **fraises des bois**.

framboise Himbeere. Zugleich Bezeichnung für Himbeergeist.

fromage Käse. Ein Käseladen heißt **fromagerie**.

fumé(e) geräuchert

fumet aus Fisch oder Muscheln bereiteter Fond

gâteau Kuchen, süß oder herzhaft

gigot Hammel- oder Lammkeule

gigotine entbeinte und gefüllte Hähnchenkeule

glace Eiscreme

gressins provenzalischer Name für die italienischen Grissini (sehr dünne, knusprige Brotstangen)

grillé(e) gegrillt, geröstet

haricots verts grüne Bohnen

herbe Kraut

huile Öl. Olivenöl heißt **huile d'olive** (in höchster Qualität mit dem Prädikat vierge extra), Erdnussöl **huile d'arachides**, Walnussöl **huile de noix**.

infusion mit Kräutern und anderen würzenden Zutaten aromatisierte Flüssigkeit, auch Kräutertee

jambon Schinken, meist gekocht (**cuit**). **jambon cru** ist roher, gepökelter und luftgetrockneter Schinken, **jambon fumé** geräuchert.

langoustine Krustentier, in Italien als **scampo**, auf Deutsch als Kaisergranat bekannt

lapin Kaninchen

lardons Würfel oder Streifen von durchwachsenem Speck

lavande Lavendel

lotte (auch **baudroie**) Seeteufel

loup de mer (auch **bar**) Wolfsbarsch

maison (de la m.) wörtlich »des Hauses«: Hausgemachtes oder die Spezialität eines Restaurants

maquereau Makrele

marché Markt

marinière (à la m.) »nach Seemannsart«

marjolaine Majoran

mesclun abgeleitet vom provenzalischen **mescia** (»mixen«): gemischte junge Salatblätter

miel Honig

mie, miette Krümel, Brösel

morue Klippfisch, gesalzener und getrockneter Kabeljau. Als **morue fraîche** wird auch frischer Kabeljau (**cabillaud**) bezeichnet.

moule Miesmuschel

mouli-légumes Passiermühle, Flotte Lotte

mousse wörtlich »Schaum«: leichte, schaumige Creme, süß oder herzhaft

mousseline feine, schaumige Sauce (**sauce mousseline**) oder andere Zubereitung, enthält oft geschlagene Sahne oder Eischnee

Glossar 345

noisette Haselnuss. Auch Bezeichnung für Saucen und Zubereitungen, die eine nussähnliche Farbe oder Form haben, etwa für Medaillons von Kalb oder Lamm.

nouilles Nudeln

noix Walnuss

œuf Ei

oursin Seeigel

pain Brot. **pain de campagne** ist rustikales Landbrot, **pain complet/pain entier** Vollkornbrot und **pain au levain** Sauerteigbrot.

pastis Aperitif mit Anis

pâte Teig. **pâte brisée** Mürbeteig

pâtisserie Kuchen und Gebäck; auch der Laden, der beides verkauft

pêche Pfirsich

persil Petersilie. **persil frisé** ist krause, **persil plat** glatte Petersilie; **persillé(e)** bedeutet »mit Petersilie«

persillade fein gehackte Mischung aus Knoblauch und Petersilie

petit(e) klein

pignons Pinienkerne

pilaf mit Schalotten oder Zwiebeln gebratener und in Brühe gegarter Langkornreis (Pilaw)

pintade Perlhuhn

pistou kalte Sauce aus Basilikum, Knoblauch und Olivenöl. Das provenzalische Pendant zum italienischen Pesto, aber ohne Pinienkerne.

poêle (à la) in der Pfanne gebraten

poire Birne

pois chiches Kichererbsen

poisson Fisch

poivre Pfeffer. **poivre gris** oder **noir** ist schwarzer Pfeffer, **poivre en grains** sind Pfefferkörner

poivron Paprikaschote

pommade dickes Püree, Creme

pomme Apfel

pomme d'amour wörtlich »Liebesapfel«: Tomate

pomme de terre Kartoffel

porc Schwein

poulet Huhn. Eine **poularde** ist ein großes Huhn (über 1,8 kg), **coq** ein Hahn; **poulet fermier** ist ein Huhn aus Freilandhaltung, das **poulet de Bresse** das berühmteste.

poutargue/boutargue gesalzener und gepresster Meeräschen- oder Thunfischrogen

poutine ganz junge Sardellen

praire Venusmuschel

riz Reis

romarin Rosmarin

rôti(e) im Ofen gebraten

rouget Rotbarbe

roustide herzhaft belegtes Röstbrot, oft als Imbiss auf provenzalischen Märkten angeboten

sablé wörtlich »sandig«: sehr mürbes Buttergebäck. **pâte sablée** ist ein süßer, trocken-krümeliger Teig

sarriette Bohnenkraut

saucisse frische, geräucherte oder luftgetrocknete Wurst, die vor dem Verzehr gegart werden muss

saucisson gegarte oder luftgetrocknete (**saucisson sec**) Wurst, die aufgeschnitten kalt, meist zur Vorspeise, serviert wird

sauge Salbei

sec, sèche trocken, getrocknet

soupe meist auf Gemüse basierende Suppe (ein anderes Wort für Suppe ist **potage**)

tapenade dicke Paste aus Kapern, schwarzen Oliven, Olivenöl und manchmal Sardellen. Als Würze vielseitig verwendbar, auf Röstbrot gestrichen ein beliebter Imbiss.

tapeno provenzalisch für Kapern

tatin abgeleitet von **Tarte Tatin**, einem karamellisierten, gestürzten Apfelkuchen. Zunehmend auch für andere gestürzte, süße oder salzige Tartes verwendet.

thon Thunfisch

tian flache Keramikform, rechteckig, rund oder oval. Auch das in einer solchen Form zubereitete Gericht.

truffe Trüffel. In vielen Orten der Provence werden die kostbaren Pilze zwischen November und März angeboten.

veau Kalb

vert(e) grün

viande Fleisch

vin (blanc, rouge, rosé) Wein (Weißwein, Rotwein, Rosé)

volaille Geflügel

Register

Deutsch

A

Apfelauflauf 107
Artischocken mit Pilzfüllung 148
Artischocken vorbereiten 146/147
Auberginen 60
Auberginenmousse 63
Auberginenpüree 62

B

Baguette mit Rührei, Ratatouille und
  Schinken 66
Baguette, überbackenes, mit Feigen und
  Schafsfrischkäse 302
Baiser mit Pinienkernen 295
Basilikumöl 104
Basilikumsauce 70
Beilagen
  Couscous mit Sultaninen 293
  Gedämpfter Reis 235
  Kartoffelpüree mit Knoblauch und
    Olivenöl 195
  Kichererbsenschnitten 216
  Makkaroni mit Butter und Petersilie 194
  Nudelteig 230
  Pilawreis 292
  Polenta 241
  Reis mit Safran 266
  Safranreis 266
  Zucchinibeignets 68
Birnenkuchen, gestürzter 306
Blätterteigstangen mit Sardellen 211
Blätterteig-Tarte mit Tomaten und Majo-
  ran 210
Blattsalat mit Basilikumöl 104
Blattsalat mit Zitronensauce 89
Bohnen, grüne, auf provenzalische Art 74
Brathähnchen mit Knoblauch 176
Brot, geröstetes, mit Sardellen 46
Brot
  Croûtons 101, 118
  Fougasse 206
  Fougasse mit Oliven 208
  Geröstetes Brot mit Sardellen 46
Brote
  Baguette mit Rührei, Ratatouille und
    Schinken 66

Saftiges Sandwich 34
  Überbackenes Baguette mit Feigen
    und Schafsfrischkäse 302
Brousse mit Rosmarinhonig 51
Butter mit Kräutern der Provence 133

C

Couscous mit Sultaninen 293
Croûtons 101, 118

D

Dessert
  Apfelauflauf 107
  Brousse mit Rosmarinhonig 51
  Erdbeereis 309
  Feigenkompott 137
  Feigensalat 137
  Gebratene Feigen mit Sahne 197
  Gemischtes Kompott 325
  Gestürzter Birnenkuchen 306
  Himbeer-Coulis 136
  Honigeis 245
  Honigkaramell 134
  Meringen mit
    Orangensalat 331
  Orangen-Tartes 340
  Pfirsich in Rosé 322
  Pfirsiche mit Orangensirup 322
  Pfirsichkuchen 152
  Schaumsauce mit Honigkaramell
    134
  Schaumsauce mit Karamell 134
  Schoko-Nuss-Plätzchen 247
  Tarte mit Pinienkernen 214
  Vanilleeis 245
  Vanilleeis mit Basilikum-Aroma 244

E

Eier, gefüllte 141
Eierspeisen
  Baguette mit Rührei, Ratatouille und
    Schinken 66
  Gefüllte Eier 141
  Grünes Omelett 49
  Omelett mit Frühlingszwiebeln 139
  Omelett mit Kartoffeln 140
  Omelett-Torte 168
  Rührei mit Pilzen 142
  Rührei mit Ratatouille und Schinken
    66
  Rührei mit Tomate 143
Erdbeereis 309

F

Feigen, gebratene, mit Sahne 197
Feigenkompott 137
Feigensalat 137
Feigen-Sardellen-Farce 336
Feine Fischsuppe mit Safran 269
Fenchel mit Oliven 75
Fisch und Meeresfrüchte
  Feine Fischsuppe mit Safran 269
  Gebratene Rotbarben mit Tapenade 275
  Gebratener Kabeljau mit Rotweinsauce
    151
  Gegrillte Makrelen mit Kräutern 284
  Gegrillte Sardinen mit Estragon 284
  Goldbrasse mit Weißwein aus dem
    Ofen 276
  Kaisergranate aus der Pfanne 271
  Kalmare in klassischer
    Meeresfrüchtesauce 290
  Klippfischpüree 278
  Meeräschenrogen, gesalzener 97
  Miesmuscheln 257
  Miesmuscheln auf Safranreis 266
  Miesmuscheln mit Pastis 262
  Miesmuscheln nach Seemannsart 260
  Miesmuschelsuppe mit Fenchel 270
  Provenzalische Fischsuppe 272
  Salat mit Miesmuscheln und Garnelen
    263
  Sardellen 30/31
  Sardinen mit Spinatfüllung 283
  Seeigelrogen mit Rouille 121
  Thunfisch mit Tomaten und Kräutern
    279
  Wolfsbarsch mit Fenchel 274
Fischsuppe, feine, mit Safran 269
Fischsuppe, provenzalische 272
Fleisch
  Gegrillte Lammkoteletts 164
  Gegrillte Schweinekoteletts mit Salbei
    170
  Kalbskoteletts mit Pinienkernen 175
  Kalbsragout mit Nudeln 173
  Lammkeule mit Kräutern 162
  Lammschulter mit Honig und Rosé 161
  Provenzalischer Rinderschmortopf 192
  Rindersteak mit Sardellenbutter 187
  Schweineschmorbraten mit Kräutern
    172
Fond von Muscheln 258
Fougasse 206
Fougasse mit Oliven 208

Register 347

Frisée-Salat mit Thunfisch 93
Füllung aus Spinat 281
Füllung aus Feigen und Sardellen 336

G

Gebratene Feigen mit Sahne 197
Gebratene Rotbarben mit Tapenade 275
Gebratene Wachteln mit Noilly 186
Gebratener Kabeljau mit Rotweinsauce 151
Gedämpfter Reis 235
Geflügel und Kaninchen
    Brathähnchen mit Knoblauch 176
    Gebratene Wachteln mit Noilly 186
    Gefüllte Ente auf provenzalische Art 338
    Gefüllte Hähnchenkeulen mit Bohnenkraut 102
    Huhn im Topf mit Tomatensauce 181
    Kaninchen nach Jägerart 183
    Perlhuhn mit Oliven 182
Gefüllte Eier 141
Gefüllte Ente auf provenzalische Art 338
Gefüllte Hähnchenkeulen mit Bohnenkraut 102
Gefüllte Tomaten 82
Gegrillte Lammkoteletts 164
Gegrillte Makrelen mit Kräutern 284
Gegrillte Sardinen mit Estragon 284
Gegrillte Schweinekoteletts mit Salbei 170
Gelee aus Quitten 323
Gemischtes Kompott 325
Gemüse mit heißer Sardellen-Knoblauch-Sauce 115
Gemüse und Ei mit Knoblauchmayonnaise 131
Gemüseragout, provenzalisches 65
Gemüsesuppe mit Pistou 73
Geröstetes Brot mit Sardellen 46
Gestürzter Birnenkuchen 306
Gnocchi mit Spinat 234
Goldbrasse mit Weißwein aus dem Ofen 276
Grüne Bohnen auf provenzalische Art 74
Grüne Sauce 129
Grüne-Oliven-Sahne 76
Grüner Spargel mit würziger Sauce 77
Grünes Omelett 49

H

Hähnchen, gebratenes, mit Knoblauch 176

Hähnchenkeulen, gefüllte, mit Bohnenkraut 102
Himbeer-Coulis 136
Honig 22
Honigeis 245
Honigkaramell 134

I

Im Ofen gebratene Tomaten 67

K

Kabeljau, gebratener, mit Rotweinsauce 151
Käse
    Brousse mit Rosmarinhonig 51
    Tomaten mit heißem Ziegenkäse 335
    Tomme 315
    Überbackenes Baguette mit Feigen und Schafsfrischkäse 302
    Ziegenkäse 314
Kaisergranate aus der Pfanne 271
Kalbskoteletts mit Pinienkernen 175
Kalbsragout mit Nudeln 173
Kalmare in klassischer Meeresfrüchtesauce 290
Kandierte Orangenstreifen 331
Kaninchen nach Jägerart 183
Karden mit Sardellen 87
Kartoffelauflauf 86
Kartoffelauflauf mit Pilzen 86
Kartoffelomelett 140
Kartoffelpüree mit Knoblauch und Olivenöl 195
Ketchup, provenzalisches 123
Kichererbsenplätzchen 217
Kichererbsensalat 97
Kichererbsenschnitten 216
Klassische Tomatensauce 125
Kleingebäck
    Baiser mit Pinienkernen 295
    Blätterteigstangen mit Sardellen 211
    Kichererbsenplätzchen 217
    Lavendelkekse 222
    Madeleines mit Lavendelhonig 225
    Öhrchen 326
    Plätzchen mit Pinienkernen 220
Klippfischpüree 278
Knoblauch 25–27
Knoblauchmayonnaise 131
Knoblauchmayonnaise mit Seeigelrogen 121
Knoblauchmayonnaise, pikante 118

Kompott, gemischtes 325
Konfitüren/Gelees
    Orangenmarmelade 330
    Quittengelee 323
Kräuterbutter 132, 133
Kuchen, salzig
    Blätterteig-Tarte mit Tomaten und Majoran 210
    Tomaten-Tarte 289
    Zwiebel-Oliven-Tarte 228
Kuchen, süß
    Gestürzter Birnenkuchen 306
    Orangentartes 340
    Pfirsichkuchen 152
    Tarte mit Pinienkernen 214

L

Lammkeule mit Kräutern 162
Lammkoteletts, gegrillte 164
Lammschulter mit Honig und Rosé 161
Lavendelkekse 222
Linsen 21

M

Madeleines mit Lavendelhonig 225
Makkaroni mit Butter und Petersilie 194
Makrelen, gegrillte, mit Kräutern 284
Marinade für Fleisch 190
Meeräschenrogen, gesalzener 97
Meringen mit Pinienkernen 295
Miesmuschelfond 258
Miesmuscheln 257
Miesmuscheln auf Safranreis 266
Miesmuscheln mit Pastis 262
Miesmuscheln nach Seemannsart 260
Miesmuschelsuppe mit Fenchel 270
Möhren in Grüne-Oliven-Sahne 76
Mürbeteig 213
Muschelfond 258

N

natives Olivenöl extra *siehe* Olivenöl
Nizza-Salat 92
Noilly Prat 42
Nudelteig 230

O

Öhrchen 326
Oliven 110
Oliven-Kapern-Paste mit Sardellen 117
Olivenöl 16, 110, 113
Omelett mit Frühlingszwiebeln 139

Omelett mit Kartoffeln 140
Omelett, grünes 49
Omelett-Torte 168
Orangenmarmelade 330
Orangensalat 331
Orangenschale, getrocknete 328
Orangenstreifen, kandierte 331
Orangen-Tartes 340

P

Paprika-Tomaten-Salat 95
Pastis 42
Perlhuhn mit Oliven 182
Petersilienbutter 132
Petersilien-Knoblauch-Sauce 128
Pfirsiche in Rosé 322
Pfirsiche mit Orangensirup 322
Pfirsiche mit rohem Schinken
   und Fenchel 316
Pfirsichkuchen 152
Pikante Ratatouille 66
Pilawreis 292
Pinienkerne 21
Plätzchen mit Pinienkernen 220
Polenta 241
Polenta mit Würstchen und Pilzen 242
Provenzalische Fischsuppe 272
Provenzalischer Rinderschmortopf 192
Provenzalisches Gemüseragout 65
Provenzalisches Ketchup 123

Q

Quittengelee 323

R

Ratatouille 65
Ratatouille-Variationen 66
Ravioli nach Art des Hauses 233
Reis 21
Reis mit Safran 266
Reis nach Pilaw-Art 292
Reis, gedämpfter 235
Reis-Ratatouille-Gratin 66
Rinderschmortopf, provenzalischer 192
Rindersteak mit Sardellenbutter 187
Rosé 45
Rosmarin-Sud 158
Rotbarben, gebratene, mit Tapenade
   275
Rührei mit Pilzen 142
Rührei mit Ratatouille und Schinken 66
Rührei mit Tomate 143

S

Safranreis 266
Saftiges Sandwich 34
Salat mit Miesmuscheln und Garnelen
   263
Salat von grünen Bohnen 74
Salate
   Blattsalat mit Basilikumöl 104
   Blattsalat mit Zitronensauce 89
   Frisée-Salat mit Thunfisch 93
   Kichererbsensalat 97
   Nizza-Salat 92
   Paprika-Tomaten-Salat 95
   Salat mit Miesmuscheln und
      Garnelen 263
   Salat von grünen Bohnen 74
   Schalotten-Tomaten-Salat 90
   Tomatensalat 96
Salbeibutter 133
Sandwich, saftiges 34
Sardellen 30, 31
Sardellenbutter 187
Sardellen-Knoblauch-Sauce 115
Sardellenpaste 116
Sardinen mit Spinatfüllung 283
Sardinen, gegrillte, mit Estragon 284
Saucen und Pasten
   Basilikumsauce 70
   Grüne Sauce 129
   Grüne-Oliven-Sahne 76
   Klassische Tomatensauce 125
   Oliven-Kapern-Paste mit Sardellen 117
   Petersilien-Knoblauch-Sauce 128
   Provenzalisches Ketchup 123
   Sardellen-Knoblauch-Sauce 115
   Sardellenpaste 116
   Tapenade 117
   Tomaten-Coulis 124
   Tomaten-Knoblauch-Petersilien-Sauce
      179
Schalotten-Tomaten-Salat 90
Schaumsauce mit Honigkaramell 134
Schaumsauce mit Karamell 134
Schoko-Nuss-Plätzchen 247
Schweinekoteletts, gegrillte, mit Salbei
   170
Schweineschmorbraten
   mit Kräutern 172
Seeigelrogen mit Rouille 121
Spargel, grüner, mit würziger Sauce 77
Spinatfüllung 281
Steak mit Sardellenbutter 187

Suppen
   Feine Fischsuppe mit Safran 269
   Gemüseeintopf aus der Provence 65
   Gemüsesuppe mit Pistou 73
   Miesmuschelsuppe mit Fenchel 270
   Provenzalische Fischsuppe 272
   Suppe von jungen Dicken Bohnen
      101

T

Tapenade 117
Tarte mit Orangen 340
Tarte mit Pinienkernen 214
Tarte mit Tomaten und Majoran 210
Tarte mit Zwiebeln und Oliven 228
Tatin von Birnen 306
Thunfisch mit Tomaten und Kräutern
   279
Tomaten 80
Tomaten mit heißem Ziegenkäse 335
Tomaten, gefüllte 82
Tomaten, im Ofen gebratene 67
Tomaten-Coulis 124
Tomatensalat 96
Tomatensauce, klassische 125
Tomaten-Tarte 289
Tomme 315
Trüffeln 25

U

Überbackenes Baguette mit Feigen und
   Schafsfrischkäse 302

V

Vanilleeis 245
Vanilleeis mit Basilikum-Aroma 244
Vin rosé 45

W

Wachteln, gebratene, mit Noilly
   186
Weiße Pfirsiche in Rosé 322
Wermut 42
Wolfsbarsch mit Fenchel 274
Würzbutter 132

Z

Ziegenkäse 314
Zucchini mit Koriander 169
Zucchiniauflauf 84
Zucchinibeignets 68
Zwiebel-Oliven-Tarte 228

Französisch

A

Agneau confit au miel et au vin rosé 161
Aïoli 131
Aïoli complet 131
Allumettes aux anchois 211
Anchoïade 116
Apéritif 42
Artichauts à la barigoule 148
Aspergeade 77

B

Bagna cauda 115
Bagnet 179
Baguette brouillade à la ratatouille 66
Batterie de cuisine 36
Beignets de courgettes 68
Beurre à la sauge 133
Beurre aux herbes de Provence 133
Beurre d'anchois 133
Beurre persillé 132
Beurres composés 132
Bouillabaisse 272
Bouquet garni 28
Brandade de morue 278
Brouillade à la ratatouille 66
Brouillade aux tomates 143
Brousse au miel de romarin 51

C

Cailles rôties au Noilly 186
Canapés de figues au fromage de brebis 302
Canard farci à la mode de Provence 338
Cannelloni 230
Cardons aux anchois 87
Carottes à la crème d'olives vertes 76
Charcuterie 239
Compote de figues 137
Confiture d'oranges 330
Corail d'oursin 121
Côtes d'agneau grillées 164
Côtes de porc grillées à la sauge 170
Côtes de veau aux pignons 175
Coulis de framboises 136
Coulis de tomates 124
Courgettes fraîches à la coriandre 169
Couscous aux raisins 293
Crème d'olives vertes 76
Crespeou 168
Croûtons 101, 118

D

Daube de bœuf à la provençale 192
Daubière 37
Dorade au vin blanc 276

E

Écorces d'orange confites 331
Encornets à l'américaine 290
Estouffade de porc 172

F

Farce aux épinards 281
Farce aux figues et aux anchois 336
Fenouil aux olives 75
Figues rôties à la crème 197
Fondue d'aubergine 62
Fougasse 206
Fougasse aux olives 208
Frisée aux miettes de thon 93
Frittata aux pommes de terre 140
Fumet de clovisses 258
Fumet de moules 258

G

Gâteau de pêches 152
Gâteaux aux pignons 220
Gelée de coings 323
Gigot d'agneau aux aromates 162
Gigotines de poulet farcies à la sarriette 102
Glace à la fraise 309
Glace à la vanille 245
Glace au miel 245
Glace vanille au parfum de basilic 244
Gnocchi aux épinards 234

H

Haricots verts à la provençale 74
Huile d'olive vierge extra 113
Huile parfumé au basilic 104

I

Infusion de romarin 158

K

Ketchup à la provençale 123

L

Langoustines à la poêle 271
Lapin chasseur 183
Loup de mer au fenouil 274

M

Macaronade 194
Maquereaux grillés aux herbes 284
Madeleines au miel à la lavande 225
Meringues aux pignons 295
Mesclun 56
Mesclun citronnette 89
Morue fraîche, sauce raïto 151
Moules au pastis 262
Moules marinières de Provence 260

N

Noilly Prat 42
Nouilles fraîches 230

O

Œufs à la ratatouille 66
Œufs brouillés aux champignons 142
Œufs farcis 141
Omelette aux cébettes 139
Omelette aux épinards 281
Omelette verte 49
Oreillettes 326
Oursins 121

P

Palets de chocolat aux noisettes 247
Pan bagnat 34
Panisse 216
Papeton d'aubergine 63
Pastis 42
Pâte à fougasse 206
Pâte à raviolis fraîche 230
Pâte brisée 213
Pêches au jambon cru et au fenouil 316
Pêches au sirop d'orange 322
Pêches au vin rosé 322
Persillade 128
Petits gâteaux aux pignons 220
Petits sablés à la lavande 222
Pilaf de moules au safran 266
Pintade aux olives 182
Pissaladière 228
Pistou 70
Poivrons farcis 82
Polenta 241
Polenta à la saucisses et aux champignons 242
Pommes d'amour au chèvre chaud 335
Pommes de terre à l'ail et à l'huile d'olive 195
Poule au pot et son bagnet 181

Poulet rôti à l'ail 176
Poutargue 97

R

Raïto 151
Ratatouille 65
Ratatouille au bœuf 66
Ratatouille et pommes de terre 66
Ratatouille piquante 66
Raviolis maison 233
Riz à l'étouffée 235
Riz à la ratatouille 66
Riz pilaf 292
Rosé 45
Rougets à la tapenade 275
Rouille 118
Rouille au corail d'oursin 121
Roustides d'anchois 46

S

Sablés à la lavande 222
Salade Antibes 263
Salade aux fruits cuits 325
Salade d'échalotes aux pommes
    d'amour 90
Salade d'oranges 331
Salade de figues 137
Salade de haricots verts 74
Salade de pois chiches 97
Salade de poivrons et tomates 95
Salade de tomates 96
Salade niçoise 92
Salade verte à l'huile de basilic
    104
Sardines farcies aux épinards 283
Sardines grillés à l'estragon 284
Sauce mousseline au caramel 134
Sauce mousseline au caramel
    de miel 134
Sauce raïto 151
Sauce tomate classique 125
Sauce verte 129
Socca 217
Soupe au pistou 73
Soupe aux fèves fraîches 101
Soupe courte 173
Soupe de moules au fenouil 270
Soupe de poissons 269
Steak au beurre d'anchois 187
Suggestions pour ratatouille 66

T

Tapenade 117
Tapenade à l'aubergine 117
Tapenade au basilic 117
Tapenade verte 117
Tarte à l'orange 340
Tarte à la tomate 289
Tarte aux pignons 214
Tarte feuilletée à la tomate et
    à la marjolaine 210
Tatin de poires 306
Thon à la provençale 279
Tian aux courgettes 84
Tian de pommes 107
Tian de pommes de terre
    86
Tian de pommes de terre
    aux champignons 86
Tomates farcies 82
Tomates à la provençale 67
Tomme 315

V

Vermouth 42
Vin rosé 45

Dank

Marie-Pierre Moine
dankt allen, die dieses Buch möglich gemacht haben. Die Zusammenarbeit mit Dawn Henderson, Susan Downing, Caroline de Souza und dem DK-Team war sehr angenehm, auch unter Druck. Jeni Wright und Norma MacMillan haben das Projekt wie Schutzengel begleitet. Ein dickes Dankeschön geht an Miranda Harvey und Jason Lowe. Danken möchte ich auch Valerie Berry, Christine Monteil vom Château de Berne, die mich auf Guy Gedda aufmerksam machte, der Boulangerie Cassarini in Grasse, der Familie Gedda, Peter Usborne und La Rivolte. Zu guter Letzt möchte ich Gui Gedda meine Hochachtung aussprechen. Er ist ein echter Provenzale und ein großartiger Koch.

Dorling Kindersley
dankt Marie-Pierre Moine für ihre Rezepte und ihre gelungenen Begleittexte. Dank gebührt auch Jeni Wright für die Entwicklung des Konzepts und den Layoutentwurf. Darüber hinaus sei Norma MacMillan und Miranda Harvey vielmals gedankt, die das Projekt gekonnt und umsichtig betreut haben.

Bildnachweis
Für die freundliche Genehmigung zur Wiedergabe ihrer Fotografien dankt der Verlag
Coverbild © Peter Cassidy/Anthony Blake Picture Library
Alamy Images: AA World Travel Library 273; Robert Fried 226; Peter Horree 248; Egmont Strigl/imagebroker 264–265; **Getty Images:** Klaus Hackenburg 267; Roy Rainford/Robert Harding 342–343; **Scope:** Christian Goupi 317
Alle anderen Bilder © Dorling Kindersley
Informationen unter www.dkimages.com